Second Edition

AP Spanish

Preparing for the Language Examination

José M. Díaz
Hunter College High School

Margarita Leicher-Prieto
The Fieldston School

Glenn J. Nadelbach
John Bowne High School

Longman

AP Spanish: Preparing for the Language Examination/Second Edition

Longman, 10 Bank Street, White Plains, NY 10606

Text credits: Sources for all reading passages appear on page 217.

Executive editor: Lyn McLean
Managing production editor: Debra Watson
Text design: Lyn Luchetti
Cover design: Curt Belshe
Text art: Jill Francis Wood

ISBN 0-8013-1531-X
    4 5 6 7 8 9 10-ML-00 99 98 97

Este libro está dedicado a nuestros padres:

María y Manuel
Belén y Diego
Judith y Herbert

Consultants for the First Edition

Judith E. Liskin-Gasparro Lecturer in Spanish and Special Programs Assistant for the Language Schools at Middlebury College

Angel Rubio Wellesley College, Wellesley, MA

Raúl S. Rodríguez Chairman of the Language Department at Xaverian High School, Brooklyn, NY

Consultants for the Second Edition

Raúl S. Rodríguez Chairman of the Language Department at Xaverian High School, Brooklyn, NY.

Ana Goicoa Colbert Milton Academy

Marisol Maura Milton Academy

CONTENTS

ACKNOWLEDGMENTS

The authors would like to express their most sincere appreciation to Elie de Comminges, Alvaro Alemán, and Susan and Anthony Robins for their support and encouragement. We are also grateful to our consultants for the first edition: Judith Liskin-Gasparro, Raúl Rodríguez, and Angel Rubio. Their valuable suggestions allowed us to produce an excellent book. To Raúl Rodríguez, Ana Goicoa Colbert, and Marisol Maura we extend our thanks for their help in improving on and continuing this excellence with the revised second edition. The care and interest with which they read the manuscript at different stages of production allowed us to refine several sections of the book.

Our special thanks to the students of our advanced classes who participated in the field testing of some of the material.

Lyn McLean, Executive Editor, should be specially recognized for her patience and vision in producing both editions. Debra Watson's guidance and expertise was invaluable during the last stages of the production process. Thanks go to Aerin Csigay and Patti Brecht for their assistance at various stages during the development of this project. The authors are grateful for their excellent team work.

PREFACE

The success of the first edition and the many suggestions from teachers who have used the book have allowed us to reflect on some of the material and refine this second edition of *AP Spanish: Preparing for the Language Examination*.

In this edition, we have included all the changes that have been made to the examination since the first edition was printed. We have also included those changes that have been announced in the latest AP Spanish Course Description and will take effect with the 1996 and 1997 examination.

The text is divided into twelve units, each dealing with a different part of the examination. This edition includes a wide variety of exercises progressing in difficulty to a level beyond that of the examination itself. It is expected that teachers will use the book according to students' needs and level of preparation. We have heard from teachers who have used the first edition that students built a strong foundation by using this book, and once they take the AP Examination, their preparation is such that they can take it with confidence.

We have expanded this second edition with the following appendices:

- Thematic vocabulary

- Useful expressions, including those most useful idiomatic expressions

- Prepositions and verbs that take and do not take prepositions

- Dividing words into syllables and accentuation rules

Since more and more teachers are teaching classes of heritage speakers of Spanish and mixed classes, we have also included a section in which we address some of the special challenges resulting from such developments. Suggestions on how to deal with these types of classes are also provided. Needless to say, ours are just a few possible approaches. You must take into account your own particular needs as there is no sure way to deal with each situation.

As in the first edition, the directions here exactly match those students will encounter in the actual examination, allowing students to become thoroughly familiar with what will be expected from them. A set of cassettes is also available. They contain the dialogues, narratives, as well as directed responses. The Teacher's Manual contains the script for the units on listening comprehension and speaking, in addition to the answer key for all exercises.

Although geared primarily for the Advanced Placement course and examination, the book is also intended to provide an opportunity for an individual's advanced learning in Spanish. The exercises are designed to not only review and reinforce students' knowledge, but also increase their vocabulary and sharpen their grammatical skills. The book can be used as a complementary text in any advanced course.

The ideas and suggestions we have received have been incorporated, and it is our hope that, as with the first edition, we continue to help both students and teachers to enjoy the Advanced Placement course and improve students' proficiency in Spanish. As always, the authors welcome your suggestions and ideas. You may do so by writing to us in care of the publisher.

J. M. D.

M. L. P.

G. J. N.

TO THE TEACHER

As you embark on teaching the Advanced Placement course for the first time or you return to teaching it again, it is a good idea to keep in mind the benefits, as well as the objectives, of the AP Spanish Language Course. To this end, we have included once again the following material extracted from the *Teacher's Guide to Advanced Placement Courses in Spanish Language*.

BENEFITS OF AN AP SPANISH LANGUAGE COURSE

There is an increasing emphasis on excellence in education, as well as a recognition that learning a foreign language at the high school and college levels is important. A solid grounding in foreign language provides students with many valuable skills: the ability to communicate with people, the opportunity to understand a new body of printed material, and a new way to interpret experience. Knowledge of a second language can also prove invaluable in a variety of professional activities, such as law, business, journalism, social work, and medicine.

In addition to the specific benefits of advanced study of the Spanish language, future AP teachers can also appreciate the general benefits of AP courses:

1. AP courses are usually among the most imaginative and demanding in a school.

2. Students are more likely to be accepted by the college of their choice when they have demonstrated an ability to do college-level work in an AP course.

3. AP students may receive credit and/or advanced placement in college for the AP work done in high school. This can save money by enabling students to graduate from college earlier, and it can provide an opportunity for students to take additional courses in college—either to broaden a major or to explore a new field.

4. Even though students do not receive credit or advanced placement in college, they will have experienced a rigorous course similar to those they will meet in college. They will have a head start in college-level material and can proceed with greater confidence.

5. AP courses require that students have a strong background in the subject. Consequently, the entire foreign language curriculum is upgraded.

6. Successful AP courses in a school or school district help generate community support for strong academic programs.

7. A school's public image is enhanced when its students' advanced work is recognized by colleges.

OBJECTIVES OF THE AP SPANISH LANGUAGE COURSE

LISTENING

Students who have successfully completed an Advanced Placement Spanish Language Course will have developed sufficient skill in listening comprehension to enable them to:

- Comprehend formal and informal spoken Spanish.

- Follow, with general understanding, oral reports and classroom lectures on nontechnical subjects.

- Understand the main points and some details of conversations between native speakers.

- Follow the plots of Spanish-language television shows and movies and understand the main ideas in character dialogues.

READING

The AP Spanish Language candidate should be able to demonstrate proficiency in reading Spanish narratives and literary texts with good overall comprehension, despite some gaps in detail. The student should be able to:

- Understand magazine articles on various topics of general interest.

- Separate main ideas from subordinate ones.

- Draw inferences from material read, although recognition of subtle nuances may be limited.

- Develop successful strategies for interpretation of unfamiliar words, idioms, or structures, based on broad general vocabulary and solid knowledge of grammatical forms and structures.

- Discriminate between different registers of language (e.g., formal/informal, literary/conversational) to recognize many of their important cultural implications.

- Appreciate some figurative devices, stylistic differences, and humor.

WRITING

By the end of an AP Spanish Language course, students should have mastered the ability to write in Spanish on topics of general interest. Students must have good written control of most grammatical forms and processes. Vocabulary should be extensive enough to cover most topics, although gaps in vocabulary can be compensated for by circumlocutions. Students should be able to:

- Write a narration or description several paragraphs in length.

- Present and defend ideas and points of view.

- Provide appropriate examples and draw conclusions from them.

- Provide introductory remarks, transitions, and a conclusion in an essay.

Colleges place great emphasis on writing skills in upper-division foreign language courses; therefore, AP students must be able to write essays that are organized, to the point, and understandable throughout. The content should demonstrate well-developed ideas, appropriateness of expression, organization, and, in some cases, originality. In their grammatical aspects, essays should show good control of syntax and a variety of sentence structure, but may contain a small number of errors in basic, simple structure.

SPEAKING

Students who have successfully completed an Advanced Placement Spanish Language course should have attained a speaking proficiency that allows them to:

- Communicate facts and ideas with an accent that is accurate enough not to interfere with comprehension.

- Discuss topics of current interest and express personal opinions, while demonstrating a good command of grammatical forms and syntactic patterns.

- Narrate, describe, and explain using past, present, and future tenses correctly.

- Have immediate recall of a fairly broad range of vocabulary in order to speak with a level of fluency and accuracy that does not impede communication.

Advanced Placement materials selected from the *Teacher's Guide to Advanced Placement Courses in Spanish Language*, College Entrance Examination Board (1986). Reprinted by permission of the College Entrance Examination Board.

TEACHING SPANISH HERITAGE LANGUAGE STUDENTS

The ideas and suggestions in this section are the authors' and are meant to assist those teachers who instruct students whose heritage language is Spanish. We as teachers need to be receptive to their needs, help them improve their Spanish, and prepare them to do well in the AP Examination. It should not be assumed that because students have some knowledge of Spanish, they will perform well on the examination. Students come with varying degrees of knowledge. It is a fallacy that they do not require formal classroom instruction. These students must be given the opportunity to improve their skills and should not be prevented from the experience and benefits of an AP course.

Perhaps the major challenge with students who have had some exposure to Spanish outside the classroom is that this experience is very varied. Several issues come into play: formal instruction in the language, country of origin, region within the country of origin, family background, students born in the United States but hearing Spanish at home, to name just a few. It is therefore in the best interest of the teacher and students to begin the Advanced Placement course with some kind of diagnostic test to ascertain the students' level of knowledge. Some teachers ask students to write an essay at the beginning of the course, others find that using a published AP examination will help to assess their level and any difficulties they may have. This will help the teacher tailor his or her Spanish course.

The most important attribute of successful classes, both those with only Spanish speakers as well as those with students who have spoken Spanish only in the classroom and Spanish speakers, is emphasizing students' positive attributes at every opportunity and working from there.

The needs of heritage speakers are quite different from those of students who have received their Spanish instruction only in the classroom. With regard to instruction, we can apply many of the principles we use with English-speaking students to classes of native speakers:

- Students' manner of expression when they arrive in the classroom must not be regarded as inferior.

- Teachers must give students the skills to evaluate their own work, determine its shortcomings, and act on them.

- Choose those areas of inaccuracy that are critical and concentrate on a few at a time; you cannot correct everything at once.

- Use content to demonstrate good language use. Make sure students see, hear, and read grammatically correct and well-spoken Spanish.

- Guide students to observe the language being used and help them to make generalizations and come up with patterns and rules.

- Give students the tools to answer their own questions and develop self-correction skills.

- Present interesting readings, from authors, newspapers, or magazines from the students' countries of origin or about their background. Students must be challenged with interesting listening and reading materials. This is also an excellent way to expand their vocabulary.

- In mixed classes, you may want to consider dividing the assigned tasks, with some for those who can handle difficult material and others for those who cannot.

- Throughout the course, expose students to appropriate ways to express themselves both orally and in writing.

- Discuss with students the difference between the Spanish they use with friends and the Spanish they need to master to speak as an educated speaker.

- Discuss the differences between expressing ideas in spoken and written language.

- Use the same principles for developing reading comprehension skills as you use with English-speaking students to deal with unfamiliar material, words, situations, etc.

- Explain those words usually confused by Spanish speakers, including false cognates, because of English interference.

- Since many Spanish heritage language students usually have problems with orthography, such as the use of *b*, *v*, *s*, *z*, *c*, *h*, *ll*, *y*, *g*, *j*, homophones, cognates, etc., make sure that you highlight the differences and that these students receive enough practice throughout the course.

- Accentuation rules must be explained and reinforced on a regular basis.

- Stress proper pronunciation and intonation. Bring to class news reports, interviews, or any other samples of proper Spanish so students have good models.

PREPARING FOR THE EXAMINATION

Students may sometimes not perform well in the AP Examination not because of lack of preparation, but because of unfamiliarity with the format. Although the majority of students whose heritage language is Spanish or who have had some language experience outside the classroom will have less difficulty with the listening and speaking sections of the examination, it is imperative that these students become familiar with the examination format. For example, when dealing with the listening comprehension section of the examination, students may not know if notes can be taken or when to take such notes, if the questions will be read or printed, etc.

Writing is an area that many times causes problems for Spanish heritage language students. Throughout the course, students must learn how to write simple and compound sentences and use the appropriate vocabulary for the different situations they may have to write about. From sentences, students must move on to understand and develop well-structured paragraphs and essays. The importance of clarity and the components of an effective piece of writing must be taught. Finally, students must be shown how to evaluate their own written work and revise it as necessary to communicate their ideas with precision.

For the speaking part of the exam, students must learn to time themselves while completing the picture sequences. Many times, students who speak Spanish well describe the pictures too fast without showing much variety of vocabulary or verb tense usage. They must be familiar with the instructions so that they maximize their performance. Teachers must explain to their students the importance of speaking clearly and at a normal speed, making sure to pronounce the ending of words.

All the other suggestions given in the "To the Student" section of this book apply as well to students who are speakers of Spanish. It would be wise to go over these suggestions with your students.

***Note*:**

The College Board has a series of publications available to assist the teacher in developing and implementing the Advanced Placement Program. Perhaps the most important publication is the *Advanced Placement Course Description in Spanish Language and Literature*. This publication will allow you to keep updated on all changes taking place in the future. Additional information can be obtained by writing to:

Advanced Placement Program
P.O. Box 6670
Princeton, NJ 08541-6670

TO THE STUDENT

By deciding to continue your studies in Spanish with the Advanced Placement course, you are among a highly motivated group of students whose main objective is to continue developing a proficiency in Spanish. One of the great things about the Advanced Placement course is that it allows students to develop all four skills stressed in the examination. This course also permits you to gain a better understanding of Hispanics and their culture through the readings, movies, and other activities that you will be exposed to during the course.

Most of the suggestions in this section are meant to develop your test-taking skills. Yes, the test is important to you, but you should remember that in this course you will be able to refine your ability to listen, read, speak, and write in Spanish, and this proficiency will help you communicate with the Spanish-speaking people of your community and the world.

The following suggestions will help you to become familiar with the examination and prepare successfully. You must keep in mind that the examination changes periodically. Your teacher should be able to advise you about the latest changes. Every year, the College Board publishes a booklet entitled *Advanced Placement Course Description—Spanish*. In this booklet, all changes to the exam are announced, so it may be a good idea to check with your teacher to be sure that you have the latest information.

UNITS I AND II—LISTENING COMPREHENSION

At the time of publication of this book, Listening Comprehension is the first section of the exam. This section consists of two types of selections. The first part (Unit I) is a series of short dialogues and narratives of approximately one or two minutes' duration. In the actual examination, the question you are to answer will be heard, and the four options will be printed in your test booklet.

The second part (Unit II) consists of longer selections. These selections could be dialogues, narratives, interviews, etc. In contrast to the shorter selections, in this section both the questions and the four options to choose from will be printed in your test booklet and accessible to you as you listen.

In the longer selections of Unit II, you have the opportunity to look at the questions as well as the options while you are listening. You must develop your own style. Some students do better when they concentrate on the selection; others find it easier to read while they are listening. This may be dangerous, as you will be doing two things at the same time. You may get bogged down by the questions and options and lose the thread of what you are hearing. Again, by practice, you will learn to work the best way you can.

As you begin to practice for the test, remember that at first you should try to get the gist of what is being said; later, you can concentrate on the details. At first, it may be a good idea to listen to the selections more than once. Students often try to understand every single word that is heard or translate what they are hearing; this method is not very productive as it will prevent you from fully understanding what is being said. This method creates a great deal of confusion and frustration since as you try to understand the first part, the speakers may already be half-way through the selection.

Remember that for each incorrect answer in the actual examination, you will be penalized one-third of a point. It is therefore a good idea to guess only when you can eliminate at least two of the options and make an "educated" guess. If you cannot do this, you should seriously consider whether or not you want to take a chance. Note that this suggestion should be kept in mind for all sections that involve multiple choice questions.

To improve your comprehension of spoken Spanish, you should try to listen to Spanish television when available as much as possible. Usually, newscasts are best since you may be familiar with the news being presented and, also, the visual images will help you with comprehension. If you have never watched Spanish television, we recommend that you start by watching for short periods of time first; then as time goes by and you become more comfortable with it, you may spend more time watching. Soap operas are good to watch, too. Remember that these programs come from different parts of the Spanish-speaking world, so you must give yourself some time to become accustomed to the different accents and certain regionalisms. As you spend more time watching Spanish television, your comprehension will get better.

UNITS III AND IV—VOCABULARY/STRUCTURE

Beginning with the 1997 examination, the multiple choice vocabulary and structure questions that appear in these two units will be replaced by a new type of exercise. The new type of exercise is included in Unit V. The exercises that appear in these units are meant for those students taking the 1996 examination. For those students taking the examination after 1996, completing these units will give you further practice in vocabulary and structure before you move to Unit V.

UNIT V—VOCABULARY/STRUCTURE

The type of exercises that appear in this unit to test vocabulary and structure will appear for the first time in the 1997 examination. Students taking the 1996 examination will be tested in the format that appears in Units III and IV.

The best advice for completing the exercises in this unit is to read through the passage briefly before beginning to choose the correct option. Many times, the meaning of a word in a sentence depends on the context of the entire paragraph. You should also have a good idea of the tense in which the narration has been written.

Vocabulary development occurs in context. Long lists of vocabulary words do not help much. You memorize them in isolation, and once you study the words, the effort you put into it may not pay off since you will easily forget them. On the other hand, if you read and study the vocabulary in context, you are bound to remember more. In class when you read short stories or articles, it is always a good idea to write a list of those words you find necessary to retell what you have read. It is also good practice to write down some of the words you will need to express your opinion about the reading. If you do this throughout the course, you will see that you will have more vocabulary at your disposal to express yourself.

UNIT VI—ERROR CORRECTION

At this level of your study of Spanish, you should be able to look at your own work or someone else's and determine what needs to be done to correct a sentence. This type of exercise will allow you to look at your own work with a more critical and expert eye and therefore write better in Spanish.

You may want to keep in mind the following questions while doing this type of exercise and many others in this book; they will also help you to write your essays in Spanish and review what you have written:

- What is the subject of the sentence? Is there agreement between the subject and the verb?

- Do nouns and adjectives agree?

- What is the tense of the verbs? Is the sentence in the present? future? past? Is there consistency of tenses throughout the sentence?

- Is there any verb or expression that requires the use of the subjunctive?

- Is the sequence of tenses correct?

- Are the forms of *ser* and *estar* properly used?

- Are *por* and *para* correctly used?

- Does the verb or do the verbs used require the use of a preposition? Is the preposition being used the correct one?

These are just some of the ideas you should keep in mind. They will help you in not only the error correction section, but also the passages and sentences where you need to supply the correct form of the verb, adjectives, or pronouns, and in the vocabulary and structure multiple choice sections.

As you do the exercises, you should add any other questions or points that you consider important to keep in mind.

UNIT VII—READING COMPREHENSION

In this part of the examination, you will be given a series of selections from a variety of sources: short stories, novels, editorials, essays, newspaper or magazine articles. It is for this reason that you should try to read as much as possible and from a wide variety of sources: writers from Spanish-speaking America as well as Spain and those writers who write in Spanish in the United States.

It is always good practice to read the passage briefly to get an idea of the theme, then reread it and focus on the details. Some students find it easier to read the questions first so that they know beforehand the information to which they will need to pay attention. As you read, you may want to underline the main ideas; this practice will allow you to get a better grasp of the passage, and it will also help you to find information when you need to go back to the passage. It is also helpful to try to put the narration in sequence: who did what to whom? when?

In this book, we have made a conscious decision not to include a dictionary at the end. This was done on purpose so that you train yourself not to rely too much on a dictionary to prepare for the test. Dictionary use is very important in language acquisition; you should have good knowledge of how to use one, but for the purpose of taking the AP Examination, you should rely on your skills to decipher what you read. Try to use the context to guess the meaning of unfamiliar words. Think of words that may be similar in English. Look at the prefixes and suffixes. You should never try to translate word by word the sentences in the passage.

The more you read, the better you will read. By reading, you will see vocabulary and structure being used in context. You will be able to understand clearly why certain tenses are used in a particular way and you will remember more. Pick up the local Spanish newspaper, if you have one in your area. You may want to get a subscription to one of the many Spanish language magazines published in this country. If you read throughout the year, you should have fewer comprehension problems by the time of the test.

UNITS VIII AND IX—PASSAGE AND SENTENCE FILL-INS

Unit VIII consists of a series of passages where you need to supply the correct form of the verb, pronoun, adjective, article, etc. in context. Unit IX consists of a series of sentences in which you are required to supply the correct form of the infinitive according to the context of the sentence.

The most important thing in these sections is to read the entire sentence or passage before you start writing the answer. As in Unit V, the right word or tense may depend on information that comes later, and you may be at a real disadvantage if you do not get a good sense of what the sentence or passage is all about.

In the actual examination, you may be better off using print rather than script in these sections. If you must place an accent in a word, make sure that the accent is over the right vowel; do not mark accents in such a way that they may be misread. Do not take any chances. In this part of the examination, you must write the correct form of the verb or adjective and accentuate properly. If you do not do so, it will be counted as incorrect.

You may want to refer to the list of questions discussed in Unit VI (Error Correction), so that you can keep some of them in mind while working on the exercises of these sections too.

These two sections of the examination are published every year. Ask your teacher for copies of the latest questions.

UNIT X—ESSAYS

Beginning with the 1996 examination, you will have forty-five minutes to write your essay. The first five minutes are intended for you to organize your thoughts before you begin to write. You will notice that the directions for the essay topics we have included in this book use formal as well as informal Spanish so that you become familiar with both.

To improve your writing, you must write. The more you do, the better you will get at it. When you select a topic for an essay, try to understand exactly what the instructions are asking you to do. Learn how to make an outline or list of key words before beginning to write, then begin your task, and, most important, make sure that you allow sufficient time to review what you have written. You should also get used to writing essays in a forty-five minute period. If your teacher assigns an essay for homework, make sure to allow yourself forty-five minutes and no more. If your teacher encourages you to use a dictionary, try to keep this practice to a minimum since in the actual examination you will not be allowed to consult one. If you depend too much on a dictionary, you will never be able to express yourself freely. Remember, organization is important. Make sure that you learn how to summarize. A summary at the end of an essay is not a restatement of your thesis, but rather a conclusion, taking into consideration what you have discussed throughout the essay.

One of the major problems we find when reading students' essays is that they try to express sophisticated ideas with language they do not have. Therefore, you may have to content yourself with expressing your ideas at a lower level of sophistication. Very few students can write the same quality essay that they write, for example, in an English class.

Become familiar with the rubrics. This will allow you to know beforehand what is expected from you. If your teacher gives you a score for an essay, go back to the rubrics and determine why you received that score. This will also help you to improve in those areas in which you seem to be deficient.

Some points you may want to keep in mind while revising your essay are:

- Is your introductory paragraph clear and do you establish the thesis of what you are going to write about?

- Have you developed the ideas clearly? Have you given enough examples to illustrate your point?

- Have you written a cohesive summary of your ideas?

- If you are to write a letter, is the date written properly? Are you using the right salutation? Is it a letter for a friend? For someone you do not know? For someone important? Have you used the familiar form or the formal? Have you used these forms consistently throughout?

- Have you checked the agreement of verbs and subjects? Adjectives and nouns?

- Have you used correctly:

    ser and *estar*?

    por and *para*?

    the indicative and the subjunctive moods?

    the imperfect and preterit tenses?

    the personal *a*?

    accents when needed?

Sample rubrics from 1995 are included in the book. You may want to check with your teacher for the latest version.

UNIT XI—PICTURE SEQUENCES

In this section of the examination, you are asked to describe or tell a story using a series of drawings as your guide. You will have two minutes to look at the drawings and two minutes to talk about them. The purpose of this section is to obtain a good sample of your speaking ability. The master tape on the actual examination will ask you to speak for the full two minutes. This will allow you to give a more complete response.

You must learn to use circumlocution. In other words, try to express a word or thought that you do not have the exact word for in a roundabout or indirect way. Many times, students become frustrated because there is an object or animal in the sequence for which they do not know the right word: This makes them lose time and their speech begins to sound halting. If you do not know the right word, describe the object or animal, the same way that you might try to convey a message in English when you do not have the precise word at your fingertips.

At times, there is a twist at the end of the picture sequence. You are not required to comprehend these. If you have done a good job retelling the story, explaining the twist at the end will not make much of a difference in the score you receive for this part of the examination.

If you run out of time before describing all the pictures, do not be discouraged. Providing a good sample of your speaking ability is what counts. If you look at any picture sequence, you will notice that the vocabulary you need to describe the first few frames is not enough to show your ability to use the language. Therefore, it is to your advantage to describe as many drawings as possible within the given time.

We have included some picture sequences in this book that allow you to be creative and finish the story to your liking: The last drawing is a question mark. So far, this type of sequence has never appeared in an actual examination. They are included here as another way to practice for this section.

It is imperative that you practice enough to get some feeling for the two minutes of allotted time. It is hard to determine how much you should or can say in two minutes. Also, it is difficult to judge how much time you may have left as you are talking. Looking at a watch while you are practicing and especially while taking the examination will only serve as a distraction and may not allow you to concentrate on the task at hand, which is to tell the story depicted by the drawings. Some students find it helpful to write key words in the margin of the pictures; others prefer to concentrate on the story line and make a mental note of the vocabulary they will be needing. If you practice enough, you will know which method works best for you.

This part is scored on a scale of 0–9. You should become familiar with the rubrics; this will give you an idea of what a good response is and how to strive for it.

Sample rubrics from 1995 are included in the book. You may want to check with your teacher for the latest version.

UNIT XII—DIRECTED RESPONSES

The directed responses in the test consist of six questions. The first question is a practice question, and it is not scored. The next five questions are scored. Each question is repeated. In the instructions on the actual examination, the master tape will give you the theme of the questions. This will allow you to begin thinking about the theme. Usually, each question tries to elicit a particular tense. Although in real life, there are many ways to answer a question without using the same tense in the response as in the question, for the sake of practice, you should try to respond in the tense in which the question is being asked.

You should also try to use the entire twenty seconds you have to answer each question. This will allow you to answer fully. If you really think about it, there are many questions from previous exams and those which appear in this book that could be answered by either yes or no, or only a few words. The purpose of this section is for you to show how well you can express yourself in Spanish, and therefore, you should use the time allotted.

The directed responses as well as the picture sequences are published every year. You may want to ask your teacher for extra copies so that you can practice at home.

This section is scored on a scale of 0–4 and each question is scored separately. Sample rubrics from 1995 are included in the book. You may want to check with your teacher for the latest version.

UNIT I

This unit consists of short dialogues and narratives in both formal and informal Spanish. They provide students practice in listening to and understanding Spanish spoken at a normal rate of speed. The dialogues, narratives, and questions are on the tape and also appear in the Teacher's Manual. Only the four choices for each question appear in the book.

Directions: You will now listen to a series of dialogues. After each one, you will be asked some questions about what you have just heard. Select the best answer to each question from among the four choices printed in your test booklet and fill in the corresponding oval on the answer sheet.

Instrucciones: A continuación escuchará una serie de diálogos. Después de cada diálogo se le harán varias preguntas sobre lo que acaba de escuchar. Para cada pregunta elija la mejor respuesta de las cuatro opciones escritas en su libreta de examen y rellene el óvalo correspondiente en la hoja de respuestas.

NOW GET READY TO LISTEN TO THE FIRST DIALOGUE.

DIALOGUE NUMBER 1

1. (A) Porque a ella le robaron el pasaporte.
   (B) Porque ella no quiere ir a Tijuana.
   (C) Porque a ella se le ha olvidado algo.
   (D) Porque ella no trajo su mochila.

2. (A) En la mochila.
   (B) En el bolsillo.
   (C) En la maleta.
   (D) En el coche.

3. (A) Visitar a sus primas.
   (B) Comprar una chaqueta.
   (C) Llevar su equipaje.
   (D) Ir a Tijuana.

4. (A) Que vaya con él a resolver sus asuntos.
   (B) Que le diga lo que ella quiere comprar.
   (C) Que llame a sus primas por teléfono.
   (D) Que trate de conseguir una nueva mochila.

DIALOGUE NUMBER 2

1. (A) Que Petra viva en la misma ciudad que él.
   (B) Que Petra sólo coma vegetales.
   (C) Que Petra le alquile su apartamento.
   (D) Que Petra pueda tener un jardín.

2. (A) Se relaja en el jardín.
   (B) Se acuesta en la terraza.
   (C) Alimenta a los pájaros.
   (D) Cocina los tomates.

3. (A) Unos árboles.
   (B) Unas aves.
   (C) Un espantapájaros.
   (D) Un cubrecamas.

4. (A) Infestadas de insectos.
   (B) Destruidas por los pájaros.
   (C) Aplastadas por el viento.
   (D) Cubiertas de polvo.

DIALOGUE NUMBER 3

1. (A) En una tienda.
   (B) En una casa.
   (C) En un coche.
   (D) En una estación.

2. (A) Porque quizás no puedan encontrar el
       coche luego.
   (B) Porque hay muchos robos en las tiendas.
   (C) Porque los estacionamientos son peligrosos.
   (D) Porque hay demasiada gente en la calle.

3. (A) Se le perdió el coche.
   (B) Encontró todas las tiendas cerradas.
   (C) Se confundió de coches.
   (D) No encontró el estacionamiento.

4. (A) Hasta que viniera la policía.
   (B) Hasta que cerraran las tiendas.
   (C) Hasta que llegara Julia.
   (D) Hasta que le trajeran el coche.

DIALOGUE NUMBER 4

1. (A) En el café.
   (B) En la mesa.
   (C) En el escritorio.
   (D) En la basura.

2. (A) De los planes del basurero.
   (B) De la información sobre el café.
   (C) De algo que ha escrito Sergio.
   (D) De una carta importantísima.

3. (A) Porque estaban incompletos.
   (B) Porque estaban manchados.
   (C) Porque no los miraba nunca.
   (D) Porque no los leía.

4. (A) Que vaya a buscar los papeles.
   (B) Que vaya con él al café.
   (C) Que limpie su escritorio.
   (D) Que suba al camión.

5. (A) Porque quizás ella no encuentre lo que
       busca.
   (B) Porque ella necesita que él la ayude.
   (C) Porque ella ha derramado toda la basura.
   (D) Porque ella necesita salir por unas horas.

DIALOGUE NUMBER 5

1. (A) De negocios.
   (B) De placer.
   (C) De estudios.
   (D) De compras.

2. (A) Por el mal tiempo.
   (B) Por la condición del coche.
   (C) Por la escasez de gasolina.
   (D) Por el mal estado de la carretera.

3. (A) Seguir conduciendo.
   (B) Escuchar la radio.
   (C) Interrumpir el viaje.
   (D) Descansar un rato.

4. (A) La trata mal.
   (B) La molesta mucho.
   (C) La consiente demasiado.
   (D) La cansa bastante.

5. (A) Ver televisión.
   (B) Jugar al tenis.
   (C) Nadar en la piscina.
   (D) Salir de excursión en auto.

1. (A) La acompaña a la tienda de alimentos.
   (B) La ayuda con las compras.
   (C) Discute los preparativos para la cena.
   (D) Arregla el refrigerador.

2. (A) Se equivocó de lista.
   (B) Se le olvidaron las naranjas.
   (C) Se cayó en la cocina.
   (D) Se le perdió una lista.

3. (A) De su madre.
   (B) De su padre.
   (C) De su hermana.
   (D) De una compañera.

4. (A) A la librería.
   (B) A la escuela.
   (C) De compras.
   (D) De viaje.

1. (A) De su hermano.
   (B) De un amigo.
   (C) De su padre.
   (D) De su madre.

2. (A) Porque leía el periódico.
   (B) Porque paró sin avisar.
   (C) Porque no paró en el semáforo.
   (D) Porque no tenía licencia.

3. (A) Porque el señor no tiene licencia.
   (B) Porque el joven estudia para abogado.
   (C) Porque hay mucho tráfico.
   (D) Porque su padre es un hombre importante.

4. (A) Que le puede dar todo el dinero que quiera.
   (B) Que no tiene permiso de conducir.
   (C) Que el coche pertenece al presidente de la República.
   (D) Que no ha herido al señor del otro coche.

1. (A) De los problemas con el crimen.
   (B) De los viajes al Brasil.
   (C) Del final de unos cuentos.
   (D) Del robo de un banco.

2. (A) No ha leído el cuento.
   (B) No estuvo en clase la semana pasada.
   (C) Ha confundido dos cuentos.
   (D) Ha perdido su dinero.

3. (A) Románticos.
   (B) Cómicos.
   (C) De detectives.
   (D) De ciencia ficción.

4. (A) A tomar un examen.
   (B) A comprar un libro.
   (C) A caminar por el parque.
   (D) A ver una película.

1. (A) En una tienda de equipaje.
   (B) En un aeropuerto.
   (C) En una oficina.
   (D) En una tienda de ropa.

2. (A) Su equipaje.
   (B) Su pasaporte.
   (C) Su dirección.
   (D) Su correa.

3. (A) Tiene que ir a una reunión.
   (B) Tiene que hacerse una foto.
   (C) Tiene que visitar a su esposa.
   (D) Tiene que hacer sus maletas.

4. (A) Que quizás dejó sus maletas en el hotel.
   (B) Que le llevarán el equipaje al hotel.
   (C) Que ella lo visitará al día siguiente.
   (D) Que el periodista tiene su ropa.

1. (A) Terminando la tarea de química.
   (B) Escribiendo una composición de inglés.
   (C) Leyendo el *Quijote*.
   (D) Mirando la teleguía.

2. (A) Porque su hijo no se divierte.
   (B) Porque su hijo no asiste a sus clases.
   (C) Porque su hijo no tiene amigos en la escuela.
   (D) Porque su hijo no saca buenas calificaciones.

3. (A) Ver lo que él quiera.
   (B) Leer el *Quijote* ese fin de semana.
   (C) Terminar su tarea más tarde.
   (D) Salir con sus amigos.

4. (A) Que vale la pena mirarlo.
   (B) Que es violento.
   (C) Que no es muy popular.
   (D) Que empieza demasiado tarde.

1. (A) La ambición de los jóvenes.
   (B) La falta de buena comida.
   (C) Los problemas personales de los jóvenes.
   (D) La ayuda a los desafortunados.

2. (A) Porque hay desigualdad en el mundo.
   (B) Porque no tiene mucho tiempo.
   (C) Porque no sabe cocinar muy bien.
   (D) Porque sus amigos no se preocupan por otros.

3. (A) En un restaurante famoso.
   (B) En una organización benéfica.
   (C) En una casa para ancianos.
   (D) En un supermercado nuevo.

4. (A) Que Georgina trabaje con él.
   (B) Que Georgina vaya de compras.
   (C) Que vayan a hablar en la cocina.
   (D) Que vayan a comer algo.

5. (A) Un poco triste.
   (B) Más segura de sí misma.
   (C) Con más esperanza.
   (D) Furiosa con Gonzalo.

1. (A) La situación de las viviendas hoy día.
   (B) La opinión de los padres.
   (C) Los problemas de buscar una casa.
   (D) Los anuncios de un periódico.

2. (A) Irritada.
   (B) Contenta.
   (C) Satisfecha.
   (D) Celosa.

3. (A) Porque sólo le gustan las casas caras.
   (B) Porque les encuentra defectos a todas las casas.
   (C) Porque no quiere mudarse.
   (D) Porque ni siquiera le gusta que la visiten sus padres.

4. (A) Porque están muy cansados.
   (B) Porque hace mal tiempo.
   (C) Porque es muy tarde.
   (D) Porque van a tener visita.

1. (A) Un libro.
   (B) Un cuaderno.
   (C) Una película.
   (D) Unos apuntes.

2. (A) Viendo una película.
   (B) Leyendo un libro.
   (C) Yendo a la librería.
   (D) Viajando durante el fin de semana.

3. (A) Sólo la mostraron un fin de semana.
   (B) Era diferente al libro.
   (C) Era demasiado complicada.
   (D) No se la quisieron alquilar.

4. (A) De que todos habían cumplido con su deber.
   (B) De que Rosa era muy tolerante.
   (C) De que Francisco no había aprendido nada.
   (D) De que todos los estudiantes habían hecho lo mismo.

5. (A) Porque ha encontrado el libro que buscaba.
   (B) Porque ha terminado de hacer su tarea.
   (C) Porque ahora tiene más tiempo.
   (D) Porque ahora no va a cometer un error.

1. (A) De los programas de la tele.
   (B) De los problemas de una lengua.
   (C) De la falta de tiempo.
   (D) De los problemas con los compañeros.

2. (A) Calmar a Samuel.
   (B) Enseñar a Samuel.
   (C) Aprender inglés.
   (D) Mirar la tele en español.

3. (A) Impaciente.
   (B) Aliviado.
   (C) Comprensivo.
   (D) Ensimismado.

4. (A) Divertirse con sus amigos.
   (B) Estudiar con determinación.
   (C) Practicar con sus compañeros.
   (D) Ver la televisión en español.

5. (A) Que estudie más.
   (B) Que se divierta más.
   (C) Que no hable con sus compañeros.
   (D) Que pase más tiempo en la escuela.

DIALOGUE NUMBER 15

1. (A) Un viaje al extranjero.
   (B) Un viaje doméstico.
   (C) Los medios de transporte.
   (D) La importancia del dinero.

2. (A) Menos de 120.000 pesetas.
   (B) Aproximadamente 220.000 pesetas.
   (C) Más de 250.000 pesetas.
   (D) Más o menos 20.000 pesetas.

3. (A) Para los cheques de viajero.
   (B) Para el equipaje.
   (C) Para los regalitos.
   (D) Para el transporte al hotel.

4. (A) Elegante.
   (B) Práctica.
   (C) Inepta.
   (D) Impaciente.

5. (A) Pasarlo bien.
   (B) Economizar.
   (C) Ir de compras.
   (D) Organizarlo todo.

DIALOGUE NUMBER 16

1. (A) En una tienda para niños.
   (B) En una tienda para caballeros.
   (C) En una barbería.
   (D) En una lavandería.

2. (A) Por la temporada.
   (B) Por sus colores preferidos.
   (C) Por el estilo que le gusta.
   (D) Por su talla.

3. (A) Quitarle las mangas.
   (B) Ahorrarle mucho dinero.
   (C) Arreglarle lo que él escoja.
   (D) Enviarle el traje cuanto antes.

4. (A) De colores vivos.
   (B) De colores claros.
   (C) De colores variados.
   (D) De colores oscuros.

5. (A) Perezosa.
   (B) Eficiente.
   (C) Condescendiente.
   (D) Graciosa.

Directions: You will now listen to a series of short narratives. After each one, you will be asked some questions about what you have just heard. Select the best answer to each question from among the four choices printed in your test booklet and fill in the corresponding oval on the answer sheet.

Instrucciones: Ahora escuchará una serie de narraciones. Después de cada narración se le harán varias preguntas sobre lo que acaba de escuchar. Para cada pregunta elija la mejor respuesta de las cuatro opciones escritas en su libreta de examen y rellene el óvalo correspondiente en la hoja de respuestas.

NOW GET READY TO LISTEN TO THE FIRST NARRATIVE.

——————————— **NARRATIVE NUMBER 1** ———————————

1. (A) Por ser un autor muy renombrado.
   (B) Por ser el máximo exponente del cine mexicano.
   (C) Por ser miembro de la Real Academia Española.
   (D) Por ser el torero mexicano más popular.

2. (A) Que era de una familia poderosa.
   (B) Que no pudo regresar a México.
   (C) Que empezó a trabajar cuando era muy joven.
   (D) Que no tenía muchos hermanos.

3. (A) Ilegales.
   (B) Extravagantes.
   (C) Humildes.
   (D) Intelectuales.

4. (A) En imitar a los actores famosos de su época.
   (B) En ser ventrílocuo.
   (C) En hacer siempre el papel de torero.
   (D) En hablar sin decir nada en concreto.

5. (A) Expresarse sin mucho sentido.
   (B) Torear con éxito.
   (C) Actuar con propósito social.
   (D) Hablar de hechos históricos.

6. (A) Defender la historia de México.
   (B) Trabajar para un futuro mejor.
   (C) Exaltar la profesión de actor.
   (D) Exponer las injusticias de la guerra.

——————————— **NARRATIVE NUMBER 2** ———————————

1. (A) La importancia del consumidor hispano.
   (B) El sueldo ganado por los hispanohablantes.
   (C) Las costumbres culturales de los hispanos.
   (D) La importancia política de los hispanos.

2. (A) En los productos alimenticios.
   (B) En los dictados de la moda.
   (C) En las diversiones que se ofrecen.
   (D) En los medios de comunicación.

3. (A) Los economistas norteamericanos.
   (B) Los consumidores en la América Latina.
   (C) Los periodistas en España.
   (D) Los comerciantes norteamericanos.

4. (A) El aumento de la emigración hispana.
   (B) El desarrollo de la publicidad hispana.
   (C) El establecimiento de la educación bilingüe.
   (D) El aumento en el número de escuelas de arte.

1. (A) Argentina.
   (B) Brasileña.
   (C) Española.
   (D) Francesa.

2. (A) Por sus esculturas.
   (B) Por sus conferencias.
   (C) Por su obra literaria.
   (D) Por su preocupación social.

3. (A) Porque ha durado más de quince años.
   (B) Porque ayudará a la economía brasileña.
   (C) Porque es la primera vez que ocurre en un
       museo.
   (D) Porque es la primera vez que ocurre en
       Latinoamérica.

4. (A) Celebrará su cumpleaños.
   (B) Se reunirá con sus críticos.
   (C) Dará conferencias.
   (D) Seguirá estudios de pintura.

5. (A) Clásico.
   (B) Versátil.
   (C) Descontento.
   (D) Hipócrita.

1. (A) En un barrio europeo.
   (B) En una playa famosa.
   (C) En el centro de la ciudad.
   (D) En un centro de artesanía.

2. (A) Hacer objetos de cerámica.
   (B) Ir de compras.
   (C) Beber café.
   (D) Realizar un experimento químico.

3. (A) Un gerente.
   (B) Un turista.
   (C) Un fotógrafo.
   (D) Un camarero.

4. (A) Un nuevo proceso fotoquímico.
   (B) Un método diferente para recoger café.
   (C) Una nueva forma de cultivar el café.
   (D) Un nuevo símbolo para productos
       nacionales.

5. (A) Porque usa el café para escribir.
   (B) Porque usa el café para atraer a los
       europeos.
   (C) Porque usa el café para procesar sus fotos.
   (D) Porque ha hecho que aumente la
       popularidad del café.

1. (A) A través de unos poemas.
   (B) A través de unas leyendas.
   (C) A través de unos cuadros.
   (D) A través de unas canciones.

2. (A) Sucede algo malo.
   (B) La estatua desaparece para siempre.
   (C) El pueblo desaparece.
   (D) No ocurre nada.

3. (A) Muchas personas están presentes durante
       la aparición.
   (B) Pocas personas creen en los eventos.
   (C) La imagen se le aparece a una sola
       persona.
   (D) La imagen siempre pide una celebración.

4. (A) Que le construya una capilla.
   (B) Que vaya a rezar inmediatamente.
   (C) Que camine de rodillas.
   (D) Que le encienda velas.

NARRATIVE NUMBER 6

1. (A) Ser usado por pocas personas.
   (B) Funcionar sin electricidad.
   (C) Ser moderno y económico.
   (D) Tener pocas estaciones.

2. (A) Sufrió daños estructurales irreparables.
   (B) Se cerró por varios días.
   (C) No funcionó por una semana.
   (D) Apenas fue afectado.

3. (A) Los desastres naturales.
   (B) Los cambios del tiempo.
   (C) La escasez de combustible.
   (D) La devaluación del peso mexicano.

4. (A) Es más barato.
   (B) Es más limpio.
   (C) Es más grande.
   (D) Es más rápido.

NARRATIVE NUMBER 7

1. (A) Todos los otoños.
   (B) Cada cinco años.
   (C) Cada dos años.
   (D) Todos los años.

2. (A) Del desarrollo del teatro en España.
   (B) Del cine español actual.
   (C) De la Guerra Civil española.
   (D) De la influencia del cine americano en España.

3. (A) Para mostrar el cambio del panorama cultural.
   (B) Para elogiar a sus directores.
   (C) Para atraer nuevos talentos artísticos.
   (D) Para ganar más dinero para la industria.

4. (A) La libertad de expresión.
   (B) La poca imaginación de los españoles.
   (C) La política internacional española.
   (D) La cultura norteamericana.

NARRATIVE NUMBER 8

1. (A) Es la fiesta principal del año.
   (B) Es el día de los deportes.
   (C) Es el día de penitencia.
   (D) Es la fiesta de independencia nacional.

2. (A) En las iglesias.
   (B) En los cementerios.
   (C) En los mercados.
   (D) En las escuelas.

3. (A) Flores y velas.
   (B) Cohetes y piñatas.
   (C) Incienso y comida.
   (D) Fotos y decoraciones.

4. (A) El desarrollo comercial del pueblo.
   (B) La combinación de dos tradiciones.
   (C) El resultado de la conquista.
   (D) La desvalorización de una cultura.

UNIT II

This unit consists of short oral segments dealing with a variety of topics. The unit is designed to provide students practice in listening to and understanding Spanish spoken at a normal rate of speed. As students listen, they should take down key words and phrases to help identify important points made during the spoken presentation. Students may look at the questions and choices of answers while they are listening. The oral segments are on the tape and in the Teacher's Manual; the questions and the four choices appear in the book.

Directions: You will now listen to a selection of about five minutes' duration. You should take notes in the blank space provided. You will not be graded on these notes. At the end of the selection, you will read a number of questions about what you have heard. Based on the information provided in the selection, select the BEST answer for each question from among the four choices printed in your test booklet and fill in the corresponding oval on the answer sheet.

Instrucciones: Ahora escuchará una selección de unos cinco minutos de duración. Se le recomienda tomar apuntes en el espacio en blanco de esta hoja. Estos apuntes no serán calificados. Al final de la selección usted leerá una serie de preguntas sobre lo que acaba de escuchar. Basándose en la información de la selección, elija usted la MEJOR respuesta a cada pregunta de las cuatro opciones impresas en su libreta de examen y rellene el óvalo correspondiente en la hoja de respuestas.

NOW GET READY TO LISTEN TO THE FIRST DIALOGUE.

DIALOGUE NUMBER 1

1. ¿Qué puede decirse sobre los conciertos de Jorge en México?
   (A) Sólo pudieron tocar por cuatro horas.
   (B) Tuvieron que cancelar dos conciertos.
   (C) Regalaron todas las entradas para el fin de semana.
   (D) Se vendieron las entradas en muy poco tiempo.

2. ¿Por qué no quería viajar antes por muchos países?
   (A) Porque su esposa se lo prohibía
   (B) Porque tenía problemas con su familia
   (C) Porque acababa de ser padre
   (D) Porque necesitaba terminar un disco

3. ¿Qué es lo más importante para Jorge?
   (A) Su música
   (B) Su éxito
   (C) Su familia
   (D) Su rancho

4. ¿Cómo ha mejorado la situación?
   (A) Deja a su hijo con su esposa.
   (B) La familia viaja junta.
   (C) Tiene una niñera veinticuatro horas al día.
   (D) Sólo va a pocas ciudades a la vez.

5. ¿Qué piensa hacer Jorge después de la gira?
   (A) Descansar en el campo
   (B) Mudarse a Guadalajara
   (C) Grabar un nuevo disco
   (D) Visitar a su familia

1. ¿Qué piensa hacer Guillermo durante el verano?
   - (A) Viajar con sus primos
   - (B) Trabajar en un campamento
   - (C) Asistir a una universidad
   - (D) Resolver sus problemas con Rosita

2. ¿Qué ventaja tiene el proyecto de Guillermo?
   - (A) Podrá ver a Rosita diariamente.
   - (B) Estará adelantando sus estudios.
   - (C) Podrá ahorrar dinero.
   - (D) Se divertirá mucho con sus primos.

3. ¿Qué le pide Teresa a Guillermo?
   - (A) Que viajen juntos
   - (B) Que asistan a la misma universidad
   - (C) Que le preste un poco de dinero
   - (D) Que le encuentre un trabajo

4. ¿Qué sucederá el año próximo?
   - (A) No asistirán a la misma universidad.
   - (B) No podrán pasar tiempo con los niños.
   - (C) Trabajarán en el mismo campamento.
   - (D) Viajarán juntos por una temporada.

5. ¿Qué podemos concluir sobre Guillermo y Teresa?
   - (A) Que tienen mucho dinero
   - (B) Que prefieren trabajar con adultos
   - (C) Que piensan en su futuro
   - (D) Que quieren estar separados durante el verano

1. ¿Qué quiere saber Mateo?
   - (A) Si puede ayudar a Marta
   - (B) Si puede jugar al fútbol
   - (C) Si Marta quiere verlo jugar el sábado
   - (D) Si ha visto a la estrella del equipo

2. ¿Por qué no puede complacerlo Marta?
   - (A) Porque no se siente bien
   - (B) Porque no le interesan los deportes
   - (C) Porque no tiene tiempo
   - (D) Porque no sabe jugar al fútbol

3. ¿De qué se sorprende Mateo?
   - (A) De que Marta no pueda jugar al fútbol
   - (B) De que Marta tenga problemas con sus tareas
   - (C) De que la casa de Marta esté llena de gente
   - (D) De que el equipo de Marta haya perdido un partido

4. ¿A qué se ofrece Mateo?
   - (A) A hacerle la tarea a Marta
   - (B) A ayudar a Marta con el trabajo de la casa
   - (C) A enseñarle a jugar al fútbol
   - (D) A grabar el juego para ella

5. ¿Cuál es el tema de la composición que discuten?
   - (A) La importancia de las tareas
   - (B) La personalidad de la profesora
   - (C) Un animal con muchos brazos
   - (D) Un secreto de la escuela

6. ¿Qué decide Marta al final?
   - (A) No ayudar con los quehaceres
   - (B) No salir ese fin de semana
   - (C) Acompañar a Mateo
   - (D) Escribir sobre otro tema

1. ¿Dónde tiene lugar esta entrevista?
   (A) En un cine
   (B) En una estación de radio
   (C) En una conferencia
   (D) En un programa de televisión

2. ¿Qué podemos deducir de esta entrevista?
   (A) Que es un segmento nuevo
   (B) Que es la última vez que ocurrirá
   (C) Que al público le encanta
   (D) Que se presenta semanalmente

3. ¿Qué nos informa Diego Cuesta al principio
   de la entrevista?
   (A) Que no hay buenas películas
   (B) Que le encantan las películas de horror
   (C) Que la película que va a discutir es
       aburrida
   (D) Que no vale la pena construir más cines

4. ¿De qué tiene fama Diego Cuesta?
   (A) De ser difícil de complacer
   (B) De ser innovador en su profesión
   (C) De acertar siempre con sus críticas
   (D) De tener colegas muy competentes

5. ¿Qué se destaca en "El espíritu de la
   colmena"?
   (A) La constante acción
   (B) La comunicación sin diálogo
   (C) La música de fondo
   (D) El final inesperado

6. ¿Por qué no discuten el tema de la película?
   (A) Porque no es justo y no tienen tiempo
   (B) Porque no es apropiado para menores
   (C) Porque el público lo conoce muy bien
   (D) Porque Diego no acostumbra a hacerlo

7. ¿A qué invita Ramona a Diego?
   (A) A ir al cine la semana próxima
   (B) A pedirle la opinión al público
   (C) A participar en otra entrevista
   (D) A escribir sobre las nuevas tendencias

1. ¿Cómo le responde Joaquín a Celia al principio
   de la conversación?
   (A) Cariñosamente
   (B) De una manera antipática
   (C) De una manera misteriosa
   (D) Con mucha formalidad

2. ¿Qué noticia le da Celia a Joaquín?
   (A) Que se va de viaje
   (B) Que ahora tiene teléfono
   (C) Que su abuela viene a visitarla
   (D) Que ha encontrado su equipaje

3. ¿Cómo reacciona Joaquín a la noticia de Celia?
   (A) Muy enojado
   (B) Muy contento
   (C) Completamente desinteresado
   (D) Con un poco de incredulidad

4. ¿Por qué está un poco preocupada Celia?
   (A) Porque no conoce a nadie en el Brasil
   (B) Porque no se podrá graduar ese año
   (C) Porque no encuentra su pasaporte
   (D) Porque no habla portugués

5. ¿Qué le promete Celia a Joaquín?
   (A) Escribirle a menudo
   (B) Saludar a su abuela
   (C) Enseñarle portugués
   (D) Traerle un regalo

6. ¿Cómo es la relación entre Joaquín y Celia?
   (A) Son muy buenos amigos.
   (B) Apenas se conocen.
   (C) Son parientes.
   (D) Están casados.

1. ¿Qué problema menciona Anita al llegar a la entrevista?
   (A) No salió bien en el examen de química.
   (B) No pudo evitar llegar tarde.
   (C) Se le cayeron todos los aparatos.
   (D) Se le olvidó algo en el laboratorio.

2. ¿Qué le gusta hacer a Anita?
   (A) Sacar fotos
   (B) Aprender idiomas
   (C) Enseñar química
   (D) Leer revistas

3. ¿Dónde empezó su vida profesional el señor Córdoba?
   (A) En una universidad estatal
   (B) En una escuelita de pueblo
   (C) En una academia de lenguas
   (D) En una escuela de arte

4. ¿Qué le parece increíble a Anita?
   (A) Que la escuela fuera tan pequeña
   (B) Que el señor Córdoba se jubile
   (C) Que el señor Córdoba enseñe varias lenguas
   (D) Que el señor Córdoba haya enseñado por tan poco tiempo

5. Según el profesor, ¿cómo son los cursos en la escuela donde enseña ahora?
   (A) Demasiado difíciles
   (B) Un poco tradicionales
   (C) Muy variados
   (D) Muy rigurosos

1. ¿Quién es el coronel?
   (A) Un dictador muy conocido
   (B) Un autor importante
   (C) Un actor de obras teatrales
   (D) Un personaje de un libro

2. ¿Qué le dice el coronel a la reportera?
   (A) Que no le gustan las entrevistas
   (B) Que espera que no sea indiscreta
   (C) Que no tiene mucho tiempo
   (D) Que es su primera entrevista

3. ¿Qué dice el coronel sobre su esposa?
   (A) Que está un poco loca
   (B) Que hace mucho que no la ve
   (C) Que es muy comprensiva
   (D) Que ha muerto hace poco

4. ¿Qué sabemos sobre la personalidad del coronel?
   (A) Que encuentra placer en las cosas simples
   (B) Que es un hombre muy antipático
   (C) Que es una persona ansiosa
   (D) Que no tiene mucha fe en su esposa

5. ¿Cómo contesta el coronel a la pregunta sobre el gallo?
   (A) Con mucho enojo
   (B) Con mucha tristeza
   (C) De manera evasiva
   (D) De manera acusativa

NOW GET READY TO LISTEN TO THE FIRST NARRATIVE.

NARRATIVE NUMBER 1

1. ¿Para qué se usa la yerba mate?
   (A) Para hacer té
   (B) Para alimentar a los animales
   (C) Para hacer bebidas alcohólicas
   (D) Para honrar a los indígenas

2. ¿Qué hizo el gobernador de Buenos Aires?
   (A) Canceló las ceremonias religiosas.
   (B) Envenenó a muchos españoles.
   (C) Echó a los indígenas de la ciudad.
   (D) Prohibió el consumo de la yerba mate.

3. ¿Qué problemas surgieron con los españoles?
   (A) Trabajaban demasiado.
   (B) Se quejaban constantemente.
   (C) Se convirtieron en adictos.
   (D) Sufrieron grandes enfermedades.

4. ¿Qué ocurrió un día en la Plaza Mayor?
   (A) Destruyeron la yerba mate.
   (B) Celebraron ceremonias satánicas.
   (C) Repartieron el mate que habían recogido.
   (D) Asesinaron a muchos indígenas.

NARRATIVE NUMBER 2

1. Según la selección, ¿cómo es Mafalda?
   (A) Alocada
   (B) Inquieta
   (C) Coqueta
   (D) Romántica

2. ¿Qué se celebró en 1994?
   (A) La publicación de un nuevo libro
   (B) El cumpleaños de Mafalda
   (C) El matrimonio de Quino
   (D) La última historieta de Mafalda

3. ¿Quién es Quino?
   (A) El creador de Mafalda
   (B) El padre de Mafalda
   (C) Un director de videos
   (D) Un profesor de la Escuela de Bellas Artes

4. ¿Por qué abandonó la escuela Quino?
   (A) Porque no podía pagar
   (B) Porque se mudó a la Argentina
   (C) Porque no tenía vocación para el arte
   (D) Porque quería dibujar historietas

5. ¿Cómo sabemos que Mafalda ha tenido éxito?
   (A) El público paga mucho por los libros.
   (B) Se publica en varios idiomas.
   (C) Se estudia en muchas escuelas.
   (D) La aprecian mucho los coleccionistas.

1. ¿Por qué han sido reconocidos los incas?
   (A) Por ser grandes metalúrgicos
   (B) Por sus hazañas como navegantes
   (C) Por ser grandes cirujanos
   (D) Por trabajar la cerámica

2. ¿Qué es Potosí?
   (A) Un templo
   (B) Una ciudad
   (C) Una mina
   (D) Un barco

3. Según la selección, ¿dónde se encuentran muchos de los tesoros de los incas?
   (A) En el fondo del océano
   (B) En las minas peruanas
   (C) En las iglesias españolas
   (D) En las decoraciones de los barcos

4. ¿Qué fue el Atocha?
   (A) Un descubridor de los tesoros incas
   (B) Un barco encontrado en el fondo del mar
   (C) Una de las minas más importantes del Perú
   (D) Un conquistador español muy rico

5. ¿Cómo se puede caracterizar el uso de los metales por los españoles?
   (A) Extravagante
   (B) Venerable
   (C) Indiferente
   (D) Limitado

6. ¿Qué podemos apreciar en los artículos de arte de la época?
   (A) La destrucción de una civilización
   (B) El amor por la conquista de los mares
   (C) El poder económico de los reyes
   (D) La mezcla de las dos culturas

1. ¿Quién es José Carreras?
   (A) Un político barcelonés
   (B) Un gran tenor español
   (C) Un productor de discos
   (D) Un autor de óperas

2. ¿Qué hacía José Carreras cuando era muy joven?
   (A) Imitaba a un cantante famoso.
   (B) Se interesaba mucho por la política.
   (C) Viajaba mucho entre Argentina y España.
   (D) Cantaba en un grupo de rock.

3. ¿Cuál es la preferencia musical de José Carreras?
   (A) Le gusta sólo la ópera clásica.
   (B) Le gusta sólo la música americana.
   (C) Le gusta sólo la música española.
   (D) Le gusta toda la buena música.

4. ¿Por qué está interesado José Carreras en la leucemia?
   (A) Porque uno de sus hijos sufre de ella
   (B) Porque tiene amigos con esa enfermedad
   (C) Porque él la sufrió y se recuperó
   (D) Porque sus padres murieron de la enfermedad

5. ¿Cuál es la meta de la fundación que comenzó José Carreras?
   (A) Promover el estudio de la ópera en España
   (B) Ayudar a encontrar la cura para la leucemia
   (C) Establecer nuevos hospitales alrededor del mundo
   (D) Proclamar la importancia de la música española

6. ¿A qué le atribuye José Carreras su recuperación?
   (A) Al progreso de la ciencia médica
   (B) Al éxito de su carrera profesional
   (C) Al buen estado físico en que se mantenía
   (D) Al apoyo de amigos y familiares

1. Según la selección, ¿cómo ha sido afectada la industria chocolatera a través de los años?
   (A) Ha prosperado.
   (B) Ha disminuido.
   (C) No ha cambiado.
   (D) No ha dado buenos resultados.

2. ¿Por qué se conocía el chocolate como el alimento de los dioses?
   (A) Porque según la leyenda vino del cielo
   (B) Porque sus semillas eran milagrosas
   (C) Porque sólo podía tomarlo Quetzalcóatl
   (D) Porque se usaba en ceremonias religiosas

3. ¿Qué le sucedió a Quetzalcóatl?
   (A) Lo enviaron al paraíso.
   (B) Lo metieron en la cárcel.
   (C) Lo castigaron.
   (D) Lo asesinaron.

4. ¿Qué sabemos sobre Moctezuma II y el chocolate?
   (A) Prohibió su cultivo.
   (B) Le gustaba mucho.
   (C) No permitía que sus tropas lo tomaran.
   (D) No dejaba que se usara en ceremonias religiosas.

5. ¿Por qué no les gustaba el chocolate a los primeros europeos que llegaron a América?
   (A) Porque se servía frío
   (B) Porque no era dulce
   (C) Porque era muy duro
   (D) Porque no era soluble

6. Además de proporcionar energía, el chocolate servía como
   (A) refresco
   (B) postre
   (C) medicina
   (D) alimento

7. Los españoles mejoraron el método azteca de preparación del chocolate de todas las siguientes formas, EXCEPTO:
   (A) sirviéndolo caliente
   (B) poniéndole azúcar
   (C) añadiéndole distintos sabores
   (D) echándole una pizca de chile

8. ¿Qué creían los españoles sobre el chocolate?
   (A) Que prolongaba la vida
   (B) Que era un símbolo aristocrático
   (C) Que traía buena suerte
   (D) Que tenía poco valor alimenticio

1. De acuerdo con el comentario, hasta ahora los estudios sobre la independencia no han examinado a fondo
   (A) los detalles en su totalidad
   (B) las causas y los efectos de la revolución
   (C) la importancia del papel femenino
   (D) las acciones de los líderes políticos

2. ¿Qué atraía a muchas mujeres durante la época colonial?
   (A) La vida de la alta sociedad
   (B) La vida en el convento
   (C) Enseñar en las escuelas
   (D) Estudiar la historia

3. ¿Cómo era la vida de las mujeres en los conventos de aquellos tiempos?
   (A) Agradable y mundana
   (B) Restrictiva pero lujosa
   (C) Austera pero afortunada
   (D) Triste y severa

4. La Madre Castillo y Santa Teresa de Ávila, aparte de ser monjas, se hicieron famosas como
   (A) maestras
   (B) escritoras
   (C) políticas
   (D) revolucionarias

5. A principios del siglo XIX, ¿para qué se unieron las mujeres a los hombres?
   (A) Para desarrollar la literatura
   (B) Para castigar a los esclavos
   (C) Para luchar en contra de la iglesia
   (D) Para oponerse a los españoles

6. ¿Quiénes eran las mujeres conocidas como "juanas" o "cholas"?
   (A) Las mujeres que compartían con los hombres el campo de batalla
   (B) Las mujeres que escribían en contra de los españoles durante esa época
   (C) Las mujeres que trabajaban en las cárceles como cocineras
   (D) Las mujeres que dedicaban su vida a la religión

7. ¿Qué hacían muchas veces las mujeres para participar en la lucha?
   (A) Se casaban con los españoles.
   (B) Cambiaban de nacionalidad.
   (C) Aparentaban ser monjas.
   (D) Se vestían de hombre.

1. De acuerdo con la selección, al autor le parece increíble que en el pasado
   (A) los indios no comieran la papa
   (B) la papa no tuviera mucho valor para los nativos
   (C) mucha gente no supiera que la papa existía
   (D) solamente los irlandeses consumieran la papa

2. En los países andinos, ¿a qué se refiere la palabra "chuño"?
   (A) A una papa seca
   (B) A un proceso científico
   (C) A una plaga agrícola
   (D) A un ídolo indígena

3. Según la selección, con las papas se puede hacer vodka, cola y
   (A) aceite
   (B) azúcar
   (C) combustible
   (D) vinagre

4. La primera mención escrita de la papa describe una planta cuyo uso principal era
   (A) medicinal
   (B) ornamental
   (C) fortificante
   (D) alimenticio

5. ¿Qué pasó en muchos países de Europa cuando llegó la papa?
   (A) La recibieron con gran admiración.
   (B) La recibieron con miedo y sospecha.
   (C) La usaron como alimento básico.
   (D) La usaron como cura para la lepra.

6. ¿Cuándo se interesó el señor E. Thomas Hughes por la papa?
   (A) Al ver que era muy popular en Bélgica
   (B) Cuando sus estudiantes se la sirvieron
   (C) Al saber que los belgas no la conocían todavía
   (D) Durante sus viajes por los países sudamericanos

7. ¿Dónde se encuentra el Museo de la Papa hoy día?
   (A) En Lima
   (B) En Bruselas
   (C) En Washington, D.C.
   (D) En Nueva York

AS OF 1997, THIS SECTION WILL BE REPLACED WITH THE NEW UNIT V. THE VOCABULARY AND STRUCTURE MULTIPLE CHOICE WILL BE TESTED IN CLOZE PASSAGES. ALTHOUGH THE EXERCISES IN THE FOLLOWING UNIT WILL <u>NOT</u> APPEAR IN FUTURE EXAMINATIONS, THEY ARE INCLUDED HERE BECAUSE THEY WILL PROVIDE THE STUDENTS WITH FURTHER PRACTICE.

• •

UNIT III

The vocabulary and idioms used in this unit are representative of those used throughout the Spanish-speaking world. The unit is designed to give students practice in recognizing words used in context. It should help them develop a broad range of vocabulary, increasing their overall proficiency in listening, reading, writing, and speaking.

Students should be encouraged to learn and use not only the correct words or expressions, but also the other choices presented. They will benefit from studying each word's synonyms, antonyms, cognates, deceptive cognates, prefixes, suffixes, roots, diminutives, augmentatives, and compounds.

Directions: This part consists of a number of incomplete statements, each having four suggested completions. Select the most appropriate completion and fill in the corresponding oval on the answer sheet.

Instrucciones: Esta parte consiste en varias oraciones incompletas, cada una de las cuales ofrece cuatro posibles opciones para completarlas. Elija la opción más apropiada y rellene el óvalo correspondiente en la hoja de respuestas.

1. Al llegar al hotel, mi madre . . . sus joyas en la caja de seguridad.
   (A) sacó
   (B) guardó
   (C) quitó
   (D) renovó

2. Las . . . de abril traen las flores de mayo.
   (A) llegadas
   (B) lagunas
   (C) lluvias
   (D) llaves

3. ¿ . . . de estos pares de zapatos te gusta más?
   (A) Cuáles
   (B) Cuál
   (C) Cuántos
   (D) Cuánto

4. Rafael no quiere tomarse . . . porque no está bastante caliente.
   (A) la sopa
   (B) la subasta
   (C) el jabón
   (D) el juicio

5. Anoche asistimos a un concierto increíble. Ese guitarrista sí que sabe . . .
   (A) torear
   (B) topar
   (C) toser
   (D) tocar

6. No vivimos en el centro de la ciudad; vivimos en . . .
   (A) las almohadas
   (B) los asuntos
   (C) los aparatos
   (D) las afueras

7. Esta noche en la radio el locutor va a . . . al candidato a senador.
   (A) bostezar
   (B) recorrer
   (C) entrevistar
   (D) conducir

8. Tú puedes pasar ahora a lavarte las manos. El cuarto de baño está . . .
   (A) gratis
   (B) disponible
   (C) único
   (D) librado

9. Esta camisa no tiene . . . donde pueda guardar mis papeles.
   (A) cuerpo
   (B) manga
   (C) cuello
   (D) bolsillo

10. No puedo aguantar más esa música; ya me duelen . . .
    (A) los oídos
    (B) los dedos
    (C) los pies
    (D) los hombros

11. No es necesario sacar la basura esta noche porque Francisco . . . lo hizo.
    (A) ya
    (B) además
    (C) todavía
    (D) aunque

12. El florero se cayó y . . . en mil pedazos.
    (A) se desmayó
    (B) se quebró
    (C) se derritió
    (D) se quemó

13. Hace mucho frío afuera. ¿Están cerradas todas las . . .?
    (A) cajas
    (B) neveras
    (C) ventanas
    (D) chimeneas

14. La película es tan divertida que cada vez que la veo . . . a carcajadas.
    (A) me río
    (B) me aburro
    (C) me quejo
    (D) me escondo

15. Compré estos clavos en la . . . para colgar el cuadro en esa pared.
    (A) ferretería
    (B) papelería
    (C) peluquería
    (D) tintorería

16. Hay que tener mucho cuidado al . . . esa calle. Ha habido varios accidentes en la esquina.
    (A) cortar
    (B) cambiar
    (C) callar
    (D) cruzar

1. Me levanté muy temprano, a las cuatro de la . . . , para poder tomar el primer avión.
   (A) maceta (C) maleta
   (B) madrastra (D) madrugada

2. Es una persona muy vanidosa; siempre está mirándose en . . .
   (A) el escudo (C) la escoba
   (B) el espejo (D) la espada

3. La cantante tiene intenciones de . . . solamente en español ya que es preciso mantener el gran impacto que el rock en castellano ha tenido.
   (A) grabar (C) sostener
   (B) comprometer (D) recordar

4. Hace buen tiempo. ¿Quieres . . . antes de cenar?
   (A) dar un abrazo (C) dar una vuelta
   (B) dar las gracias (D) dar cuerda

5. Se te están cayendo los pantalones. Ponte . . .
   (A) el cinturón (C) la bragueta
   (B) el cuello (D) la gorra

6. El teatro está casi vacío. Podemos . . . donde sea.
   (A) sentarnos (C) apresurarnos
   (B) sentirnos (D) aprovecharnos

7. Es un héroe porque rescató a una niña que estaba . . . en la piscina.
   (A) abrigándose (C) ahogándose
   (B) abrochándose (D) ahorrándose

8. La chica se puso nerviosa y . . . caer todas las monedas.
   (A) decidió (C) mandó
   (B) quiso (D) dejó

9. Se me cayó el hielo y ahora todo el piso está . . .
   (A) espantado (C) mojado
   (B) pesado (D) fatigado

10. Si me voy ahora, podré . . . el tráfico del mediodía.
    (A) estrenar (C) avisar
    (B) evitar (D) arreglar

11. Durante el verano, hay que usar . . . de sol para proteger los ojos.
    (A) sombras (C) gafas
    (B) cabellos (D) espectáculos

12. Seguí la . . . de mi tía para preparar el arroz con pollo.
    (A) portada (C) obra
    (B) cartera (D) receta

13. Hace ya varios días que el reloj de la catedral no . . .
    (A) obra (C) labora
    (B) funciona (D) opera

14. Patricio no puede salir porque todavía no ha . . . su tarea.
    (A) alquilado (C) asombrado
    (B) acabado (D) avergonzado

15. De hoy en . . . trataré de ser más amable con mis colegas.
    (A) adelante (C) siempre
    (B) vez (D) día

16. ¿Has estado corriendo? Tienes las . . . muy rojas.
    (A) cejas (C) uñas
    (B) mejillas (D) muñecas

1. Cuando tenga un sueldo fijo, comenzaré a . . . para el porvenir.
   (A) recurrir
   (B) ahorrar
   (C) conceder
   (D) borrar

2. ¡Nos acaban de robar! Tenemos que avisarle a la policía . . .
   (A) no obstante
   (B) todavía no
   (C) ya no
   (D) cuanto antes

3. Se demoró tanto en la oficina del abogado que . . . pierde el último tren.
   (A) en seguida
   (B) por lo mismo
   (C) sin embargo
   (D) por poco

4. Hoy tendrá . . . la grabación del nuevo programa policíaco.
   (A) lugar
   (B) ganas
   (C) razón
   (D) celos

5. Pregúntale a Fernando si . . . encontró los documentos en su coche.
   (A) por casualidad
   (B) por ejemplo
   (C) por lo tanto
   (D) por ahora

6. Si no lo encuentras, se lo puedes pedir . . . a Gisela.
   (A) sacado
   (B) cambiado
   (C) prestado
   (D) sobrado

7. Ángel salió ayer, . . . su esposa no saldrá hasta el martes.
   (A) en broma
   (B) en punto
   (C) en efecto
   (D) en cambio

8. El presidente tiene previsto llegar a esta ciudad mañana, confirmó hoy su . . .
   (A) vocablo
   (B) vocero
   (C) vocación
   (D) vocerío

9. Las uvas están demasiado . . . para usarlas en ese postre.
   (A) gastadas
   (B) agrias
   (C) crudas
   (D) suaves

10. Hay demasiada gente aquí; yo prefiero una tienda menos . . .
    (A) concurrida
    (B) despejada
    (C) dotada
    (D) cargada

11. No ha llovido en casi un año; por eso, estamos pasando por la peor . . . del siglo.
    (A) sabiduría
    (B) simpatía
    (C) sequía
    (D) soberanía

12. ¿Dónde has estado? Te acabas de vestir y ya tienes el traje . . .
    (A) peinado
    (B) rizado
    (C) cosido
    (D) arrugado

13. Tienes la cara hinchada; vas a tener que visitar al dentista y sacarte esa . . .
    (A) muela
    (B) pestaña
    (C) ceja
    (D) oreja

14. Los trenes pasan menos frecuentemente durante los días . . .
    (A) normales
    (B) feriados
    (C) diarios
    (D) corrientes

15. El perfume que usa mi novia . . . muy bien.
    (A) hiela
    (B) hiere
    (C) halla
    (D) huele

16. Anabel tiene que arreglarse el cabello, y por eso le hace falta . . .
    (A) un cepillo
    (B) una máquina
    (C) un jabón
    (D) una regla

1. No puedo tomar el avión ahora porque se me quedó . . . en casa.
   (A) el billete   (C) el vuelo
   (B) la entrada   (D) la azafata

2. Es importante estar . . . de las noticias para ser una persona informada.
   (A) a propósito   (C) al tanto
   (B) a oscuras   (D) al menos

3. Marcelino no reconoció a su novia en la fiesta porque ella estaba . . .
   (A) asombrada   (C) angustiada
   (B) confusa   (D) disfrazada

4. El concierto empieza a las nueve en punto. Espero que lleguen . . .
   (A) al tanto   (C) a lo lejos
   (B) a tiempo   (D) al cabo

5. Si no guardas el hielo en el congelador, se va a . . .
   (A) derretir   (C) derribar
   (B) derramar   (D) derrumbar

6. De repente se apagaron las luces y tuvimos que salir . . .
   (A) a tientas   (C) a carcajadas
   (B) a fondo   (D) a cántaros

7. Le falta sal a la comida; está . . .
   (A) seca   (C) sazonada
   (B) salada   (D) sosa

8. Se ve mayor porque tiene . . .; el cabello se le ha vuelto blanco prematuramente.
   (A) canas   (C) canastas
   (B) canchas   (D) carreras

9. Gregorio siempre contribuía a las organizaciones benéficas . . . no tener demasiado dinero.
   (A) aparte de   (C) a poco de
   (B) a pesar de   (D) a partir de

10. Antes de comer una naranja, hay que . . .
    (A) pellizcarla   (C) pelarla
    (B) patearla   (D) pulirla

11. Miguel sólo escribe con la mano izquierda; es decir, él es . . .
    (A) sordo   (C) sano
    (B) zurdo   (D) terco

12. El marido de doña Petra falleció; o sea, ella quedó . . .
    (A) tuerta   (C) solterona
    (B) bizca   (D) viuda

13. Georgina, al ver el incendio en la cocina, gritó: . . .
    (A) ¡Enhorabuena!   (C) ¡Dame un fósforo!
    (B) ¡Socorro!   (D) ¡Déjamelo!

14. El profesor . . . a los estudiantes que se portan mal en clase.
    (A) castiga   (C) llora
    (B) atardece   (D) ahorra

15. Gerardo se cayó esta mañana por entrar . . .
    (A) a la sombra   (C) a la carrera
    (B) a diario   (D) al contrario

16. Vamos a visitarlo esta tarde para que no digan que no . . . con nuestro deber.
    (A) completamos   (C) cumplimos
    (B) conseguimos   (D) contemplamos

1. Al preguntar: "¿A cuántos estamos?", quería saber . . .
   - (A) el precio
   - (B) el día
   - (C) la hora
   - (D) la fecha

2. Tienes que . . . bien, si quieres quedarte aquí.
   - (A) cortarte
   - (B) portarte
   - (C) rascarte
   - (D) agacharte

3. Lo siento, doctora. Llegué tarde porque mi reloj anda . . .
   - (A) ligero
   - (B) lento
   - (C) atrasado
   - (D) adelantado

4. El chico anduvo con . . . hasta que se le sanó el pie.
   - (A) muletas
   - (B) candados
   - (C) palillos
   - (D) camillas

5. El cielo se oscureció y . . . empezó a relampaguear.
   - (A) forzosamente
   - (B) amargamente
   - (C) bondadosamente
   - (D) súbitamente

6. Se ha determinado que el fumar es . . . para la salud.
   - (A) nocivo
   - (B) necio
   - (C) descuidado
   - (D) dichoso

7. Antes de tragar la comida, es importante . . . bien.
   - (A) escurrirla
   - (B) masticarla
   - (C) achicarla
   - (D) pisotearla

8. No quiso aceptar el puesto porque encontró el . . . muy bajo.
   - (A) suelo
   - (B) siglo
   - (C) semáforo
   - (D) sueldo

9. Álvaro estaba muy contento por haber . . . todos sus exámenes.
   - (A) relajado
   - (B) reprochado
   - (C) aprobado
   - (D) apropiado

10. No hubo forma de . . . al pobre gatito; las corrientes del río son muy traidoras.
    - (A) ahorrar
    - (B) rescatar
    - (C) guardar
    - (D) ahogar

11. No puedo leer porque se me perdieron los . . .
    - (A) espejos
    - (B) lentes
    - (C) vidrios
    - (D) cristales

12. Levanten la mano si le quieren . . . una pregunta al profesor.
    - (A) decir
    - (B) preguntar
    - (C) hacer
    - (D) cuestionar

13. Si dejas que los chicos jueguen con el hilo, lo . . .
    - (A) enredarán
    - (B) endorsarán
    - (C) rociarán
    - (D) rodearán

14. Con el cuchillo, el artesano . . . en la madera la figura de un animal.
    - (A) excava
    - (B) pinta
    - (C) talla
    - (D) friega

15. El dueño aumentó el . . . del apartamento; ya me es imposible vivir en este edificio.
    - (A) alfiler
    - (B) alquiler
    - (C) alojamiento
    - (D) algodón

16. La señora se viste de negro porque está de . . .
    - (A) lucha
    - (B) luna
    - (C) luto
    - (D) lujo

1. La noche está clara porque hay luna . . .
   (A) llena   (C) encendida
   (B) apagada   (D) abierta

2. Como su negocio fracasó, el comerciante se declaró en . . .
   (A) huelga   (C) derrota
   (B) bancarrota   (D) batalla

3. Durante el otoño los árboles pierden . . .
   (A) su corteza   (C) su tronco
   (B) sus raíces   (D) sus hojas

4. Si lo . . . tanto, llámalo por teléfono.
   (A) extrañas   (C) sueltas
   (B) gustas   (D) echas

5. Mi reloj no anda porque se me olvidó darle . . .
   (A) llave   (C) pena
   (B) cuerda   (D) vuelta

6. En la fiesta de cumpleaños todos exclamaron:
   (A) ¡Jamás!   (C) ¡Ojalá!
   (B) ¡Dios mío!   (D) ¡Felicidades!

7. Los pájaros han construido un . . . de paja formidable en ese árbol.
   (A) nieto   (C) nido
   (B) nudo   (D) nivel

8. La señora . . . roja al darse cuenta de que hablaban de ella.
   (A) se convirtió en   (C) se hizo
   (B) llegó a ser   (D) se puso

9. Después de cometer el delito, el ladrón corría el . . . de que lo encontraran en el vecindario.
   (A) ramo   (C) rasgo
   (B) rostro   (D) riesgo

10. El grifo está goteando; tenemos que . . . la llave.
    (A) apagar   (C) echar
    (B) cerrar   (D) aprobar

11. Ella es muy diligente; en cambio, su hermano es demasiado . . . No le gusta trabajar.
    (A) chistoso   (C) ruidoso
    (B) perezoso   (D) aplicado

12. Sabíamos que se había lastimado la pierna porque . . .
    (A) colgaba   (C) contaba
    (B) confiaba   (D) cojeaba

13. No lo podemos . . . más; será mejor decirle la verdad.
    (A) engañar   (C) encargar
    (B) envolver   (D) enchufar

14. Lleno de temor, Paquito huyó de la lucha . . .
    (A) escasamente   (C) cobardemente
    (B) suavemente   (D) lujosamente

15. La oficina de correos me devolvió la tarjeta postal porque se me olvidó ponerle . . .
    (A) una carpeta   (C) un sello
    (B) una estampa   (D) un cartero

16. El avión . . . con dos horas de retraso debido al mal tiempo.
    (A) despegó   (C) despachó
    (B) desplazó   (D) despojó

1. Ten cuidado; vas a . . . el puesto si continúas llegando tarde.
   - (A) mejorar
   - (B) perder
   - (C) aprovechar
   - (D) sustituir

2. Prefiero nadar en la piscina porque el agua está . . .
   - (A) aguada
   - (B) empapada
   - (C) tibia
   - (D) hinchada

3. Era manco; es decir, le faltaba . . .
   - (A) un ojo
   - (B) una pierna
   - (C) un brazo
   - (D) una oreja

4. Le regalé esa foto para que la pusiera en . . . de madera.
   - (A) el marco
   - (B) el umbral
   - (C) la manga
   - (D) la franja

5. En esta tienda no se aceptan las tarjetas de crédito; por eso, tendremos que comprar la mercancía . . .
   - (A) al punto
   - (B) al contado
   - (C) a cuestas
   - (D) a pedazos

6. La liebre desapareció . . . al sentirse perseguida por el zorro.
   - (A) secamente
   - (B) gratamente
   - (C) velozmente
   - (D) fielmente

7. Tenemos una llanta desinflada. Usa el . . . para levantar el coche.
   - (A) gato
   - (B) volante
   - (C) parabrisas
   - (D) perro

8. Raquel está a punto de llegar; debemos . . . cinco minutos más.
   - (A) tenderla
   - (B) espesarla
   - (C) presenciarla
   - (D) aguardarla

9. Hay gente tan . . . los deportes, que sólo habla de eso.
   - (A) avergonzada de
   - (B) ajena a
   - (C) alejada de
   - (D) aficionada a

10. Durante el fuego, el viento esparcía las . . . por todas partes.
    - (A) cenizas
    - (B) cejas
    - (C) celdas
    - (D) certezas

11. Para competir en las Olimpiadas, tendrás que . . . por muchos años.
    - (A) ubicarte
    - (B) entrenarte
    - (C) trasladarte
    - (D) aprovecharte

12. Además de trabajar ocho horas al día, Elías también corre diez millas; por eso, todos dicen que es . . .
    - (A) insípido
    - (B) indeleble
    - (C) incansable
    - (D) ingenuo

13. Después de pelar las almendras, debes recoger las . . .
    - (A) cascadas
    - (B) cáscaras
    - (C) ruedas
    - (D) rejas

14. No podía negar que estaba preocupado, pues se mostraba muy . . .
    - (A) descansado
    - (B) inquieto
    - (C) regocijado
    - (D) dibujado

15. Hacía mucho frío en la sala porque alguien había dejado la ventana abierta . . .
    - (A) al aire libre
    - (B) de ida y vuelta
    - (C) fuera de sí
    - (D) de par en par

16. A los chicos les encanta caminar por la playa buscando . . .
    - (A) conchas
    - (B) esquemas
    - (C) planchas
    - (D) llamas

1. Si Ud. quiere tener un cuerpo . . . , haga ejercicios a menudo y siga un régimen adecuado.
   (A) sano   (C) salvo
   (B) soso   (D) sobrio

2. Cuando llegamos al hotel le pedimos al . . . que nos llevara las maletas a la habitación.
   (A) timbre   (C) basurero
   (B) botones   (D) camarero

3. En lugar de azúcar, usa miel de . . . en el té.
   (A) almejas   (C) conejas
   (B) abejas   (D) ovejas

4. El sol no brilla hoy; el cielo está . . .
   (A) despejado (C) cubierto
   (B) nublado   (D) apagado

5. Jaime tiene mucha tos; debe . . .
   (A) ir al banco   (C) visitar al médico
   (B) asistir a la escuela (D) estudiar mucho

6. Si no puedes abrir la puerta, . . . con más fuerza.
   (A) arrójala   (C) échala
   (B) apriétala (D) empújala

7. ¡Qué maleta tan . . . ! Al verla, parecía más ligera.
   (A) estrecha   (C) pesada
   (B) blanda   (D) lenta

8. Para empezar el fuego los indios frotaban . . . ramas secas.
   (A) vigorosamente (C) cabalmente
   (B) ingenuamente   (D) inmediatamente

9. Le pedí a Jacinta que me . . . una bufanda para protegerme el cuello.
   (A) colgara   (C) pisara
   (B) abrigara   (D) tejiera

10. Estaba tan . . . después de la caminata que me quedé dormido en el sofá.
    (A) rendido   (C) desalmado
    (B) sentido   (D) presumido

11. . . . , Jacinto, ¿cómo encontraste tan pronto la solución al problema?
    (A) A lo mejor   (C) Por lo tanto
    (B) A propósito   (D) De repente

12. Se desmayó y tardó mucho en . . . en sí.
    (A) volver   (C) ponerse
    (B) regresar (D) turnarse

13. Tendrás que presentarte ante el juez por no haber pagado la . . .
    (A) marca   (C) multa
    (B) mueca   (D) mancha

14. Mi hermanita . . . al teléfono cuando sonó.
    (A) suspiró   (C) bostezó
    (B) acudió   (D) recorrió

15. La cosecha se arruinó a causa de los . . .
    (A) granizos (C) gramos
    (B) grabados (D) granizados

16. Yo no sé cómo se te ocurre correr con el calor que hace; mira cómo . . .
    (A) sueltas   (C) sumas
    (B) suenas   (D) sudas

1. Está muy oscuro en este cuarto. Por favor, suba Ud. las . . . para que entre un poco de luz.
   (A) velas
   (B) alfombras
   (C) persianas
   (D) azucenas

2. Cuando no le devolví el dinero, me . . . con una denuncia.
   (A) amenazó
   (B) amansó
   (C) amplió
   (D) amaneció

3. Me regaló el . . . libro que me hacía falta para completar la colección.
   (A) pleno
   (B) solo
   (C) solitario
   (D) único

4. Como es un trabajo muy difícil y aburrido, nos vamos a . . . para terminarlo.
   (A) tutear
   (B) turbar
   (C) turnar
   (D) tumbar

5. No es bueno meterse en asuntos . . . porque casi siempre trae problemas.
   (A) ajenos
   (B) gruesos
   (C) mismos
   (D) diarios

6. Más de 500 personas asistieron al . . . de la película.
   (A) agravio
   (B) dibujo
   (C) tiro
   (D) estreno

7. Cesó de llover, y apareció un bello . . . de muchos colores.
   (A) relámpago
   (B) cielo raso
   (C) arco iris
   (D) chaparrón

8. Pensábamos que el bebé estaba . . . porque tenía mucha fiebre y una tos seca.
   (A) congelado
   (B) resfriado
   (C) atado
   (D) engrasado

9. Cuando el profesor entró en el aula, los alumnos ya tenían los cuadernos abiertos sobre . . .
   (A) las butacas
   (B) los pupitres
   (C) las almohadas
   (D) los pisapapeles

10. Es necesario . . . el contrato; si no, queda nulo.
    (A) significar
    (B) rezar
    (C) sembrar
    (D) firmar

11. Antes de comprar el libro, quisiera . . . para ver si es el que necesito.
    (A) cobrarlo
    (B) aplastarlo
    (C) hojearlo
    (D) dispararlo

12. La pobre viejecita . . . de tantos males que no nos sorprendimos cuando se murió.
    (A) padecía
    (B) dejaba
    (C) carecía
    (D) trataba

13. El científico tardó tanto en presentar su experimento porque lo había preparado . . .
    (A) apresuradamente
    (B) concienzudamente
    (C) recelosamente
    (D) desdeñosamente

14. Le habían puesto un torniquete para que no le . . . más sangre de la herida.
    (A) bronceara
    (B) adelantara
    (C) brotara
    (D) amenazara

15. Hay que saber . . . correctamente las vacas para obtener la cantidad máxima de leche.
    (A) quebrar
    (B) ordeñar
    (C) lograr
    (D) derrotar

16. Al . . . en la nieve, se le quebró la pierna.
    (A) resbalarse
    (B) rescatarse
    (C) resaltarse
    (D) resfriarse

1. Juanita, alcánzame un . . . , por favor, para quitarle el polvo a esta mesa.
   (A) renglón   (C) recado
   (B) telón   (D) trapo

2. ¡Qué ingrato es! Cada vez que le ofrezco algo me lo . . .
   (A) destaca   (C) desprecia
   (B) asombra   (D) asegura

3. Dio un salto porque al . . . el cable, sintió la electricidad.
   (A) sujetar   (C) surgir
   (B) surtir   (D) superar

4. No te olvides de . . . todos los errores que encuentres en el manuscrito.
   (A) desatar   (C) amarrar
   (B) subrayar   (D) espantar

5. ¿Por qué no le . . . unos aretes de ámbar a Mercedes cuando vaya a Santo Domingo?
   (A) evitas   (C) encargas
   (B) enfocas   (D) estrenas

6. Subamos . . .; desde allí podremos ver mejor el desfile.
   (A) a la aguja   (C) al alambre
   (B) a la azotea   (D) al sótano

7. No pudimos encontrar las nueces, ya que las . . . se las habían comido.
   (A) rodillas   (C) mejillas
   (B) ardillas   (D) costillas

8. El accidente habría sido menos desastroso si el tren no se hubiera salido de . . .
   (A) los rieles   (C) los caminos
   (B) las sendas   (D) las pistas

9. Al tratar de encender la lámpara, nos dimos cuenta de que la bombilla se había . . .
   (A) fundido   (C) frotado
   (B) fundado   (D) fijado

10. Aunque se desconocía el origen de esa obra, recientemente fue . . . a un autor del Siglo de Oro.
    (A) atrevida   (C) atribuida
    (B) atravesada   (D) atrasada

11. Se levantó tarde y se vistió tan de prisa que se puso los calcetines . . .
    (A) al revés   (C) a la derecha
    (B) a la izquierda   (D) adentro

12. El incendio se extendió rápidamente, a pesar del gran esfuerzo que hicieron los . . . por apagarlo.
    (A) bomberos   (C) bombones
    (B) bombarderos   (D) bombillos

13. El criminal, al dejar sus . . . en la arena, nos indicó su rumbo.
    (A) huecos   (C) huelgas
    (B) huertos   (D) huellas

14. En el jardín zoológico, casi todos los animales están . . .
    (A) enterrados   (C) enmascarados
    (B) enjaulados   (D) encarcelados

15. Como no pudimos ni siquiera . . . el partido, perdimos el campeonato de fútbol.
    (A) empeñar   (C) empatar
    (B) enterar   (D) enjuagar

16. No me hagas . . .; sabes que eso me pone nervioso.
    (A) costillas   (C) casillas
    (B) cerillas   (D) cosquillas

1. De acuerdo con la ley, el que trabaja y no paga los . . . irá a la cárcel.
   (A) impuestos
   (B) puestos
   (C) repuestos
   (D) compuestos

2. Sin fuerzas y sin esperanza de encontrar agua en el desierto, me . . . por vencido.
   (A) tuve
   (B) pasé
   (C) fui
   (D) di

3. Anoche no pudimos dormir porque había unos gatos jugando en el . . . de la casa.
   (A) tejido
   (B) talón
   (C) tejado
   (D) tallo

4. El . . . de las chimeneas está contaminando el medio ambiente de las ciudades industriales.
   (A) hilo
   (B) humo
   (C) halo
   (D) horno

5. Unos segundos después de ver el resplandor del . . . oímos el trueno.
   (A) relámpago
   (B) repaso
   (C) regaño
   (D) recuento

6. Mi tío es muy rico pero muy . . .; ahorra todo su dinero, no gasta ni un centavo.
   (A) bondadoso
   (B) indiscreto
   (C) tacaño
   (D) desinteresado

7. El señor Gómez piensa . . . el primero de julio; ya está cansado de trabajar.
   (A) santiguarse
   (B) jubilarse
   (C) librarse
   (D) retratarse

8. Habrían ganado la regata si no se les hubiera caído al agua uno de los . . .
   (A) remos
   (B) cabellos
   (C) muelles
   (D) buques

9. Felicia, alcánzame . . . , por favor; necesito cortar este hilo.
   (A) los alfileres
   (B) los peatones
   (C) las palas
   (D) las tijeras

10. Beatriz, te felicito; . . . , ya has terminado todo lo que te propusiste hacer.
    (A) a la vez
    (B) tan pronto
    (C) de vez en cuando
    (D) por lo visto

11. Gabriela decidió salir con Pablo; por lo tanto, tuvo que . . . la invitación de Luis.
    (A) repasar
    (B) relajar
    (C) rechazar
    (D) rebajar

12. Aunque el azúcar nos proporciona energía, indudablemente nos hace . . .
    (A) engordar
    (B) alcanzar
    (C) estirar
    (D) adular

13. ¿Por qué no regresas la semana . . . para asistir al Festival de Música?
    (A) variante
    (B) entrante
    (C) pendiente
    (D) corriente

14. Como el . . . era profundo, sacábamos el agua poco a poco.
    (A) plomo
    (B) potro
    (C) pozo
    (D) puente

15. El anciano decidió hacer un . . . para poder distribuir equitativamente sus bienes.
    (A) testimonio
    (B) tesoro
    (C) testigo
    (D) testamento

16. En el campamento aprendimos a distinguir entre las plantas . . . y las venenosas.
    (A) combustibles
    (B) compuestas
    (C) comestibles
    (D) compresas

1. ¿Es ésta la . . . donde se compran las entradas para el concierto de esta noche?
   (A) hebilla
   (B) taquilla
   (C) costilla
   (D) boquilla

2. Dicen que en los mercados de México hay que regatear para obtener buenas . . .
   (A) ganas
   (B) gargantas
   (C) gangas
   (D) garras

3. Le fue imposible . . . del paseo por el campo a causa del mal tiempo.
   (A) disfrutar
   (B) apoderarse
   (C) carecer
   (D) guardarse

4. Debes apagar el cigarrillo en . . . , y no en el suelo.
   (A) la cuna
   (B) la colcha
   (C) el costurero
   (D) el cenicero

5. Mi padre se fue la semana pasada y ahora le echo mucho . . .
   (A) a perder
   (B) al azar
   (C) de menos
   (D) de reojo

6. Su negocio no tuvo ningún éxito; fue un . . . total desde el principio.
   (A) frasco
   (B) fracaso
   (C) estreno
   (D) estallido

7. Emilio usa . . . de cobre para freír la tortilla.
   (A) la sartén
   (B) el camión
   (C) la hornilla
   (D) el anillo

8. Había tanta gente en el cine que tuvimos que hacer . . . para entrar.
   (A) rabo
   (B) línea
   (C) daño
   (D) cola

9. Según el aviso, se prohibe . . . la hierba del parque.
   (A) pisar
   (B) secar
   (C) mezclar
   (D) saborear

10. Para tomar un ómnibus en esta ciudad, hay que tener el cambio exacto en . . .
    (A) monos
    (B) monedas
    (C) molinos
    (D) moldes

11. No te preocupes; el perro no cabe por el . . . que dejaron los albañiles.
    (A) hueso
    (B) huerto
    (C) huevo
    (D) hueco

12. Aún sin haber terminado de contar los votos, el candidato le había . . . la victoria a su oponente.
    (A) concebido
    (B) conciliado
    (C) concertado
    (D) concedido

13. El abogado nos pidió que le . . . los documentos lo más pronto posible.
    (A) devolviéramos
    (B) hirviéramos
    (C) tragáramos
    (D) retrocediéramos

14. A su edad, Leticia debe saber lo que le . . . bien.
    (A) falta
    (B) viste
    (C) queda
    (D) pone

15. No te olvides de poner tu . . . en el formulario que estás llenando por si acaso te quieren escribir.
    (A) dominación
    (B) domicilio
    (C) directiva
    (D) disparate

16. Para preparar la comida, mi madre se pone un . . . para no ensuciarse.
    (A) cocinero
    (B) babero
    (C) delantal
    (D) mantel

1. Queríamos comprarle a la niña un par de zapatos de . . . ya que están de moda.
   - (A) charol
   - (B) charla
   - (C) charco
   - (D) chasco

2. Es necesario . . . las sábanas para que quepan en ese baúl.
   - (A) tapar
   - (B) alargar
   - (C) sonar
   - (D) doblar

3. Toda la policía estará . . . en caso de huelga.
   - (A) disponible
   - (B) disimulada
   - (C) desdeñada
   - (D) deslumbrada

4. En el oeste del país se espera un . . . devastador en esta década.
   - (A) telón
   - (B) tambor
   - (C) terremoto
   - (D) timbre

5. Nuestra compañía no tiene el . . . necesario para emplear a tantos ingenieros durante este año fiscal.
   - (A) monumento
   - (B) juramento
   - (C) presupuesto
   - (D) repuesto

6. Me fue imposible conducir esta madrugada a causa de la . . . y de la llovizna.
   - (A) nevera
   - (B) neblina
   - (C) foca
   - (D) funda

7. Mientras los niños jugaban, nevaba . . . y sin cesar.
   - (A) desconcertadamente
   - (B) soberbiamente
   - (C) ostentosamente
   - (D) copiosamente

8. Orlando se puso de . . . ante el juez para pedirle clemencia.
   - (A) costillas
   - (B) hombros
   - (C) codos
   - (D) rodillas

9. Como Paco y Pepe son . . . idénticos, los profesores siempre los confunden.
   - (A) gemelos
   - (B) vaqueros
   - (C) payasos
   - (D) hermanastros

10. En caso de un apagón, es preciso tener suficientes . . . para alumbrar toda la casa.
    - (A) mangas
    - (B) velas
    - (C) veleros
    - (D) manteles

11. ¡Ay, José! La plancha no funciona porque se te olvidó . . .
    - (A) endorsarla
    - (B) enchufarla
    - (C) enfocarla
    - (D) enredarla

12. Debido al calor tan agobiante, todas las flores están . . .
    - (A) mareadas
    - (B) anticipadas
    - (C) marchitas
    - (D) anticuadas

13. Cuando Rosa se dio cuenta de que no tenía lo suficiente para pagar la cuenta, exclamó: ¡Qué . . . !
    - (A) vergüenza
    - (B) cuidado
    - (C) éxito
    - (D) razón

14. Si te equivocas en el examen, es mejor no . . . el error, sino borrarlo.
    - (A) tachar
    - (B) barrer
    - (C) cruzar
    - (D) atravesar

15. Por aquí anduvo un animal anoche. ¿No ves . . . que ha dejado?
    - (A) los piropos
    - (B) los pinceles
    - (C) las pisadas
    - (D) las pesadillas

16. Aunque me dijo que no me necesitaba, yo sabía que debía . . . a su ayuda.
    - (A) acertar
    - (B) aconsejar
    - (C) agradar
    - (D) acudir

1. Ahora no puedo encontrar el llavero aunque creo que lo dejé en el mismo . . . de siempre.
   (A) sitio
   (B) sueldo
   (C) siglo
   (D) suelto

2. Ya empiezan a caer las primeras . . .; se acerca la tormenta.
   (A) huellas
   (B) lágrimas
   (C) gotas
   (D) cunas

3. Quieren despertarse temprano para contemplar el . . . antes de ponerse en camino.
   (A) alba
   (B) anochecer
   (C) apunte
   (D) alma

4. Según la receta se utilizan sólo las claras y no . . . de los huevos.
   (A) las yeguas
   (B) las yemas
   (C) las cometas
   (D) las colinas

5. Rosario me ayudó a . . . las frutas que ya estaban maduras.
   (A) enterrar
   (B) jurar
   (C) recoger
   (D) despejar

6. Miguel Ángel . . . el dolor sólo porque no quería que lo viéramos llorar.
   (A) soltó
   (B) agarró
   (C) aguantó
   (D) sometió

7. ¡Qué mala suerte! Las entradas para la función de esta noche están . . .
   (A) agotadas
   (B) amansadas
   (C) apostadas
   (D) atareadas

8. No . . . la pena hablarle porque nunca escucha los consejos de nadie.
   (A) cabe
   (B) place
   (C) vale
   (D) sobra

9. Mamá me . . . aunque le aseguré que yo no había tenido la culpa.
   (A) castigó
   (B) brindó
   (C) apoyó
   (D) derramó

10. El . . . hecho que viniste me satisface mucho.
    (A) vano
    (B) claro
    (C) pleno
    (D) mero

11. Hizo una manta cosiendo . . . de tela de diferentes colores.
    (A) pedazos
    (B) titulares
    (C) señales
    (D) maderas

12. El anciano tiene dificultad en caminar; por eso, necesita un . . .
    (A) contador
    (B) cañón
    (C) pintor
    (D) bastón

13. Después de habernos servido con tanto esmero, el mozo esperaba recibir una buena . . .
    (A) promesa
    (B) propina
    (C) tormenta
    (D) tecla

14. La rosa, a pesar de sus . . . , es una de mis flores favoritas.
    (A) ostras
    (B) osas
    (C) espinas
    (D) espigas

15. Según la receta, se debe . . . el agua antes de añadir el contenido del sobrecillo.
    (A) estropear
    (B) lloviznar
    (C) planchar
    (D) hervir

16. Presentamos la obra en el parque para el . . . del público.
    (A) dinero
    (B) diseño
    (C) destino
    (D) deleite

1. ¡Qué embustero es! Inventa tantas cosas que no me . . . de él para nada.
   (A) hago
   (B) caigo
   (C) fío
   (D) río

2. Para triunfar en cualquier empresa, hay que . . . ella diligentemente.
   (A) echarse a
   (B) disponerse a
   (C) dirigirse en
   (D) empeñarse en

3. Aunque Felipe sea un pariente . . . , siempre puedo hablarle en confianza de los problemas de la familia.
   (A) valeroso
   (B) lejano
   (C) espantoso
   (D) alejado

4. Queda . . . prohibido darles de comer a los animales.
   (A) dichosamente
   (B) terminantemente
   (C) mezquinamente
   (D) fingidamente

5. A pesar de haber estudiado tanto, me . . . en tres asignaturas.
   (A) suspendieron
   (B) desafiaron
   (C) batieron
   (D) complacieron

6. Para detener el autobús, el chofer aplicó los . . . tan inesperadamente que muchos pasajeros se lastimaron.
   (A) frenos
   (B) guardafangos
   (C) tornillos
   (D) clavos

7. El mozo nos trajo la comida en una . . . de plata.
   (A) trayectoria
   (B) bandeja
   (C) alfombra
   (D) percha

8. Los actores tendrán que aprenderse el . . . antes del rodaje de la película.
   (A) dramaturgo
   (B) ejemplar
   (C) tomo
   (D) guión

9. Como Mateo no podía ver bien la pizarra, él decidió . . . ella.
   (A) arrimarse a
   (B) echarse a
   (C) enterarse de
   (D) burlarse de

10. Sabíamos que la niña estaba triste porque de repente se le saltaron . . .
    (A) las gotas
    (B) los acuarios
    (C) los aguaceros
    (D) las lágrimas

11. Se nos descompuso el automóvil y tuvimos que empujarlo al lomo de la . . .
    (A) carretera
    (B) carpeta
    (C) cartelera
    (D) cartera

12. Desde el accidente llevo dos semanas . . . cama, y nadie ha venido a verme.
    (A) estando
    (B) haciendo
    (C) guardando
    (D) teniendo

13. Enrique no dijo nada; sólo se . . . de hombros cuando le pregunté si la quería.
    (A) encogió
    (B) engrasó
    (C) enderezó
    (D) entremetió

14. Al oír tan inesperadas noticias, Herminio se puso . . .
    (A) en sí
    (B) dentro de sí
    (C) fuera de sí
    (D) por sí

15. Marisol, por favor, . . . los apuntes; se me perdieron los cuadernos.
    (A) quítame
    (B) amárrame
    (C) préstame
    (D) arréglame

16. Pablo, sé que eres travieso; . . . , confío en que te comportarás debidamente durante la ceremonia.
    (A) menos mal
    (B) por casualidad
    (C) no obstante
    (D) de hecho

• •

UNIT IV

The sections of this unit cover those aspects of grammar required for most oral and written communication. They provide students with practice in recognizing grammatically correct constructions.

<u>Directions:</u> In this part, you are asked to select the word or phrase that will make the sentence grammatically correct and fill in the corresponding oval on the answer sheet.

<u>Instrucciones:</u> En esta parte, usted debe elegir la palabra o frase que completa la oración correctamente. Rellene el óvalo correspondiente en la hoja de respuestas.

1. No compramos nada cuando . . . en Los Ángeles.
   - (A) estuviéramos
   - (B) estuvimos
   - (C) estaremos
   - (D) estaríamos

2. Andrés no quiso comer el postre porque no . . . las fresas.
   - (A) le gusta
   - (B) les gustan
   - (C) le gustan
   - (D) les gusta

3. Carlos les dijo que él . . . tarde a la reunión.
   - (A) llegar
   - (B) llegara
   - (C) llegue
   - (D) llegaría

4. Gerardo quiere que tú . . . temprano para ayudarle con el decorado del escenario.
   - (A) vas
   - (B) vayas
   - (C) irías
   - (D) irás

5. Nos . . . falta tres estampillas para completar la colección.
   - (A) hacen
   - (B) hace
   - (C) hacemos
   - (D) haces

6. El hombre se quitó el sombrero para que yo . . . ver mejor la película.
   - (A) podía
   - (B) pudiera
   - (C) pueda
   - (D) podría

7. Háblanos . . . y claramente.
   - (A) lenta
   - (B) lentamente
   - (C) lento
   - (D) lentos

8. Ana, no me digas mentiras; . . . la verdad.
   - (A) me dice
   - (B) dime
   - (C) dígame
   - (D) me digas

9. No sé si tiene siete . . . ocho hermanas.
   - (A) y
   - (B) e
   - (C) o
   - (D) u

10. Siempre soñaba . . . ser abogado.
    - (A) a
    - (B) en
    - (C) con
    - (D) de

11. Si lo . . . , te lo habría dado.
    - (A) habría tenido
    - (B) tendría
    - (C) tenga
    - (D) hubiera tenido

12. Tomás es más inteligente de . . . usted cree.
    - (A) que
    - (B) lo que
    - (C) cual
    - (D) lo cual

13. ¿Has visto . . . vez un eclipse de luna?
    - (A) alguno
    - (B) alguna
    - (C) algún
    - (D) algunos

14. Dudo que todavía . . . asientos para la función de hoy.
    - (A) hay
    - (B) hayan
    - (C) haya
    - (D) habrán

15. No sé cómo está Sandra. No . . . he visto en varios días.
    - (A) ella
    - (B) lo
    - (C) le
    - (D) la

16. Mi hermano se asustó y dejó caer la plancha cuando yo . . .
    - (A) entré
    - (B) entraría
    - (C) entre
    - (D) entrara

1. Nos conocimos el . . . de agosto.
   (A) uno
   (B) primer
   (C) tercer
   (D) primero

2. Él se fue de la fiesta sin . . .
   (A) comiendo
   (B) haber comido
   (C) hubiera comido
   (D) comió

3. Bolívar y Washington son dos grandes libertadores; éste nació en los Estados Unidos, . . . en Venezuela.
   (A) ése
   (B) eso
   (C) aquél
   (D) aquello

4. Como son tan buenos amigos, siempre . . . ayudan el uno al otro.
   (A) les
   (B) nos
   (C) se
   (D) lo

5. Busco una novia que . . . alta, inteligente y bonita.
   (A) sea
   (B) fuera
   (C) es
   (D) esté

6. Para no insultarlo, su amigo . . . contó una gran mentira.
   (A) la
   (B) le
   (C) se
   (D) lo

7. Este piso tiene . . . habitaciones como el otro.
   (A) más
   (B) menos
   (C) tan
   (D) tantas

8. Me alegro de que . . . temprano.
   (A) llegaron
   (B) hayan llegado
   (C) han llegado
   (D) llegarán

9. Les he pedido . . . cuatro sillas a mis vecinos.
   (A) prestadas
   (B) prestados
   (C) prestada
   (D) prestado

10. ¿Por qué . . . que no asistió a la reunión?
    (A) estaría
    (B) estará
    (C) sería
    (D) será

11. Ese libro consta . . . doscientas páginas.
    (A) a
    (B) con
    (C) en
    (D) de

12. Cuando fuimos de compras, no encontramos ningún libro que nos . . .
    (A) gustara
    (B) gustaría
    (C) guste
    (D) gustará

13. Nos dirigíamos . . . la playa cuando vimos el barco que se hundía a lo lejos.
    (A) para
    (B) por
    (C) hacia
    (D) con

14. Cuando vi a Luis en la calle, me dijo que tú . . . del trabajo.
    (A) vinieras
    (B) vengas
    (C) hayas vuelto
    (D) habías vuelto

15. El muchacho . . . hermana vive en Buenos Aires es mexicano.
    (A) la que
    (B) la cual
    (C) quien
    (D) cuya

16. Ayer . . . dos años que nos casamos mi esposa y yo.
    (A) hizo
    (B) hacía
    (C) hace
    (D) hiciera

1. El hombre entró sin saludar . . .
   - (A) alguien
   - (B) nadie
   - (C) a alguien
   - (D) a nadie

2. Es un hombre riquísimo; tiene más de . . . millones de dólares.
   - (A) cien
   - (B) cientos
   - (C) ciento
   - (D) ciento uno

3. Los niños están . . . desde temprano.
   - (A) despertados
   - (B) despertando
   - (C) despiertos
   - (D) despertarse

4. Elena no . . . lo dirá ni a ti ni a mí.
   - (A) se
   - (B) te
   - (C) me
   - (D) nos

5. Hija, hazme un favor; . . . a la tienda a comprar un litro de leche.
   - (A) va
   - (B) vayas
   - (C) vaya
   - (D) ve

6. Quiero saber qué andas . . .
   - (A) haciendo
   - (B) hacer
   - (C) hecho
   - (D) haces

7. Mañana en la fiesta . . . más de cincuenta invitados.
   - (A) habrá
   - (B) será
   - (C) habrán
   - (D) serán

8. Sería conveniente que nos . . . algo de comer ahora.
   - (A) ofrezcan
   - (B) ofrecieron
   - (C) ofrecieran
   - (D) ofrecerían

9. Claudia gasta más dinero . . . tiene y por eso siempre anda pidiendo prestado.
   - (A) de que
   - (B) del que
   - (C) de cual
   - (D) de lo cual

10. Para las siete la niñera ya . . . llegado y podremos salir.
    - (A) ha
    - (B) había
    - (C) habrá
    - (D) habría

11. No estaré a tu lado hasta que me lo . . .
    - (A) pidas
    - (B) pides
    - (C) pedirás
    - (D) pidieras

12. Tú vives lejos de la escuela; en cambio, yo vivo cerca de . . .
    - (A) la
    - (B) el
    - (C) tú
    - (D) ella

13. Si yo . . . que estabas enfermo, no te habría llamado tan tarde.
    - (A) habría sabido
    - (B) había sabido
    - (C) hubiera sabido
    - (D) haya sabido

14. Yo me opuse . . . acuerdo; por eso, tuvieron que buscar otra alternativa.
    - (A) al
    - (B) del
    - (C) por el
    - (D) para el

15. A mi madre le gusta la idea de que yo . . . a cocinar el verano próximo.
    - (A) aprendo
    - (B) aprenda
    - (C) aprende
    - (D) aprenderé

16. El profesor habla francés como si . . . nacido en Francia.
    - (A) había
    - (B) haya
    - (C) habría
    - (D) hubiera

1. Hay setecientos noventa y . . . alumnos en esta universidad.
   (A) uno   (C) una
   (B) un   (D) unos

2. Tendremos que entregar los resultados de la investigación . . . el once de julio.
   (A) por   (C) para
   (B) en   (D) dentro

3. Luisito, abre la puerta pero no . . .
   (A) sales   (C) salga
   (B) sal   (D) salgas

4. Decidió no abrir la ventana, . . . dejarla cerrada.
   (A) sino   (C) sino que
   (B) pero   (D) pero que

5. Aunque me gustan todas, me quedaré con . . . Pedro.
   (A) el suyo   (C) la de
   (B) los de   (D) las suyas

6. No hay nadie que se . . . en el bufete después de las cinco.
   (A) quede   (C) quedara
   (B) queda   (D) quedará

7. Todos los niños deben lavarse . . . después de comer.
   (A) la mano   (C) sus manos
   (B) su mano   (D) las manos

8. Tú sabes mejor que . . . que yo no permito ese comportamiento en mi casa.
   (A) alguien   (C) nadie
   (B) alguno   (D) nada

9. Dijo que esperaría hasta que yo . . .
   (A) vendría   (C) venía
   (B) viniera   (D) venga

10. No la veo . . . tres años.
    (A) desde hace   (C) hace
    (B) desde   (D) después

11. Ya es obvio que mis padres no . . . a tiempo.
    (A) salgan   (C) saldrán
    (B) hayan salido   (D) salieran

12. Por fin el camarero llegó con la comida y . . . empezó a servir.
    (A) se lo   (C) se me
    (B) nos la   (D) me las

13. Hernán, . . . la mesa ahora mismo; no esperes hasta más tarde.
    (A) pone   (C) ponga
    (B) pongas   (D) pon

14. Es evidente que todavía tú no lo . . .
    (A) sabes   (C) sabrás
    (B) sepas   (D) supieras

15. Todos tus parientes han sido . . . a la fiesta por tus hermanas.
    (A) invitando   (C) invitado
    (B) invitados   (D) invitadas

16. No pude discutir el asunto con Roberto porque había salido antes de que yo le . . .
    (A) hablé   (C) hablara
    (B) hablaba   (D) había hablado

1. El mecánico . . . está arreglando mi coche es mi tío.
   (A) quien
   (B) el que
   (C) que
   (D) el cual

2. El anillo de doña Cruz es distinto . . . de doña Blanca.
   (A) de el
   (B) de él
   (C) del
   (D) de lo

3. He podido ahorrar . . . dólares hasta ahora.
   (A) cien
   (B) ciento
   (C) cientos
   (D) centenas

4. Si yo fuera rico, me . . . una mansión.
   (A) compro
   (B) compraba
   (C) compraré
   (D) compraría

5. Decidieron ir al concierto sin . . .
   (A) tú
   (B) ti
   (C) tu
   (D) te

6. ¡Ojalá que tu abuelita se . . . pronto!
   (A) mejora
   (B) mejorara
   (C) mejore
   (D) mejoraría

7. Niño, . . . las manos ahora antes de que llegue tu mamá.
   (A) lava
   (B) lavas
   (C) lávese
   (D) lávate

8. No encontré a nadie que . . . el día de su llegada.
   (A) sabía
   (B) sabría
   (C) supo
   (D) supiera

9. Roberto tiene tanto dinero . . . su hermano.
   (A) que
   (B) de lo que
   (C) como
   (D) del que

10. Juanito, te he dicho mil veces que no . . . con tu hermana.
    (A) pelea
    (B) pelee
    (C) peleas
    (D) pelees

11. Ayer tropezamos . . . Zoila en la calle; ¡no la habíamos visto en tanto tiempo!
    (A) con
    (B) por
    (C) en
    (D) de

12. Me alegro mucho de . . . aquí con ustedes esta noche.
    (A) estoy
    (B) estar
    (C) estando
    (D) estado

13. Manuel, sigue . . . ; no te queremos interrumpir.
    (A) hablar
    (B) habla
    (C) hablado
    (D) hablando

14. Mi hermano le vendió su moto a Horacio; . . . vendió esta mañana.
    (A) le
    (B) se
    (C) se lo
    (D) se la

15. Más de cien poemas han sido . . . por ese grupo de escritoras feministas.
    (A) escrito
    (B) escrita
    (C) escritos
    (D) escritas

16. Las camisetas que . . . en esa tienda son más baratas porque las compran al por mayor.
    (A) se vende
    (B) se venden
    (C) están vendidas
    (D) estarán vendidas

1. Cuando llegué, me recibieron . . . y amablemente.
   - (A) cariñoso
   - (B) cariñosos
   - (C) cariñosa
   - (D) cariñosamente

2. . . . las tres menos cuarto cuando por fin aterrizó el avión.
   - (A) Son
   - (B) Fueron
   - (C) Eran
   - (D) Habían sido

3. . . . saltaron las lágrimas cuando supo que había ganado.
   - (A) Se le
   - (B) Se lo
   - (C) Se la
   - (D) Se las

4. Joaquín, . . . generoso con tus amigos; no seas antipático con ellos.
   - (A) sea
   - (B) serás
   - (C) seas
   - (D) sé

5. . . . más interesante de la obra son las escenas dramáticas.
   - (A) Lo
   - (B) La
   - (C) El
   - (D) Las

6. El agua se convertirá . . . vapor si la dejas hirviendo por mucho tiempo.
   - (A) a
   - (B) en
   - (C) por
   - (D) de

7. Hacía una semana que . . . en Quito cuando nos dimos cuenta de que Samuel no tenía su pasaporte.
   - (A) estamos
   - (B) estuvimos
   - (C) estábamos
   - (D) hemos estado

8. —¿Quién llama a la puerta?
   — No sé; . . . el cartero.
   - (A) será
   - (B) sea
   - (C) haya sido
   - (D) sería

9. Si ella . . . en aquel momento, te habría tirado algo a la cabeza.
   - (A) había entrado
   - (B) habría entrado
   - (C) hubiera entrado
   - (D) haya entrado

10. Tu equipaje está aquí. ¿Dónde está . . . ?
    - (A) el mío
    - (B) la mía
    - (C) mío
    - (D) mía

11. El dilema . . . muchos de ustedes se refieren es sumamente importante para todos.
    - (A) al cual
    - (B) por cual
    - (C) en que
    - (D) de que

12. No he visto a . . . de esos hombres.
    - (A) algún
    - (B) alguno
    - (C) ningún
    - (D) ninguno

13. Sigamos trabajando hasta que Vicente . . .
    - (A) llega
    - (B) llegue
    - (C) llegará
    - (D) llegaría

14. Lo que tú estás haciendo deja mucho . . . desear.
    - (A) a
    - (B) en
    - (C) que
    - (D) de

15. Aunque . . . lloviendo, Eugenia salió sin paraguas y por eso, se enfermó.
    - (A) esté
    - (B) estaba
    - (C) estuviera
    - (D) hubiera estado

16. A mis padres no les gusta salir, . . . quedarse en casa.
    - (A) pero
    - (B) pero no
    - (C) si no
    - (D) sino

1. Nosotros estamos acostumbrados . . .
   aprender mucho en la clase de español.
   (A) a   (C) para
   (B) por   (D) de

2. Me aburro mucho cuando no . . . clases.
   (A) tengo   (C) tendré
   (B) tenga   (D) he tenido

3. En invierno las ventanas siempre suelen . . .
   cerradas.
   (A) son   (C) ser
   (B) estar   (D) están

4. ¡Mira! La tuna viene . . . por la calle.
   (A) cantar   (C) cantando
   (B) canta   (D) cantado

5. Al llegar a la estación, Susana se dio cuenta
   de que . . . había perdido el billete.
   (A) se le   (C) se lo
   (B) se les   (D) se la

6. ¿Prefieres salir con tus parientes o con . . . ?
   (A) nuestro   (C) nosotros
   (B) nuestros   (D) nos

7. El día después de la graduación, varios
   estudiantes . . . en el patio de la escuela.
   (A) hubieron   (C) hayan
       amanecido   amanecido
   (B) amanezcan   (D) amanecieron

8. ¿Qué te pasa? ¿Tienes . . . problema?
   (A) algún   (C) ningún
   (B) alguna   (D) ninguna

9. Las dificultades eran más serias . . .
   habíamos creído.
   (A) que   (C) lo que
   (B) de que   (D) de lo que

10. Sr. Pérez, . . . a los alumnos que traigan el
    dinero mañana.
    (A) recuérdele   (C) recuérdeles
    (B) le recuerde (D) les recuerde

11. Cuando yo era niño, en mi pueblo . . . fiestas
    casi todas las semanas.
    (A) hubieran   (C) había
    (B) hubieron   (D) habían

12. Ella está vestida . . . camarera porque tiene
    ese papel en la obra que están ensayando.
    (A) con   (C) en
    (B) de   (D) por

13. Ya cumpliste los dieciocho años; por lo tanto,
    ahora . . . mayor de edad.
    (A) eras   (C) eres
    (B) seas   (D) fuiste

14. Paquito, . . . inmediatamente de la
    habitación; no te quedes allí.
    (A) salías   (C) sales
    (B) sal   (D) salgas

15. Agustín corría por el monte como si . . . de
    algo.
    (A) huyera   (C) huyó
    (B) huya   (D) huía

16. Al ver la caja que me daba el dependiente,
    exclamé: ¿Qué es . . . ?
    (A) ése   (C) ésa
    (B) ese   (D) eso

1. Mientras mi madre preparaba la comida, mi padre . . . la televisión.
   - (A) veía
   - (B) vio
   - (C) ve
   - (D) había visto

2. Tratemos de conseguir una alfombra que . . . por lo menos tres metros de largo.
   - (A) tendrá
   - (B) tiene
   - (C) tendría
   - (D) tenga

3. . . . la una y cuarto cuando regresaron a casa.
   - (A) Eran
   - (B) Fue
   - (C) Sería
   - (D) Serán

4. —¿Está usted enferma, señora Rivas?
   —Sí, . . . estoy.
   - (A) lo
   - (B) la
   - (C) le
   - (D) me

5. Tú tienes tu tarea y ella tiene . . .
   - (A) suya
   - (B) mía
   - (C) el de ella
   - (D) la suya

6. Por ser tan avaricioso, su tío no le dejó más . . . unos pesos.
   - (A) que
   - (B) de
   - (C) de que
   - (D) de lo que

7. Salió . . . yo le hablara.
   - (A) hasta que
   - (B) cuando
   - (C) antes de que
   - (D) en cuanto

8. Avísale a tu yerno que ya . . . el tren.
   - (A) viene
   - (B) viniera
   - (C) vendría
   - (D) venga

9. Este río, . . . aguas están calmas hoy, inundó esta aldea hace dos años.
   - (A) cuyos
   - (B) cuyas
   - (C) de los cuales
   - (D) de las cuales

10. Estas manzanas se venden a un dólar . . . docena.
    - (A) a
    - (B) para
    - (C) una
    - (D) la

11. No tengo permiso para asistir al baile; tengo que . . . a mis padres.
    - (A) preguntárselo
    - (B) preguntarles
    - (C) pedirles
    - (D) pedírselo

12. Por favor, vaya a la panadería y . . . un pan de centeno y tres polvorones.
    - (A) me compras
    - (B) me compres
    - (C) cómprame
    - (D) cómpreme

13. Al entrar al despacho, me fijé . . . la escultura que estaba en la mesa.
    - (A) a
    - (B) en
    - (C) con
    - (D) de

14. Anita, . . . paciencia; no te inquietes tanto.
    - (A) ten
    - (B) tendrías
    - (C) tengas
    - (D) tienes

15. Si . . . dinero, se lo pediré a mi padre.
    - (A) necesitas
    - (B) necesites
    - (C) necesitaras
    - (D) necesitarás

16. Cada vez que yo . . . a la tienda el dependiente me saludaba cortésmente.
    - (A) entre
    - (B) entraría
    - (C) entraba
    - (D) entré

1. . . . abrelatas que está en la cocina es de mi tía.
   (A) La
   (B) Las
   (C) El
   (D) Los

2. Ellos pasan el tiempo . . . en vez de aprovechar las vacaciones.
   (A) duermen
   (B) durmiendo
   (C) dormir
   (D) dormido

3. . . . como sea, trataré de ayudarte con el problema.
   (A) Sea
   (B) Es
   (C) Será
   (D) Fuera

4. No me habría metido en este lío si . . . que iba a ser tan complicado.
   (A) había sabido
   (B) hubiera sabido
   (C) habrá sabido
   (D) habría sabido

5. Les pedimos que terminaran la presentación para cuando . . .
   (A) llegáramos
   (B) llegaremos
   (C) llegamos
   (D) llegaríamos

6. Laura, no puedo hablarte ahora. Estoy . . . salir para el aeropuerto.
   (A) a
   (B) por
   (C) en
   (D) de

7. Dudo haber . . . esa película.
   (A) ver
   (B) viendo
   (C) visto
   (D) veo

8. Rafael dice que es muy popular pero a la hora de la verdad no hubo . . . amigo que lo defendiera.
   (A) alguien
   (B) nadie
   (C) ningún
   (D) alguno

9. No me gustan las corbatas que están aquí en el mostrador, sino . . . , allá en el escaparate.
   (A) ésos
   (B) aquellos
   (C) estas
   (D) aquéllas

10. En este caso, no es necesario que llame por teléfono, . . . envíe una carta por correo.
    (A) pero
    (B) sino
    (C) pero que
    (D) sino que

11. Se nos . . . llevar los discos a la fiesta de mi cuñada.
    (A) olvidó
    (B) olvidaron
    (C) olvidamos
    (D) olvidé

12. Es un . . . músico; acaba de dirigir la Sinfónica Municipal.
    (A) grande
    (B) gran
    (C) bien
    (D) bueno

13. No puedo ir al mercado hoy, Rosa. Mejor . . . tú sola.
    (A) ve
    (B) vayas
    (C) has ido
    (D) hayas ido

14. Él saldrá mañana a menos que no . . . bien.
    (A) se siente
    (B) se sentirá
    (C) se sienta
    (D) se sentiría

15. Mis padres no quieren probar la comida porque no . . . la cebolla.
    (A) le gusta
    (B) les gustan
    (C) le gustan
    (D) les gusta

16. Mientras tú jugabas al tenis, nosotros . . . en la piscina.
    (A) nadamos
    (B) nadábamos
    (C) nadaríamos
    (D) nadáramos

1. Hay menos . . . diez veleros en la playa.
   (A) de lo que   (C) de
   (B) que   (D) de los que

2. ¿ . . . es la diferencia entre el capital y la capital?
   (A) Qué   (C) Cómo
   (B) Cuánto   (D) Cuál

3. Anda buscando un libro que . . . leer con los chicos.
   (A) pueda   (C) puede
   (B) poder   (D) pudiendo

4. Adondequiera que tú . . . , seguiré tus pasos.
   (A) vayas   (C) vas
   (B) irías   (D) irás

5. Si empieza a hacer calor, me . . . el suéter de lana que llevo puesto.
   (A) habría quitado (C) quitaría
   (B) quitaré   (D) quitaba

6. Mi hermana leía el periódico cuando . . . el teléfono.
   (A) sonó   (C) suena
   (B) sonaba   (D) ha sonado

7. A pesar de la oposición por parte de las dos familias, Eduardo se enamoró . . . su vecina y se casó con ella.
   (A) a   (C) con
   (B) en   (D) de

8. Antenoche el . . . de los perros despertó a todo el vecindario.
   (A) ladra   (C) ladrar
   (B) ladrando   (D) ladridos

9. Al llegar al aeropuerto facturé mi equipaje y . . . de mis tíos.
   (A) el   (C) los
   (B) la   (D) las

10. ¿Por qué no . . . hiciste caso a tus padres cuando te aconsejaron que fueras a la universidad?
    (A) lo   (C) los
    (B) le   (D) les

11. Los pescadores no encontraron las redes porque el agua estaba . . . turbia.
    (A) mucho   (C) demasiado
    (B) mucha   (D) demasiada

12. Antonio me pidió que . . . con él al supermercado para ayudarlo a llevar los paquetes a su casa.
    (A) ir   (C) vaya
    (B) yendo   (D) fuera

13. No tengo tiempo de hacerlo. Que lo . . . Carmen.
    (A) hace   (C) hará
    (B) haga   (D) haría

14. Paco, no me gusta que trates . . . a tus hermanas.
    (A) mal   (C) mala
    (B) malo   (D) malas

15. Tito, . . . a mi casa a las siete; no quiero que llegues tarde.
    (A) vendrías   (C) vengas
    (B) viniste   (D) ven

16. Por mucho tiempo éste era el edificio más alto . . . país.
    (A) en el   (C) del
    (B) en la   (D) de la

1. A mí no . . . ni pescar ni nadar en este lago porque está contaminado.
   (A) me gusta
   (B) gusto
   (C) me gustan
   (D) gusta

2. ¿ . . . se va para llegar a la Plaza Mayor?
   (A) Por dónde
   (B) De dónde
   (C) En dónde
   (D) Dónde

3. —¿Quién lo ha hecho?
   —No sé. Lo . . . hecho él.
   (A) haya
   (B) hubo
   (C) habrá
   (D) ha

4. ¿Por quién será . . . la torre del castillo?
   (A) reconstruir
   (B) reconstruyendo
   (C) reconstruido
   (D) reconstruida

5. Ya sabes cuánto miedo tengo de viajar en avión; por favor, . . . por mí.
   (A) reces
   (B) rece
   (C) reza
   (D) rezas

6. Hemos tenido que . . . de que Rubén no había fingido su enfermedad.
   (A) nos cercioramos
   (B) cerciorándonos
   (C) nos cercioremos
   (D) cerciorarnos

7. . . . mejor es comer ahora porque más tarde no vamos a tener tiempo.
   (A) El
   (B) Lo
   (C) La
   (D) Le

8. Caminando por el bosque, se . . . apareció inesperadamente un oso negro a los cazadores.
   (A) lo
   (B) le
   (C) les
   (D) los

9. No podrán sacar tantas fotos como esperaban porque . . . muchas nubes hoy.
   (A) hace
   (B) hay
   (C) habrán
   (D) habrían

10. La beca es para quien . . . la mejor tesis.
    (A) escribe
    (B) escriba
    (C) escribirá
    (D) escribiría

11. Le agradecería mucho que me . . . dos entradas para la zarzuela.
    (A) envía
    (B) envíe
    (C) enviara
    (D) enviaría

12. Si yo . . . temprano, me habría ido a dar una vuelta contigo.
    (A) habría acabado
    (B) acabara
    (C) acabaría
    (D) hubiera acabado

13. Antes de . . . en la casa, tocó el timbre varias veces para ver si había alguien adentro.
    (A) entrar
    (B) entrando
    (C) entró
    (D) entraba

14. Si Ud. quiere, puede llevarse esta regla para que . . . el largo de la mesa.
    (A) mide
    (B) medirá
    (C) mida
    (D) mediría

15. Cuando compró su auto gastó más . . . veinte mil dólares.
    (A) de
    (B) que
    (C) de que
    (D) de lo que

16. Cuando . . . a Carolina dile que me llame.
    (A) verás
    (B) verías
    (C) veas
    (D) ves

1. Comí con el hijo de la dueña, . . . fue condiscípulo mío.
   (A) el cual   (C) que
   (B) quien   (D) la que

2. Siempre visito a mis abuelos . . . viernes.
   (A) los   (C) en los
   (B) el   (D) en el

3. Todos estamos contentos de que no . . . clases mañana.
   (A) hay   (C) hayan
   (B) haya   (D) habrán

4. Estoy seguro de que María ha encontrado a . . . chico con quien puede ir de pesca.
   (A) alguno   (C) ninguno
   (B) ningún   (D) algún

5. Quedamos . . . encontrarlo en la esquina de la botica.
   (A) a   (C) para
   (B) en   (D) de

6. Esta gatita es bonita, pero . . . que tiene ojos azules me gusta más.
   (A) esa   (C) ella
   (B) aquella   (D) la

7. La doctora Montiel puso un anuncio en el periódico para encontrar una secretaria que . . . taquigrafía.
   (A) sabe   (C) supiera
   (B) sabía   (D) supo

8. Hacía cinco años que no . . . a su familia; por eso, hizo el viaje a Puerto Rico.
   (A) visitó   (C) visitaba
   (B) hubo visitado   (D) ha visitado

9. Cantar es . . . el corazón de los seres humanos.
   (A) alegrando   (C) alegran
   (B) alegrado   (D) alegrar

10. Deje que . . . yo el que le dé la buena noticia.
    (A) soy   (C) seré
    (B) sea   (D) ser

11. Siempre me prohiben salir con mis amigos cuando no me . . . bien.
    (A) porto   (C) porte
    (B) portan   (D) porten

12. . . . , Arturo, ¿por qué estás tan triste?
    (A) Oyes   (C) Oigas
    (B) Oiga   (D) Oye

13. El profesor no permite que . . . en la clase.
    (A) hablamos   (C) hablemos
    (B) hablaremos   (D) hablaríamos

14. Yo no sé lo que piensas de . . . , pero sin duda tienes razón en estar enojado.
    (A) nosotros   (C) nos
    (B) nuestros   (D) nuestro

15. Pablo no me ha llamado. Temo que él se . . . de nuestra cita.
    (A) ha olvidado   (C) haya olvidado
    (B) había olvidado   (D) habrá olvidado

16. Antes de entrar en el restaurante, mi novia me preguntó si yo . . . suficiente dinero para pagar la comida.
    (A) tengo   (C) tuviera
    (B) tenía   (D) tenga

1. . . . escuchado su discurso, decidí escribir una respuesta a sus acusaciones.
   (A) Habiendo (C) Hube
   (B) Habido   (D) Habría

2. Ese perro ladra constantemente . . . no muerde.
   (A) pero que (C) sino
   (B) pero   (D) sino que

3. He . . . comprar la comida ahora mismo.
   (A) que (C) para
   (B) por (D) de

4. Más . . . interesan los estudios que las diversiones.
   (A) me (C) ellos
   (B) yo (D) se

5. Lo han nombrado gerente de la compañía ya que . . . diez años que trabaja aquí.
   (A) han sido (C) hacen
   (B) hacía   (D) hace

6. Antes de comprar un vestido . . . , quisiera que vieras éstos primero.
   (A) cualquiera (C) que quiere
   (B) cualquier (D) que quiera

7. Cuando Alejandro me dijo que iba de viaje, le respondí: "¡Qué te . . . bien!"
   (A) vas (C) fuera
   (B) vaya (D) irás

8. Si me llamas el jueves, te diré el día . . . saldremos.
   (A) que (C) el cual
   (B) cual (D) el que

9. Se tomó dos aspirinas porque le . . . las muelas.
   (A) dolía (C) dolían
   (B) dolieran (D) duele

10. Cuando llegue mi prima, te . . . en seguida para que pases por casa.
    (A) llame (C) he llamado
    (B) llamaría (D) llamaré

11. Sin que yo lo . . . , decidieron salir más temprano de lo acordado.
    (A) supiera (C) sabía
    (B) habría sabido (D) había sabido

12. Tú no tienes idea de . . . que son los recién casados.
    (A) feliz (C) lo feliz
    (B) felices (D) lo felices

13. Mi suegra está buscando una compañía que . . . la leche a domicilio.
    (A) entrega (C) entregará
    (B) entregue (D) entregara

14. Espero que deje . . . llover. Tengo que ir a la casa de mis tíos.
    (A) a (C) para
    (B) en (D) de

15. Si tú hubieras comprado un periódico, ya . . . los números de la lotería.
    (A) sabías (C) sabrías
    (B) sabrás (D) supiste

16. Dijo que pasaría por mi casa a las cinco y media . . . la tarde.
    (A) a (C) en
    (B) por (D) de

1. No sé dónde . . . me perdió todo el dinero.
   (A) lo
   (B) le
   (C) se
   (D) te

2. Esperanza dice que ella . . . temprano si duerme bien esta noche.
   (A) se levantará
   (B) se habrá levantado
   (C) se levantara
   (D) se habría levantado

3. El granjero vendió . . . cabezas de ganado en la feria.
   (A) quinientos
   (B) ciento
   (C) trescientas
   (D) un millón

4. El público se rió mucho . . . la chica que hizo el papel de Telva.
   (A) a
   (B) para
   (C) en
   (D) de

5. ¿A quién . . . toca limpiar la cocina? Yo lo hice ayer.
   (A) lo
   (B) te
   (C) le
   (D) se

6. Ese chico está gritando como si yo . . . sorda.
   (A) fuera
   (B) soy
   (C) era
   (D) sea

7. Leo por placer, y para . . . de lo que pasa en el mundo.
   (A) me entero
   (B) se enteraba
   (C) enterarse
   (D) enterarme

8. Yo estaba caminando por el parque cuando me . . . cuenta de que había dejado mi cartera en casa.
   (A) di
   (B) daba
   (C) estaba dando
   (D) había dado

9. Tropecé con la tabla y por poco . . . en ese hueco.
   (A) me caigo
   (B) me caí
   (C) caí
   (D) caigo

10. A Carmen le duelen tanto . . . que ha decidido ir a la enfermería.
    (A) la espalda
    (B) su cabeza
    (C) sus ojos
    (D) las piernas

11. No lo aceptaría aunque él me lo . . . de rodillas.
    (A) pide
    (B) pida
    (C) pediría
    (D) pidiera

12. Por barata que . . . esta tela, no podré comprarla hoy; vengo por ella mañana.
    (A) es
    (B) será
    (C) fuera
    (D) sea

13. Es necesario que . . . atención al cruzar la calle.
    (A) prestes
    (B) prestas
    (C) prestarás
    (D) prestarías

14. Carolina . . . sentada en la acera esperando a su sobrina por más de una hora.
    (A) estuvo
    (B) estaba
    (C) esté
    (D) estuviera

15. El profesor de gimnasia me recomienda que . . . todos los días.
    (A) corro
    (B) corre
    (C) corra
    (D) correré

16. El hijo de Cecilia, . . . suegros viven en Alajuela, acaba de convidarme a su fiesta.
    (A) que
    (B) cuyos
    (C) quienes
    (D) cuyo

● ●

UNIT V

In this unit, students will practice choosing the most appropriate completion that fits the context of the passage. Students should read through the passage first to get a general idea of the context and then choose the most appropriate completion.

Directions: In each of the following passages, there are numbered blanks indicating that words or phrases have been omitted. For each numbered blank, four completions are provided, of which only one is correct.

First read quickly through the entire passage to determine its general meaning. Then read it a second time. For each numbered blank, choose the completion that is most appropriate given the context of the entire passage and fill in the corresponding oval on the answer sheet.

Instrucciones: En cada uno de los siguientes pasajes se encuentran espacios en blanco donde se han omitido palabras o frases. Cada espacio en blanco tiene cuatro posibles opciones para completarlo, de las cuales sólo una es correcta.

Primero lea el pasaje rápidamente para determinar la idea general. Después léalo detenidamente. Para cada espacio en blanco, elija la opción más apropiada de acuerdo al contexto del pasaje y rellene el óvalo correspondiente en la hoja de respuestas.

A ratos me gustaba quedarme solo, y en esos momentos ___(1)___ quería que estuviera Lila. Sobre todo al caer la tarde, un rato antes que abuelita ___(2)___ con su bastón blanco y se pusiera a ___(3)___ el jardín. A esa hora la tierra ya no ___(4)___ tan caliente, pero las madreselvas ___(5)___ mucho y también los canteros de tomates donde había canaletas para el agua y bichos distintos que en otras partes. Me gustaba ___(6)___ boca abajo y oler la tierra, sentirla ___(7)___ mí, caliente con su olor a verano tan distinto de otras veces. Pensaba en muchas cosas, pero sobre todo en ___(8)___; ahora que ___(9)___ lo que eran los hormigueros me quedaba pensando en las galerías que cruzaban por todos ___(10)___ y que nadie veía. Como las venas en mis piernas, que ___(11)___ se distinguían debajo de la ___(12)___, pero ___(13)___ de hormigas y misterios que iban y venían.

1. (A) cualquiera
   (B) ni siquiera
   (C) no obstante
   (D) a pesar de

2. (A) saliera
   (B) salió
   (C) saldrá
   (D) saldría

3. (A) regando
   (B) regado
   (C) regar
   (D) regada

4. (A) estuvo
   (B) estuviera
   (C) ha estado
   (D) estaba

5. (A) olían
   (B) olieron
   (C) olieran
   (D) huelen

6. (A) tirándome
   (B) tirarme
   (C) tírame
   (D) tíreme

7. (A) antes de
   (B) al lado de
   (C) debajo de
   (D) fuera de

8. (A) las aves
   (B) las hormigas
   (C) las vacas
   (D) las ovejas

9. (A) hube visto
   (B) hubiera visto
   (C) habría visto
   (D) había visto

10. (A) lados
    (B) partes
    (C) espacios
    (D) lugares

11. (A) apenas
    (B) visiblemente
    (C) duramente
    (D) bastante

12. (A) uña
    (B) cara
    (C) mejilla
    (D) piel

13. (A) disponibles
    (B) ocultas
    (C) llenas
    (D) enteras

El barbero no me ha ___(1)___. ___(2)___ Luis. Es evidente
que la encargada ___(3)___ de mi presencia como de Lucifer.
Hoy estuve en el Club Capablanca y comprobé que mis amigos no
saben quién soy. Si sus miradas ___(4)___ conmigo, noto en ellas
el vacío de la indiferencia. Cuando hablé sobre alguna jugada,
adoptaron la actitud recelosa que el experto siempre adopta
frente al principiante. En la calle ___(5)___ con un viejo conocido.
Levanté mi mano en forma de ___(6)___ y encontré una
respuesta educada que no logró romper la envoltura de la fría
urbanidad.

Ya es muy tarde. No sé si he dormido. En el cuarto de al lado
el viejo ___(7)___ de un lado a otro. Oigo sus ___(8)___. Golpea la
pared: creo que con las manos trata de ___(9)___ el equilibrio. A
veces una palabra rompe el silencio, pero no sé comprenderla.
Estoy muerto de ___(10)___.

1. (A) afeitado
   (B) reconocido
   (C) encontrado
   (D) arreglado

2. (A) Tampoco
   (B) También
   (C) Siempre
   (D) Aunque

3. (A) huyera
   (B) huya
   (C) hubiera huido
   (D) huye

4. (A) saltan
   (B) corren
   (C) chocan
   (D) andan

5. (A) tropecé
   (B) encontré
   (C) presenté
   (D) saludé

6. (A) mirada
   (B) mendigo
   (C) saludo
   (D) ataque

7. (A) camina
   (B) duerme
   (C) desayuna
   (D) charla

8. (A) escaleras
   (B) pasos
   (C) palmas
   (D) olores

9. (A) mantenido
   (B) mantiene
   (C) manteniendo
   (D) mantener

10. (A) ruido
    (B) lectura
    (C) cansancio
    (D) vista

Como antes de entrar ella me ____(1)____ a descalzarme para que no le ____(2)____ el piso de la sala, hace unos meses ____(3)____ la costumbre de mostrarle los zapatos en forma de saludo. Esta noche no creo haber modificado mi costumbre, ____(4)____ ella no sonrió como ____(5)____. Se limitó a clavar sobre mí sus pupilas aceradas, agrandadas por lo que me atrevo a llamar asombro. Varias veces me preguntó si estaba bien, que si tenía algún ____(6)____ debía decírselo porque ella tenía un amigo médico en Emergencia. Traté de tranquilizarla ____(7)____ que me sentía mejor que nunca, que había ampliado la distancia de mis caminatas y que mi corazón saltaba de gozo.

[Yo] ____(8)____ a la sala. Gracias a la claridad de la lámpara que está sobre el televisor, vi que estaba maquillada como la otra vez, que ____(9)____ el mismo kimono azul prusia con orquídeas y que llevaba en la mano el mismo vaso con un líquido ámbar. Pero no se recostó a la ventana ni me lanzó ____(10)____ insinuación.

1. (A) habría obligado
   (B) habrá obligado
   (C) obliga
   (D) obligaría

2. (A) ensucio
   (B) ensucia
   (C) ensucie
   (D) ensuciaré

3. (A) adopté
   (B) adoptara
   (C) adoptaría
   (D) adopte

4. (A) pero
   (B) sino
   (C) pero que
   (D) sino que

5. (A) solía
   (B) hacía
   (C) trataba
   (D) pedía

6. (A) enfermero
   (B) regalo
   (C) llavero
   (D) malestar

7. (A) decirle
   (B) diciéndole
   (C) le decía
   (D) le dije

8. (A) Entraría
   (B) Entré
   (C) Entrara
   (D) Entraba

9. (A) vestía
   (B) quitaba
   (C) abrigaba
   (D) ponía

10. (A) algún
    (B) alguna
    (C) ningún
    (D) ninguna

La primera en iniciar el juego era Leticia, la más feliz de las tres y la más ___(1)___. Leticia no tenía que ___(2)___ los platos ni hacer las camas, podía pasarse el día leyendo o pegando figuritas, y de noche la dejaban quedarse hasta más tarde si lo pedía, aparte de la pieza solamente para ella, el caldo de hueso y toda clase de ventajas. Poco ___(3)___ poco se había ido ___(4)___ de los privilegios, y desde el verano anterior dirigía el juego, yo creo que en realidad dirigía el reino; por ___(5)___ menos se adelantaba a decir las cosas y Holanda y yo aceptábamos ___(6)___ protestar casi ___(7)___. Es probable que las largas conferencias de mamá sobre cómo debíamos portarnos con Leticia ___(8)___ su efecto, o simplemente que la queríamos bastante y no nos molestaba que ___(9)___ la jefa.

1. (A) reservada
   (B) envidiosa
   (C) vigilada
   (D) privilegiada

2. (A) romper
   (B) secar
   (C) hacer
   (D) ensuciar

3. (A) a
   (B) por
   (C) en
   (D) de

4. (A) aprovechando
   (B) aprovechar
   (C) aprovechaba
   (D) aprovechada

5. (A) el
   (B) lo
   (C) los
   (D) las

6. (A) sin
   (B) entre
   (C) por
   (D) para

7. (A) contento
   (B) contenta
   (C) contentos
   (D) contentas

8. (A) habrían hecho
   (B) hubieran hecho
   (C) hicieron
   (D) harían

9. (A) fue
   (B) será
   (C) sería
   (D) fuera

Ahora recuerdo que nos pareció muy natural, __(1)__ lo poco que nos conocíamos, la invitación de Verónica al campo. Después __(2)__ que mi madre lo había arreglado todo. Mi madre tenía bastante __(3)__ con la familia de Verónica, desde sus buenos tiempos; además, era experta en arreglar asuntos de __(4)__ clase. En esos días, mi padre no __(5)__ nada bien; estaba pálido, desencajado, y se __(6)__ olvidaban las cosas. Poco antes de que __(7)__ le vino una fatiga, a medianoche. Dormía mal y se pasaba las noches __(8)__ por la casa. Decía que el mejor __(9)__, para él, era veranear en Santiago; __(10)__ nosotros adivinamos, a través de una conversación de mi madre con José Ventura, que __(11)__ malos negocios y no podía pagar el arriendo de una casa en Viña. Mi madre dijo que José Ventura se había portado muy bien; el __(12)__ de la familia que se había portado bien. Y tú me dijiste, aparte, en un tono desacostumbradamente serio, que no había que insistir en lo del veraneo en Viña. __(13)__ con la cabeza y te miré a los ojos, en silencio, mostrando que comprendía que la situación era __(14)__.

1. (A) en lugar de
   (B) a favor de
   (C) a pesar de
   (D) en contra de

2. (A) supimos
   (B) sabíamos
   (C) supiéramos
   (D) sabremos

3. (A) conocimiento
   (B) confianza
   (C) interés
   (D) cariño

4. (A) este
   (B) esto
   (C) esta
   (D) éste

5. (A) se sintió
   (B) se siente
   (C) se sentía
   (D) se sienta

6. (A) lo
   (B) la
   (C) las
   (D) le

7. (A) partiríamos
   (B) partíamos
   (C) partamos
   (D) partiéramos

8. (A) caminaba
   (B) caminó
   (C) caminando
   (D) caminado

9. (A) resultado
   (B) descanso
   (C) amanecer
   (D) sueño

10. (A) pero
    (B) sino
    (C) sino que
    (D) pero que

11. (A) ha hecho
    (B) había hecho
    (C) haya hecho
    (D) hubiera hecho

12. (A) solo
    (B) sólo
    (C) único
    (D) uno

13. (A) Asentí
    (B) Bajé
    (C) Moví
    (D) Pensé

14. (A) precisa
    (B) antigua
    (C) entusiasmada
    (D) grave

Cuando decidimos salir a comer a un restorán indonesio que nos recomendó el mesero _____(1)_____ ya tarde.

—No sé _____(2)_____ si había subido la temperatura, pero desde luego el frío ya no me hizo mella.[1] Leonor exclamó:

—Aún no me dices por qué elegiste Amsterdam.

—Porque mañana se inicia aquí un Congreso Mundial de Editores y trabajo en una editorial.

Leonor hizo con el brazo un movimiento como de aleteo y me _____(3)_____:

—¿Sabes que no conocía esta ciudad? ¡Y tan cerca de Londres! Me gusta, tiene un encanto que dimana,[2] sobre todo, de la amabilidad con que te tratan. Aquí me siento a salvo. En Londres es frecuente que al andar sola _____(4)_____ miedo. Como si _____(5)_____ en la atmósfera algo peligroso.

—Hace años que no estoy en Londres; sé que ha cambiado mucho, pero cuando estuve nunca sentí _____(6)_____ que dices. _____(7)_____ te puedo asegurar es que en la ciudad de México, sí experimentas la sensación de estar a veces sobre un volcán. Ves insatisfacción, la pobreza . . . el brillo de unos ojos que se clavan en ti llenos de odio. Un día, _____(8)_____ muchos años, fui golpeado de súbito. Iba por una calle del centro, cuando vi venir _____(9)_____ mí a un joven que corría; un chico muy humilde de unos dieciséis a dieciocho años y cuando llegó a mi lado me propinó una trompada en la nariz y _____(10)_____ su carrera. Fue algo muy extraño. En _____(11)_____ lugar, no hice el menor intento por defenderme ya que no _____(12)_____ el ataque. Y después, al meditar sobre ello, llegué a la conclusión de que no me _____(13)_____ a mí. Agredió, quiso destruir con sus pequeñas fuerzas, algo que yo represento: la gente bien vestida, la que no ha sabido *nunca* _____(14)_____ es el hambre y la miseria. Le di _____(15)_____, y pensé que la ciudad _____(16)_____ debería ser golpeada, sacudida. No se puede vivir indefinidamente, sin que nada suceda en un país de contrastes tan _____(17)_____.

_____

[1] *ya no me hizo mella:* no longer affected me
[2] *dimana:* emanates

1. (A) es
   (B) fue
   (C) será
   (D) era

2. (A) jamás
   (B) nunca
   (C) también
   (D) tampoco

3. (A) decía
   (B) diría
   (C) dijo
   (D) dijera

4. (A) tengo
   (B) tenía
   (C) tendría
   (D) tenga

5. (A) flote
   (B) flota
   (C) flotara
   (D) flotará

6. (A) eso
   (B) esa
   (C) ese
   (D) esos

7. (A) La que
   (B) El que
   (C) Lo que
   (D) Que

8. (A) hizo
   (B) hacía
   (C) hace
   (D) hacen

9. (A) hacia
   (B) para
   (C) a
   (D) entre

10. (A) seguirá
    (B) siguió
    (C) sigue
    (D) seguía

11. (A) primero
    (B) primera
    (C) primer
    (D) primo

12. (A) esperé
    (B) esperaba
    (C) espero
    (D) espere

13. (A) ha golpeado
    (B) habrá golpeado
    (C) habría golpeado
    (D) había golpeado

14. (A) el que
    (B) la que
    (C) los que
    (D) lo que

15. (A) el pensamiento
    (B) la razón
    (C) la verdad
    (D) el pesar

16. (A) entera
    (B) parcial
    (C) parte
    (D) total

17. (A) tremendo
    (B) tremendos
    (C) tremendas
    (D) tremenda

Al niño Raúl, aquella temporada, lo que le preocupaba era tener una oreja más grande que otra. El niño Raúl ____(1)____ miraba al espejo constantemente, pero el espejo no le sacaba ____(2)____ de dudas; en los espejos que ____(3)____ en casa del niño Raúl jamás podían verse las dos orejas a un tiempo.

El niño Raúl, ____(4)____ por sus orejas, pasaba por largos baches de tristeza y de depresión.

—¿Qué te pasa? ¿Por qué estás con esa cara? —le decía su padre ____(5)____ de comer.

—Nada . . . Lo de las orejas . . . —contestaba el niño Raúl con el mirar perdido.

El niño Raúl, a fuerza de mucho pensar, descubrió que la mejor manera de ____(6)____ las orejas era con la mano, cogiéndolas entre dos dedos, las dos al mismo tiempo, y llevando la medida a pulso, un momento, por el aire —¡por un momentito no había de variar! —para ver si casaban o no casaban.

Lo malo del nuevo procedimiento fue que, contra todos los pronósticos, no resultaba de gran precisión, y la oreja izquierda, por ejemplo, tan pronto aparecía más grande como más pequeña que la oreja ____(7)____. ¡____(8)____ era para volverse loco!

El niño Raúl empezó a prodigar las mediciones,[1] a ver si ____(9)____ salir de dudas, y ____(10)____ días —días excepcionales, días de suerte y de aplicación, días radiantes— en que llegó a medirse las orejas hasta tres mil veces.

Mientras estudiaba la física, mientras se bañaba, mientras comía, el niño Raúl se medía las orejas ____(11)____ y a una velocidad increíble.

—¡Niño! ¿Qué haces?

—Nada papá; me mido las orejas.

_____

[1]*prodigar las mediciones:* to overdo the measurements

1. (A) le
   (B) se
   (C) lo
   (D) les

2. (A) demasiado
   (B) demasiada
   (C) demasiados
   (D) demasiadas

3. (A) habían
   (B) hubo
   (C) hubieron
   (D) había

4. (A) engañado
   (B) preocupado
   (C) entusiasmado
   (D) alargado

5. (A) al tiempo
   (B) a la vez
   (C) a la hora
   (D) a la época

6. (A) salir
   (B) contar
   (C) prestar
   (D) medir

7. (A) arriba
   (B) derecha
   (C) alta
   (D) izquierda

8. (A) Aquel
   (B) Aquéllas
   (C) Aquello
   (D) Aquellas

9. (A) conseguía
   (B) consiguió
   (C) consiga
   (D) consiguiera

10. (A) hubieron
    (B) hubo
    (C) habían
    (D) hay

11. (A) descansadamente
    (B) incansablemente
    (C) descansado
    (D) incansable

El taxista se llamaba Ralph, trabajaba ___(1)___ las tardes y parte de la noche para sostener sus estudios y su hogar (todo contado en un deficiente y gracioso inglés). Era un joven de unos veintidós años, ___(2)___ casado; a punto de ___(3)___ la maestría en Letras Inglesas. También nos contó que el dueño del coche era su padre, y que lo quería mucho. Su esposa era muy linda, esperaban el primer hijo para ___(4)___ de agosto; vivían en un pequeño piso que ella había ___(5)___ de su abuela. Toda esta información nos ___(6)___ proporcionada, a pausas, durante un recorrido de unas cuantas horas. Durante ese recorrido, ___(7)___ a varios bares; de estudiantes, de marineros, de intelectuales; en fin, lo que consideró que debíamos ver. Y no lo hizo mal, ___(8)___.

1. (A) a
   (B) por
   (C) en
   (D) de

2. (A) casi
   (B) recién
   (C) tampoco
   (D) bastante

3. (A) estudiar
   (B) aprender
   (C) lograr
   (D) reconocer

4. (A) fin
   (B) fines
   (C) final
   (D) finalmente

5. (A) prestado
   (B) vendido
   (C) dado
   (D) heredado

6. (A) sería
   (B) fuera
   (C) fue
   (D) sea

7. (A) nos llevó
   (B) nos llevará
   (C) nos lleva
   (D) nos llevaba

8. (A) nos divertimos
   (B) nos enojamos
   (C) nos encogimos
   (D) nos despedimos

Allí en la mesita de noche el jarroncito lucía dos hermosas rosas, frescas, ___(1)___; dos rosas que antes de esa revelación había mirado como cosa natural que ___(2)___ las hubiera puesto allí. ¡Dos rosas recién cortadas! Dos rosas como ___(3)___ de Chang que nunca me atreví a cortar en mi ___(4)___ jardín. Un sentimiento confuso me detenía ___(5)___ saber qué hacer, qué pensar.

Al pie del florero junto a un cofre finamente labrado ___(6)___ un pequeño libro manuscrito con caracteres chinos en la última página. Lo observé de cerca: unas manchitas, al parecer de tinta roja, cerraban el texto. ¿Serían signos de la firma? Ya ___(7)___ a tomar el libro en mis manos cuando miré otra vez las rosas. Entonces, entonces ___(8)___: "¡El rosal! ¡La rosa de Chang!"

Impelida por un impulso incontenible corrí hacia afuera hasta donde, lo recordaba bien, estaba la planta. Me abrí paso entre la maleza[1] y ___(9)___ el rosal seco, mutilado. Un perro echado a su pie se alejó tácitamente al verme. Lo reconocí: ¡Lud! Sí, ___(10)___ el perro de Chang. "¡Lud! . . . " llamé, "¡Lud! . . . " pero el animal ___(11)___ hacia la calle y desapareció.

_____

[1]*maleza:* overgrowth of weeds

1. (A) marchitas
   (B) olorosas
   (C) moribundas
   (D) sabrosas

2. (A) alguna
   (B) alguno
   (C) alguien
   (D) algunos

3. (A) aquel
   (B) aquella
   (C) aquello
   (D) aquéllas

4. (A) pertenecido
   (B) propio
   (C) dueño
   (D) mismo

5. (A) a
   (B) por
   (C) sin
   (D) de

6. (A) había
   (B) hubo
   (C) habrá
   (D) haya

7. (A) iba
   (B) fui
   (C) fuera
   (D) voy

8. (A) me acordé
   (B) me sentí
   (C) me parecí
   (D) me toqué

9. (A) descubra
   (B) descubriera
   (C) descubriré
   (D) descubrí

10. (A) estaba
    (B) era
    (C) había
    (D) tenía

11. (A) huirá
    (B) huye
    (C) huyó
    (D) ha huido

La cena, copiosa, transcurría en silencio. A su mesa, frente a
él, ___(1)___ otro forastero de aquella vida. Venía de la capital
___(2)___ por el Gobierno. ___(3)___ ingeniero. Después de la
sopa tenía que sobrevenir la inevitable charla aldeana para
___(4)___ era inevitable una añeja botella de vino extranjero. El
joven ingeniero, apenas graduado, ___(5)___ de llegar con unos
planos recién comenzados y extraordinarias ambiciones
profesionales. Francamente, era su primer trabajo. Un primo
hermano ___(6)___ que trabajaba en el Ministerio de Fomento le
había conseguido tal ___(7)___. Hablaba con fruición de lo que
pensaba hacer, gesticulaba mucho y, al ___(8)___ la copa,
brindaba puerilmente.[1]

_____

[1]*puerilmente:* childishly

1. (A) se hallaba
   (B) se sentía
   (C) se miraba
   (D) se daba

2. (A) asumido
   (B) cambiado
   (C) pesado
   (D) enviado

3. (A) Fue
   (B) Será
   (C) Sería
   (D) Era

4. (A) el cual
   (B) los cuales
   (C) la cual
   (D) las cuales

5. (A) acabó
   (B) acababa
   (C) acaba
   (D) acabara

6. (A) su
   (B) suyo
   (C) tu
   (D) tuyo

7. (A) cena
   (B) forastero
   (C) empleo
   (D) plano

8. (A) levantar
   (B) levantada
   (C) levantó
   (D) levantaba

Algunas tardes, muchas, íbamos con mamá o con la abuela a visitar a la hermana Paulina. Si era verano, la encontrábamos ____(1)____ entre sus macetas, junto al pozo, leyendo algún periódico atrasado ____(2)____ le traían las vecinas, o cosiendo.

Al vernos ____(3)____ se quitaba las gafas de plata, dejaba lo que tuviese entre las manos y nos decía con aquélla su sonrisa blanca:

—¿Qué dice esta familieja?

Siempre me cogía a mí ____(4)____. Me acariciaba los muslos y ____(5)____ mi cara contra ____(6)____. Recuerdo aquellos abrazos de costado: su pelo blanquísimo, sus enormes pendientes de oro y la gran verruga[1] rosada de su frente . . . Olía a arca con membrillos[2] pasados, a aceite de oliva, a paisaje soñado. Y me ____(7)____ más con la sonrisa que con sus ojos claros, cansados, bordeados de arrugas rosadas.

---

[1]*verruga:* wart
[2]*membrillos:* quince

1. (A) sentada
   (B) dormida
   (C) lastimada
   (D) escogida

2. (A) del que
   (B) de la que
   (C) de los que
   (D) de las que

3. (A) llegando
   (B) llegábamos
   (C) llegamos
   (D) llegar

4. (A) primer
   (B) primera
   (C) primero
   (D) primeros

5. (A) pintaba
   (B) apretaba
   (C) maquillaba
   (D) arrascaba

6. (A) el suyo
   (B) los suyos
   (C) la suya
   (D) las suyas

7. (A) pensaba
   (B) miraba
   (C) conversaba
   (D) comunicaba

Yo creo que cuando nací ya estaba en casa el Ford color verde de ___(1)___. Por las tardes de verano, en medio del patio, Emilio —que era el chófer —lo ___(2)___ con una esponja y una gamuza de ésas que cuando se mojan brillan y están muy suaves, y cuando están ___(3)___ se ponen duras como un cartón. La abuela también ayudaba a lavarlo, porque quería que ___(4)___ mucho brillo. Y cuando ya estaba ___(5)___ y seco, quedaba en el centro del patio, brillante como un jaspe, dándole el sol en el parabrisas con muchos reflejos, y en el tapón del motor, que era una mujer con alas, niquelada, que mi tío la llamaba Victoria, y decía que era de Samotracia, que es un pueblo de los que ya no están en ___(6)___.

1. (A) aceituna
   (B) maní
   (C) algodón
   (D) zanahoria

2. (A) amaestraba
   (B) pintaba
   (C) lavaba
   (D) ensuciaba

3. (A) apagadas
   (B) cortadas
   (C) secas
   (D) iluminadas

4. (A) tuviera
   (B) tendría
   (C) tenía
   (D) tuvo

5. (A) hervido
   (B) cumplido
   (C) limpio
   (D) recogido

6. (A) la residencia
   (B) el mapa
   (C) el edificio
   (D) la aldea

Don Augusto leía el periódico por secciones, ___(1)___ siempre el mismo orden; era ___(2)___ una lectura sistemática y atenta, casi un estudio, ___(3)___ interrumpido cuando determinada ___(4)___ le merecía un breve comentario ___(5)___. En primer lugar leía las noticias y crónicas del extranjero, ___(6)___ sorprender invariablemente por la ___(7)___ de aquellos hombres que, de forma inexplicable, habían alcanzado los puestos de mayor responsabilidad, poniendo así ___(8)___ el porvenir de Occidente. "Los rusos ___(9)___ más listos —decía—. En vez de empezar a discutir que si esto, que si aquello, ___(10)___ hacen y ya está —movía la cabeza—. Bien claro lo dice la Biblia: los hijos de las tinieblas son más hábiles ___(11)___ los asuntos de esta vida que los hijos de la Luz . . . " En las páginas dedicadas a la vida nacional se demoraba menos, las pasaba ___(12)___, excepto cuando ___(13)___ la reseña de alguna reunión de las Cortes o del Consejo de Ministros y de ___(14)___ tomados, que el viejo estudiaba detenidamente.

1. (A) leyendo
   (B) trayendo
   (C) siguiendo
   (D) corriendo

2. (A) aquélla
   (B) aquella
   (C) aquel
   (D) aquél

3. (A) además
   (B) apenas
   (C) suficiente
   (D) casi

4. (A) cuenta
   (B) temporada
   (C) pantalla
   (D) noticia

5. (A) en voz alta
   (B) en puntillas
   (C) a pierna suelta
   (D) a tientas

6. (A) dejándose
   (B) dejado
   (C) dejar
   (D) dejaba

7. (A) ventaja
   (B) estupidez
   (C) tristeza
   (D) felicidad

8. (A) en cambio
   (B) en broma
   (C) en peligro
   (D) en contra

9. (A) están
   (B) son
   (C) han
   (D) tienen

10. (A) le
    (B) se
    (C) lo
    (D) les

11. (A) para
    (B) de
    (C) por
    (D) hasta

12. (A) por fin
    (B) en caso
    (C) a la vuelta
    (D) de largo

13. (A) trajeron
    (B) traían
    (C) hubieran traído
    (D) habrían traído

14. (A) los acuerdos
    (B) los testigos
    (C) los refranes
    (D) los recuerdos

El viejo no salió de la habitación hasta la hora de cenar, todo el rato ___(1)___, paseando de un lado para ___(2)___. Cuando el reloj de abajo dio las nueve, se fue ___(3)___ hasta el cuarto del niño, pero, en vez de entrar, se quedó parado allí ___(4)___, arrimando ___(5)___ a la puerta. Y aún escuchaba cuando el frufrú de unas zapatillas le obligó a ___(6)___ tras una cortina. Después volvió a su habitación y siguió paseando en la oscuridad.

Cenaron, los tres ___(7)___ y sin mirarse. Don Augusto no tomó ___(8)___ un poco de sopa y un vasito de agua. Al acabar, doña Magdalena ___(9)___ con los platos y cubiertos sucios. Entonces, don Augusto se acercó al niño y, apoyando una mano sobre su hombro, le dijo:

—¿Estudias geografía? A mí siempre me ha gustado la geografía. ___(10)___ muy bien las capitales y los ríos y los principales países productores de cada cosa . . . Sí, a tu edad yo tenía los mismos gustos . . . Era un chico muy parecido a ti . . . Bueno, quizá no tanto, quizá no me interesaba por las cosas ___(11)___ que tú . . .

Retiró la mano del hombro del niño. Le miró con la cara contraída, ___(12)___ fuese a llorar o reír.

1. (A) en mano
   (B) a oscuras
   (C) en ocasión
   (D) a medias

2. (A) otro
   (B) dentro
   (C) propio
   (D) mismo

3. (A) de pie
   (B) de puntillas
   (C) de costumbre
   (D) de rodillas

4. (A) afuera
   (B) frente
   (C) recién
   (D) bajo

5. (A) el labio
   (B) el olor
   (C) el oído
   (D) el sabor

6. (A) esconderse
   (B) cubrirse
   (C) abrigarse
   (D) forzarse

7. (A) fritos
   (B) derretidos
   (C) merecidos
   (D) callados

8. (A) de que
   (B) así que
   (C) más que
   (D) tanto que

9. (A) se vaya
   (B) se fue
   (C) se irá
   (D) se fuera

10. (A) Me sabré
    (B) Me sepa
    (C) Me supe
    (D) Me sabía

11. (A) de la misma cantidad
    (B) de la misma manera
    (C) con calidad
    (D) con profundidad

12. (A) tanto como
    (B) así como
    (C) como si
    (D) así que

—Quiero hablar con usted, Ranieri —le dije, y lo tomé a mi vez del brazo.

Pasamos por su habitación y salimos. Mientras cerraba la puerta con _____(1)_____, vi que su mano temblaba sin _____(2)_____ con el hueco de la cerradura.

Salimos al jardín y marchamos _____(3)_____ instantes en silencio.

—Lo que usted ha hecho es maravilloso —le dije—. Todavía estoy bajo la impresión _____(4)_____ he visto. —Y agregué—: A pesar de que casi no me ha permitido mirarla.

Iba a aludir a su violencia cuando intenté acariciar la escultura, pero me cortó en seco, _____(5)_____ :

—Le ruego, por favor, que no _____(6)_____ más de ello. —Y después de esta frase guardó un duro y molesto silencio.

—¿Qué hace usted todas las noches en el cementerio? —le pregunté a quemarropa.[1]

Entonces _____(7)_____ como loco y casi gritando me respondió:

—¡Usted me hace vigilar! ¿Para qué me ha invitado? ¿Tengo que _____(8)_____ de todos mis pasos?

Quise interrumpirlo para calmarlo, pero continuó gritando:

—¡Me iré esta _____(9)_____ tarde! Veo que lo molesto y usted también me molesta a mí.

—No, Ranieri —le dije—. Usted no me molesta en absoluto.

Pensé que estaba _____(10)_____ enfermo de los nervios, y decidido a tranquilizarlo, agregué:

—_____(11)_____ de mi pregunta. Usted es dueño de hacer lo que _____(12)_____, y le aseguro que no volveré a molestarlo.

Pareció enternecerse, agradeció mis palabras y abrazándome me dijo:

—No sabe lo que le debo por haberme traído aquí. Y lo que le deberé cuando _____(13)_____ mi obra.

No quise preguntarle nada más, aunque me sorprendió que _____(14)_____ de terminar una escultura que yo veía _____(15)_____ hasta en sus detalles.

Pasamos todo el día juntos y me acompañó a recorrer el campo durante la tarde.

---

[1]*quemarropa:* point-blank

1. (A) llave
   (B) peine
   (C) aguja
   (D) tijera

2. (A) acertando
   (B) acertaba
   (C) acierto
   (D) acertar

3. (A) los
   (B) las
   (C) unos
   (D) unas

4. (A) de que
   (B) que
   (C) de lo que
   (D) de lo

5. (A) dijo
   (B) decía
   (C) decir
   (D) diciéndome

6. (A) hablábamos
   (B) hablaremos
   (C) hablemos
   (D) hablamos

7. (A) se convirtió
   (B) se puso
   (C) se hizo
   (D) se vino

8. (A) darle cuenta
   (B) darle vuelta
   (C) darle prisa
   (D) darle cuerda

9. (A) igual
   (B) misma
   (C) similar
   (D) casi

10. (A) cariñosamente
    (B) principalmente
    (C) únicamente
    (D) seriamente

11. (A) Olvídate
    (B) Olvídese
    (C) Olvidándose
    (D) Olvídense

12. (A) quiso
    (B) quería
    (C) quiera
    (D) quisiera

13. (A) termino
    (B) terminaré
    (C) termina
    (D) termine

14. (A) hablaba
    (B) habló
    (C) hablará
    (D) hablara

15. (A) concluso
    (B) concluida
    (C) concluyendo
    (D) concluir

SECTION 16

Y Natalia ____(1)____ olvidó de mí desde entonces. Yo sé cómo le brillaban antes los ojos como si ____(2)____ charcos¹ alumbrados por la luna. Pero de pronto se destiñeron,² se le borró la mirada como si la hubiera revolcado³ en la tierra. Y pareció no ver ya ____(3)____. Todo lo que existía para ella era el Tanilo de ella, que ella había cuidado mientras estuvo vivo y lo había enterrado cuando tuvo que morirse.

Tardamos veinte días en ____(4)____ el camino real de Talpa. Hasta entonces habíamos venido los tres solos. Desde allí comenzamos a juntarnos con gente que salía de ____(5)____ partes; que había desembocado⁴ como nosotros en aquel camino ____(6)____ parecido a la corriente de un río, que nos hacía andar a rastras,⁵ empujados por todos lados como si nos ____(7)____ amarrados con hebras⁶ de polvo.

_____

¹*charcos:* ponds
²*se destiñeron:* they lost their brightness
³*revolcado:* dragged
⁴*desembocado:* ended up
⁵*a rastras:* unwillingly, by force
⁶*hebras:* threads

1. (A) se
   (B) lo
   (C) le
   (D) me

2. (A) fueron
   (B) eran
   (C) fueran
   (D) fue

3. (A) ningún
   (B) algo
   (C) alguna
   (D) nada

4. (A) encontrando
   (B) encontrar
   (C) encontrábamos
   (D) encontramos

5. (A) todo
   (B) toda
   (C) todas
   (D) todos

6. (A) ancho
   (B) liviano
   (C) sordo
   (D) estancado

7. (A) llevaron
   (B) llevaban
   (C) llevarían
   (D) llevaran

Hombres con tiras de papel gritaban números al aire.

—Mira lo que dice. ¿Tú oíste?

Él ___(1)___ algo de eso. Él ___(2)___ iba a explicar ese negocio de la ciudad. Pero cuando vio la cara tan iluminada, sintió ___(3)___ de arrancar su esperanza.

Hundió la mano y pagó al hombre con franela rayada. Éste torció con sus dedos sucios un ___(4)___ de papel.

El hombre ___(5)___ y la mujer chiquita se fueron ___(6)___. Ella iba dichosa y radiante, ___(7)___ sus pasos menudos, mientras él reiteraba sus largas zancadas. De su diestra guindaba una vieja maleta de cartón. Ella oprimía un atadito de pañuelo rojo.

Ésta es la ciudad. Ésta es ___(8)___ de ella. También es su esperanza. Ha pensado mucho en la ciudad. Una cosa maravillosa y rara. ___(9)___ gente y muchos carros. Mucha bulla.[1] Y ella metida allí, entre todo ___(10)___. También mucho dinero.

---

[1]*bulla:* noise

1. (A) supiera
   (B) sabía
   (C) supo
   (D) sabría

2. (A) lo
   (B) la
   (C) le
   (D) se

3. (A) calor
   (B) lástima
   (C) rencor
   (D) cariño

4. (A) rincón
   (B) volumen
   (C) vaso
   (D) pedazo

5. (A) grande
   (B) celoso
   (C) viejo
   (D) alegre

6. (A) anduvieron
   (B) andaban
   (C) andando
   (D) andar

7. (A) apresurado
   (B) apresurará
   (C) apresurando
   (D) apresurar

8. (A) el sentimiento
   (B) la lágrima
   (C) la cuestión
   (D) el sueño

9. (A) Mucha
   (B) Muchas
   (C) Muchos
   (D) Mucho

10. (A) eso
    (B) esa
    (C) esos
    (D) ese

Olvidaba que nos encontrábamos en plena efervescencia política, o mejor, ___(1)___ ella. El presidente de la República amaneció hoy muy grave, dicen que no ___(2)___ hasta mañana. Las calles cercanas a la Plaza, y ella misma, ___(3)___ una faz silenciosa y taciturna, ante la incógnita de la hora.

La gente tiene miedo de hablar, de comunicarse. El pasajero que llevo al lado y yo nos miramos, sonreímos y no decimos nada. Al fin, el incómodo aparato me suelta en ___(4)___ de la Plaza Central. El reloj de la vetusta[1] iglesia ___(5)___ las nueve y cinco minutos.

Desciendo la escalinata y momentos después ___(6)___ situado debajo de los árboles de la Plaza. Pasa una mujer, pasa un hombre, un niño, y ___(7)___ van apurados y silenciosos; García no llega. Comienzo a intranquilizarme y a maldecir a la familia de mi socio.

Encima de mi cabeza ___(8)___ se mueven tranquilamente; algunas hojas ___(9)___, produciendo con ello una música agradable. Prendo un cigarrillo, y contemplando el ___(10)___ que asciende, cierta melancolía se me introduce dentro del cuerpo. Es el momento, el silencio ___(11)___ pasan, la música de las hojas, el recuerdo de mi casa sin diario.

García viene. Desde aquí le diviso la pajilla, ya manchada por el uso implacable. Él comprende que me ___(12)___ esperar.

—Perdona, Maimone, pero mi mujer se levanta muy tarde.

—¿Y tengo yo ___(13)___, viejo? Necesito ese dinero, comprende . . .

—A pensar en dinero ahora, hombre. ¿Y el viejo?

—¿Qué viejo?

—¡No vas a saber tú quién es el viejo! ¡El presidente, Maimone, el presidente!

Y con aire confidencial:

—___(14)___ está muriendo . . .

—¡Se muere el presidente! Pero ¿qué gano yo con que se muera ese señor?

Lentamente García me conduce hasta el otro ángulo de la Plaza. Ya fastidia su conversación.

----

[1]*vetusta:* very old

1. (A) al lado de
   (B) al borde de
   (C) encima de
   (D) detrás de

2. (A) salta
   (B) logra
   (C) dura
   (D) nace

3. (A) enseñan
   (B) cambian
   (C) mencionan
   (D) muestran

4. (A) la esquina
   (B) la orilla
   (C) el piso
   (D) el borde

5. (A) mueve
   (B) marca
   (C) menciona
   (D) monta

6. (A) me encuentro
   (B) me despido
   (C) me enfrento
   (D) me demoro

7. (A) todos
   (B) todas
   (C) todo
   (D) toda

8. (A) las raíces
   (B) los troncos
   (C) las ramas
   (D) los ramos

9. (A) caerían
   (B) caen
   (C) caerán
   (D) cayeran

10. (A) humo
    (B) aroma
    (C) cenicero
    (D) fuego

11. (A) de los que
    (B) del que
    (C) de que
    (D) de la que

12. (A) ha dado
    (B) ha hecho
    (C) ha traído
    (D) ha puesto

13. (A) la razón
    (B) la suerte
    (C) el miedo
    (D) la culpa

14. (A) Le
    (B) Lo
    (C) Se
    (D) Les

_____(1)_____ noche el abuelo invitaba a su mesa al médico del pueblo, porque no tenía parientes y vivía solo. También _____(2)_____ el maestro, con su mujer y sus dos hijos. Y en la cocina se reunían por lo menos quince familiares de las chicas.

El médico _____(3)_____ el primero en llegar. Yo lo conocía poco y _____(4)_____ decir a las criadas que siempre estaba borracho. _____(5)_____ un hombre alto y grueso, de cabello rojizo y dientes negros. Olía mucho a colonia y vestía un traje muy rozado,[1] aunque se notaba recién sacado del arca,[2] pues olía _____(6)_____ alcanfor.[3] Sus manos eran grandes y brutales y su voz _____(7)_____ (las criadas decían que del aguardiente). Todo el tiempo lo pasó quejándose del pueblo, mientras el abuelo le escuchaba como _____(8)_____. El maestro y su familia, todos ellos pálidos, delgados y muy tímidos, apenas _____(9)_____ a decir palabra.

Aún no nos habíamos _____(10)_____ a la mesa cuando llamaron al médico. Una criada dio el _____(11)_____, aguantándose las _____(12)_____ de reír.

_____

[1]*rozado:* worn out
[2]*arca:* chest, coffer
[3]*alcanfor:* camphor

1. (A) Aquel
   (B) Aquello
   (C) Aquella
   (D) Aquélla

2. (A) venía
   (B) viniera
   (C) venga
   (D) viniendo

3. (A) era
   (B) sea
   (C) fuera
   (D) fue

4. (A) habré oído
   (B) había oído
   (C) hubiera oído
   (D) habría oído

5. (A) Fue
   (B) Será
   (C) Ha sido
   (D) Era

6. (A) a
   (B) con
   (C) en
   (D) de

7. (A) oscura
   (B) ronca
   (C) gruesa
   (D) sencilla

8. (A) lleno
   (B) entero
   (C) doloroso
   (D) distraído

9. (A) se atrevían
   (B) se conseguían
   (C) se encontraban
   (D) se buscaban

10. (A) tendido
    (B) sentado
    (C) montado
    (D) volado

11. (A) importe
    (B) empleo
    (C) recado
    (D) mandado

12. (A) ganas
    (B) canciones
    (C) evidencias
    (D) razones

El hecho era muy simple. Durante la noche, alguien había arrancado los geranios.

Don Augusto hizo el descubrimiento al poco de levantarse, cuando salió a la ventana. Se había ___(1)___ distraídamente, bostezando, entornando los párpados, abotonándose la camisa con ___(2)___ perezosos. Era una mañana de octubre como ___(3)___ otra, apacible y tibia, velada por una ligera neblina que el sol desvanecía poco ___(4)___ poco. El aire ___(5)___ a hojas quemadas, a humedad caliente y, desde ___(6)___ jardín vecino, por entre los árboles, se alzaba con seco chisporroteo[1] una humareda[2] revuelta y blanca.

Y el viejo se había entretenido mirando todo ___(7)___, el sol y el humo, los árboles de hojas pálidas, las villas alineadas ___(8)___ de la calle. Fue luego, al bajar la vista, cuando pareció ver lo ___(9)___. Repentinamente, como quien recibe un ___(10)___. Y doblado sobre el alféizar[3], con cejas enarcadas y la boca entreabierta, repasó una y otra vez los muros del jardín, la verja[4] desnuda, los arriates[5] de tierra removida, rota en secos terrones.[6]

---

[1]*chisporroteo:* crackling
[2]*humareda:* great deal of smoke
[3]*alféizar:* splay of a window
[4]*verja:* window-grating
[5]*arriates:* edges in the garden
[6]*terrones:* lumps

1. (A) asomado
   (B) entreabierto
   (C) visto
   (D) gritado

2. (A) brazos
   (B) dedos
   (C) puños
   (D) codos

3. (A) cualquier
   (B) cuales
   (C) cualesquiera
   (D) cualquiera

4. (A) a
   (B) por
   (C) en
   (D) de

5. (A) ha olido
   (B) hubiera olido
   (C) olía
   (D) oliera

6. (A) alguna
   (B) algo
   (C) alguno
   (D) algún

7. (A) aquel
   (B) aquél
   (C) aquello
   (D) aquellos

8. (A) a la vez
   (B) a la distancia
   (C) a lo largo
   (D) a lo mismo

9. (A) sucedido
   (B) metido
   (C) remitido
   (D) contenido

10. (A) viento
    (B) signo
    (C) pedazo
    (D) golpe

UNIT VI

The sections of this unit present those grammatical constructions that most frequently cause problems for students. Students are not required to replace the underlined errors with the correct answers on the AP examination, but they should be encouraged to do so while working on these exercises.

Directions: In the sentences that follow, you are to select the part that must be changed to make the sentence grammatically correct.

Instrucciones: En las siguientes oraciones, usted debe elegir la parte que hay que cambiar para que cada oración sea gramaticalmente correcta.

1. <u>Nuestras</u> reuniones <u>tienen</u> lugar el <u>tercero</u>
     A   B   C
   martes de <u>cada</u> mes.
             D

2. No me <u>escribas</u> <u>o</u> me <u>llames</u> <u>por</u> teléfono.
          A   B   C   D

3. <u>Por</u> <u>estar</u> de mal humor, el chico se fue sin
    A   B
   <u>despidiéndose</u> de <u>nadie</u>.
        C   D

4. Jesús <u>y</u> Isabel <u>satisficieron</u> los requisitos
         A   B
   <u>preliminares</u> para entrar <u>en</u> la universidad.
        C   D

5. Ayer Ernesto <u>se levantaba</u> a las ocho y fue
                A
   <u>directamente</u> a la oficina de su patrón para
      B
   <u>renunciar</u> a su puesto de <u>tantos</u> años.
      C   D

6. El avión <u>aterrizó</u> sin problema <u>alguno</u> aunque
         A   B
   <u>tenía</u> un ala <u>roto</u>.
    C   D

7. No <u>fue</u> a mis tíos a <u>quien</u> visité <u>anteayer</u> <u>sino</u> a
      A   B   C   D
   mis abuelos.

8. Me habían <u>dicho</u> que <u>era</u> una ciudad <u>como</u> otra
           A   B   C
   <u>cualquier</u>.
     D

9. Tuve que <u>pedirle</u> a <u>nuestro</u> anfitrión que me
          A   B
   <u>presente</u> a don Ramón ya que no lo <u>conocía</u>.
     C   D

10. Como es de <u>segunda</u> mano y no <u>está</u> de moda, me
            A   B
    ofrecieron <u>sólo</u> veinte dólares <u>para</u> esta lámpara.
          C   D

11. <u>Eran</u> las diez; <u>por eso</u>, la niñera subió al
      A   B
    <u>segundo</u> piso y <u>se acostó</u> a los chicos.
       C   D

12. <u>De todas</u> las vistas hay dos que <u>se me</u> han
      A   B
    <u>quedadas</u> fuertemente <u>grabadas</u> en la memoria.
      C   D

13. El carpintero ha venido <u>varias</u> veces a <u>reparar</u>
                        A   B
    <u>los</u> cristales de las ventanas y tú nunca <u>eres</u>.
     C   D

14. <u>Por</u> lo visto ella no ha leído <u>ninguno</u> de los
     A   B
    cuentos y es obvio que no <u>haya</u> preparado
                      C
    <u>los</u> resúmenes.
     D

15. Esas sandalias están <u>rotas</u> <u>sino</u> llévate <u>las mías</u>
                   A   B   C
    para que <u>puedas</u> caminar por la arena.
           D

16. <u>Tenga</u> cuidado que no te <u>manches</u> la camisa;
      A   B
    la tinta de esa pluma <u>se sale</u> cada vez que hace
                    C
    <u>demasiado</u> calor.
      D

1. El doce de octubre América era descubierta por
     A   B   C   D
   Cristóbal Colón.

2. El viaje resultará mucho muy interesante a pie
    A   B   C
   que en bicicleta.
       D

3. Sírvase enviarme el paracaídas para correo aéreo.
      A   B   C   D

4. Todavía no tiene analizado los resultados de las
       A   B   C
   elecciones del mes anterior.
          D

5. Le he pedido prestado el coche a mis tíos y me lo
    A B   C   D
   han negado.

6. Será muy divertido recordar estos días de
           A   B
   juventud cuando nos reuniremos dentro de
                C   D
   treinta años.

7. Sigamos jugando al tenis después de que
      A   B
   almorcemos algo porque tengo una hambre
       C   D
   tremenda.

8. Hay tan que hacer que no sé cómo voy
       A   B
   a arreglármelas para terminarlo todo.
        C   D

9. Solamente se pasa por tres pueblos aunque
            A   B   C
   se ve varios en la lejanía.
     D

10. Hugo, te he dicho mil veces que los aparatos
                A
    eléctricos no son para que esté jugando con ellos.
             B   C   D

11. El guía se sentó a la mesa y empezaba a comer
     A   B   C   D
    aunque no lo habían invitado.

12. Apenas habría entrado en la oscura sala, se dio
          A   B
    cuenta de que no estaba solo.
          C   D

13. ¿Cuántas veces ha sido traducido ese poema
        A   B   C
    del ruso a español?
           D

14. No es que me quiera quejar, sino que quiero que
                A
    se dé cuenta de que es Ud. quien ha cometido
       B
    el error y no mí.
     C   D

15. Por interesante que es no creo que pueda estar
                   A   B
    sentada tantas horas escuchando a la autora
                     C
    leyendo sus poemas.
          D

16. Tienes que ser atento a lo que sucede cuando
             A   B
    enciendes el ordenador; si no, vas a perder toda
            C   D
    la información.

1. <u>Fue</u> en la fiesta de José <u>donde</u> te <u>vi</u> por <u>primer</u>
     A   B   C   D
   vez.

2. Él quiere que Uds. <u>vienen</u> temprano <u>para</u>
                  A   B
   celebrar <u>el</u> cumpleaños de un pariente <u>suyo</u>.
         C   D

3. Yo <u>la</u> pregunté <u>por</u> ella pero me dijo que no
      A   B
   <u>actuaba</u> en <u>este</u> drama.
    C   D

4. Por <u>los</u> temas que usa, <u>éste</u> es el autor <u>cuyos</u>
       A   B   C
   libros se <u>vende</u> mucho.
           D

5. Nora insistió en que yo <u>me pusiera</u> los aretes
                            A
   <u>lo que</u> me <u>había</u> regalado <u>para</u> la Navidad.
    B   C   D

6. En México <u>recientemente</u> <u>han</u> habido <u>una</u> serie
              A   B   C
   de catástrofes <u>imprevistas</u>.
             D

7. No quiero <u>aquellos</u> calcetines, <u>pero</u> los que
            A   B
   <u>están</u> aquí en <u>el</u> escaparate.
    C   D

8. Raúl, <u>se te</u> hace tarde; ponte <u>el</u> abrigo y <u>sale</u>
        A   B   C
   <u>en seguida</u>.
    D

9. Cuando <u>aprendes</u> a cumplir <u>con</u> tu <u>deber</u>,
         A   B   C
   te <u>daré</u> más libertad.
     D

10. <u>Me</u> fascina <u>despertar</u> con el <u>cantar</u> de
     A   B   C
    <u>los</u> gorriones.
     D

11. David <u>estaría</u> allí <u>a eso de</u> las cinco; yo no
         A   B
    podré llegar <u>hasta</u> después <u>de las</u> seis.
             C   D

12. Si yo <u>sabía</u> esquiar <u>bien</u>, iría a los picos de
        A   B
    Europa <u>este</u> invierno cuando <u>tenga</u> las
        C   D
    vacaciones.

13. <u>Da</u> vergüenza que ellos no <u>hayan</u> podido
     A   B
    terminar <u>lo</u> que les había pedido <u>por</u> hoy.
         C   D

14. Al <u>abriendo</u> la puerta el viento era <u>tan</u> fuerte
       A   B
    que Arsenio tuvo que <u>pedirles</u> a sus hermanos
                  C
    que lo <u>ayudaran</u>.
         D

15. Me aconsejó <u>discutir</u> la vida <u>o</u> obra de un autor
            A   B
    español que <u>hubiera</u> escrito durante <u>la</u> Guerra
            C   D
    Civil.

16. Tiró la pelota con <u>tan</u> fuerza que dio contra
                A
    <u>la</u> pared y rompió el <u>bonito cuadro</u> que había
     B   C
    <u>conseguido</u> en San Sebastián.
     D

1. ¿<u>Cuánto</u> tiempo hace que Ud. <u>trabajaba</u> <u>de</u>
    A   B   C
guardia en <u>esa</u> cárcel?
         D

2. <u>Abajo</u> está el señor <u>que</u> pregunta <u>para</u> ti
  A   B   C
<u>diariamente</u>.
 D

3. Al <u>salir</u> <u>por entre</u> dos coches estacionados,
   A   B
el anciano <u>fue</u> arrollado por <u>la</u> tranvía.
       C   D

4. <u>Sea</u> <u>bueno</u>; ve al cuarto y <u>ponte</u> <u>a estudiar</u>.
  A   B   C   D

5. <u>A</u> mis padres no <u>les</u> gusta salir, <u>pero</u> quedarse
 A   B   C
<u>en casa</u>.
 D

6. Te traigo <u>la</u> leche para que <u>haces</u> el postre <u>para</u>
       A   B   C
<u>esta</u> tarde.
 D

7. Aunque México <u>tiene</u> más habitantes <u>de</u>
          A   B
la Argentina, <u>su</u> territorio <u>es</u> más pequeño.
        C   D

8. ¡Qué <u>bonitas</u> son <u>esos</u> pendientes que <u>llevas</u>
     A   B   C
<u>esta</u> noche!
 D

9. Me <u>queda</u> <u>aún</u> diez dólares <u>para</u> gastar en lo
    A   B   C
que me <u>parezca</u>.
     D

10. Si <u>hubiéramos</u> sabido que <u>fuera</u> a llover,
     A   B
habríamos <u>llevado</u> <u>el</u> paraguas.
        C   D

11. ¿Crees tú que esa chica tan fea <u>pueda</u> competir
                  A
con todas las bellezas que <u>han</u> sido <u>seleccionado</u>
                  B   C
por <u>los</u> jueces?
   D

12. Yo no <u>sé</u> dónde <u>es</u> el cine, pero no creo que
     A   B
<u>quede</u> muy <u>cerca de</u> aquí.
 C   D

13. Voy a poner el radio aquí, <u>pero</u> si <u>le</u> molesta
                A   B
díganmelo y <u>lo</u> cambiaré <u>de</u> lugar.
   C   D

14. <u>Lo</u> peor será que cuando ellos <u>se enteren</u> de
  A   B
que Andrea no estará aquí, no <u>vendrá</u> <u>alguien</u>.
             C   D

15. ¿<u>Qué</u> es el mejor disco de Juan Miguel? Quiero
  A
<u>comprárselo</u> a mi sobrina, pero ya <u>sabes</u> que
 B   C
ella es muy <u>exigente</u>.
      D

16. <u>Córtate</u> las uñas; <u>si no</u> lo haces, <u>el</u> entrenador
  A   B   C
no te <u>dejara</u> jugar en el partido de mañana.
   D

1. Estamos esperando <u>por</u> un amigo <u>que</u> no
   <u>ha</u> llegado <u>todavía</u>.
     A   B
    C   D

2. <u>Al</u> principio de la conversación, yo no <u>sabía</u>
    A   B
   si <u>eras</u> de acuerdo conmigo o con <u>el</u> poeta.
      C   D

3. Dígales que nos <u>haga</u> <u>el</u> favor de <u>subir</u> <u>cuanto</u>
               A   B   C   D
   antes.

4. El aire acondicionado <u>está</u> <u>descompuesto</u>; hace
                     A   B
   <u>muchísimo</u> calor <u>adentro</u> de la casa.
       C   D

5. <u>Para</u> haber llegado tarde no <u>pude</u> escuchar
    A   B
   <u>lo que</u> habían dicho sobre <u>la</u> reunión a la que
    C   D
   asistió el presidente.

6. ¡<u>Qué</u> lástima <u>que</u> no <u>hemos</u> podido <u>verlo</u> todo!
     A   B   C   D

7. ¿Cómo te <u>lastimaste</u> <u>tu</u> cabeza <u>si</u> dices que no <u>te</u>
           A   B   C   D
   caíste de la cama?

8. ¿Por qué <u>será</u> que cuando <u>la</u> testigo entró en la
          A   B
   Corte <u>provocó</u> <u>tal</u> silencio?
         C   D

9. Ten <u>presente</u> mis consejos <u>para</u> cuando <u>vayas</u>
        A   B   C
   a la universidad el año <u>entrante</u>.
                    D

10. Parece que los árboles <u>del</u> bosque <u>vayan</u> a dar
                     A   B
    <u>tanto</u> fruto este verano <u>como</u> el pasado.
     C   D

11. Ellos buscan una escuela que <u>está</u> cerca <u>de</u>
                       A   B
    su apartamento y que no <u>sea</u> muy <u>cara</u>.
                  C   D

12. Si yo <u>convenceré</u> a mis padres que me <u>dejen</u> ir,
         A   B
    tú tendrás que <u>convencer</u> a <u>los tuyos</u> también.
               C   D

13. <u>El</u> peor es que nunca podemos pagar todas
     A
    las cuentas <u>al</u> final del mes y <u>les</u> tenemos que
             B   C
    pedir dinero <u>prestado</u> a los parientes de Eloísa.
              D

14. Esas pinturas son <u>menos</u> antiguas <u>de</u> las que
                 A   B
    <u>se encuentran</u> en las <u>famosas</u> cuevas de
       C   D
    Altamira.

15. <u>Comparando</u> con los <u>otros</u> escritores de su época,
     A   B
    Rubén Darío siempre ha sido considerado
    el <u>mejor de</u> los exponentes de la literatura
       C
    <u>modernista</u>.
     D

16. Tropezó conmigo y sin <u>pidiendo</u> disculpas
                   A
    <u>se echó</u> <u>a</u> andar como si nada <u>hubiera sucedido</u>.
      B   C   D

1. La madre <u>pensaba</u> comprar <u>varios</u> estantes <u>por</u>
             A   B   C
   poner no sólo libros, <u>sino</u> adornos.
                  D

2. Lo <u>conocía</u> anteayer en la galería donde <u>exhiben</u>
       A   B
   sus cuadros y me <u>quedé</u> encantada <u>con</u> su
                  C   D
   sonrisa.

3. A Clara <u>y</u> a Hilda <u>le</u> gusta más <u>aquel</u> abrelatas
         A   B   C
   porque es mucho más fácil <u>de usar</u>.
                      D

4. Esta semana no nos <u>hemos</u> divertido <u>muchos</u>
                 A   B
   durante las horas de <u>descanso</u> a causa del <u>mal</u>
                   C   D
   tiempo.

5. Carolina es <u>demasiado</u> orgullosa; no permitamos
              A
   que <u>esté</u> elegida <u>para</u> representarnos en el
       B   C
   congreso <u>estudiantil</u>.
            D

6. Parece mentira que <u>haber</u> recibido
                A
   la <u>misma educación</u> que tu <u>hermana mayor</u> y no
       B   C
   <u>lo</u> demuestres.
   D

7. Aunque no <u>he</u> contado todas las páginas de
          A
   esta nueva edición, creo que <u>tiene</u> menos <u>que</u>
                     B   C
   doscientas pero más que <u>la anterior</u>.
                    D

8. Sigamos <u>transitado</u> por el mismo camino hasta
           A
   <u>llegar</u> <u>a la</u> cumbre <u>del</u> volcán.
    B   C   D

9. A ellos nunca <u>les</u> pareció bien que él no <u>venía</u> a
             A   B
   visitarnos más <u>a menudo</u> cuando <u>tenía</u> la
              C   D
   oportunidad de hacerlo.

10. Si yo lo como, tú <u>tendrías</u> que <u>comerlo</u> también
               A   B
    sin <u>decir</u> <u>ni</u> una sola palabra.
       C   D

11. Ahora <u>sí</u> puedo apreciar <u>el</u> difícil que es
         A   B
    <u>defender</u> los derechos civiles de los que tanto
    C
    lo <u>necesitan</u>.
       D

12. Hijo, ven <u>acá</u>; tu abuelita acaba de <u>llegar</u> y
           A   B
    tiene muchas ganas <u>para</u> <u>verte</u>.
                  C   D

13. El águila que <u>vimos</u> ayer volaba muy <u>alto</u> pero
               A   B
    <u>ése</u> que <u>está</u> allí parece que tiene un ala rota.
     C   D

14. Desde el lunes estoy esperando que me <u>llega</u> <u>el</u>
                                     A B
    billete y todavía el agente de viajes no <u>me lo</u>
                                     C
    ha enviado; espero no <u>tener</u> problemas en
                        D
    el aeropuerto.

15. Hace <u>unos</u> meses me dijiste que yo <u>era</u> la <u>única</u>
         A   B   C
    persona a la <u>quien</u> le habías confiado todos tus
                D
    secretos.

16. Yo admiro <u>profundamente</u> que <u>habrá</u> podido
               A   B
    <u>terminar</u> sus estudios después de <u>tantos</u>
     C   D
    problemas financieros.

1. A dos cuadras <u>de la</u> catedral y <u>a la</u> izquierda
                 A   B
   <u>de la</u> torre <u>es</u> la telefónica.
     C   D

2. Cuando encontré <u>a</u> Bárbara, <u>estuvo</u> sentada
                 A   B
   al final <u>del</u> muelle <u>contemplando</u> la espléndida
          C   D
   puesta del sol.

3. Compré flores <u>para</u> mi hermana; <u>los</u> escogí
              A   B
   <u>azules</u> porque es su color <u>preferido</u>.
     C   D

4. <u>Aquellos</u> dilemas han quedado, desde <u>hace</u>
    A   B
   tiempo, <u>definitivamente</u> y completamente
           C
   <u>olvidados</u>.
     D

5. ¿Cómo es posible que <u>haya</u> personas en <u>este</u>
                   A   B
   mundo tan <u>pocas</u> caritativas que no <u>ayuden</u>
          C   D
   al prójimo?

6. <u>Llamemos</u> al médico para que nos <u>diga</u> <u>cuánto</u>
    A   B   C
   leche debe tomar <u>al</u> día el bebé.
               D

7. Si hubiera <u>cantado</u> <u>esa</u> canción en el festival,
            A   B
   <u>había</u> ganado el <u>primer</u> premio.
     C   D

8. Hace más <u>de</u> una semana y <u>medio</u> que Javier
           A   B
   no viene <u>por</u> aquí; <u>debe de</u> estar enfermo.
         C   D

9. Más vale que <u>pones</u> <u>los</u> melocotones en <u>el</u>
             A   B   C
   refrigerador antes de que se echen <u>a perder</u>.
                         D

10. <u>Cierta</u> persona me contó que <u>hubieron</u> <u>unos</u>
     A   B   C
    problemas con <u>el</u> guardaespaldas.
              D

11. De <u>cuando</u> en cuando miraba el reloj, <u>pensar</u> a
       A   B
    qué hora <u>sería</u> conveniente salir <u>para</u> evitar
           C   D
    contratiempos.

12. Negamos que <u>aprender</u> <u>bien</u> un idioma
               A   B
    <u>extranjero</u> <u>es</u> muy difícil.
     C   D

13. ¿Por qué <u>sería</u> que cada vez que llego a la
         A
    clase, todos dejan <u>de</u> hablar? <u>Tal</u> parece que
                 B   C
    están hablando <u>de mí</u>.
              D

14. Cuando <u>averigües</u> lo que sucedió, <u>llame</u> a la
         A   B
    abogada y pregúntale <u>sobre</u> el <u>siguiente</u> paso
                 C   D
    a tomar.

15. Cuando íbamos <u>al</u> parque, Julia <u>suele</u> llevar a
            A   B
    sus nietos <u>para</u> que <u>jugaran</u> con los animales.
           C   D

16. <u>Al</u> pobre Juan las cosas no <u>lo</u> iban <u>bien</u> y tuvo
     A   B   C
    que vender el negocio y <u>regresar</u> al campo.
                  D

1. A pesar de <u>habiéndose</u> puesto <u>un</u>
               A   B
   espantapájaros en la huerta, los cuervos
   <u>se comieron</u> casi <u>todo el</u> maíz.
       C   D

2. El marido de Consuelo gana <u>mucho</u> menos <u>que</u>
                            A   B
   <u>el tuyo</u>; por eso, ella no puede darse <u>tal</u> lujos.
    C   D

3. <u>El</u> lunes pasado no <u>asistió al</u> colegio porque
    A   B
   había <u>estado</u> enfermo desde <u>hizo</u> ocho días.
        C   D

4. El plan <u>nuestro</u> es mejor que <u>el suyo</u>; pero
           A   B
   <u>el de ellos</u> es el mejor <u>que</u> todos.
     C   D

5. Si llegas <u>a tiempo</u>, <u>iríamos</u> de compras <u>al</u>
             A   B   C
   centro comercial que acaban de <u>inaugurar</u>.
                         D

6. <u>El</u> criminal <u>se presentó</u> <u>antes</u> el juez para <u>oír</u>
   A   B   C   D
   su sentencia.

7. No he <u>vuelto</u> a encontrar <u>a nadie</u> con quien
        A   B
   una persona como yo <u>podría</u> <u>hacer</u> un viaje
                   C   D
   alrededor del mundo.

8. Cuando ya <u>éramos</u> a punto de averiguar <u>quién</u>
           A   B
   había cometido el crimen, nos dimos cuenta de
   que <u>le faltaban</u> las tres últimas páginas <u>a la</u>
         C   D
   novela.

9. Según <u>ella</u>, Germán encontró la maleta sobre
        A
   el césped y dentro de <u>él</u> <u>había</u> cinco mil dólares.
   B   C   D

10. ¿Por qué será muy difícil <u>llegar</u> a un acuerdo
                        A
    con <u>el que</u> todos <u>estamos</u> <u>satisfechos</u> y contentos?
       B   C   D

11. Jaime, no <u>ten</u> celos del éxito de tu amigo ya
            A
    que tú no <u>haces</u> nada para <u>mejorar</u> tus <u>propias</u>
           B   C   D
    aspiraciones.

12. En <u>estos</u> meses no <u>ha habido</u> <u>alguna</u>
       A   B   C
    oportunidad para que los estudiantes
    <u>disfruten de</u> la compañía de sus condiscípulos.
        D

13. ¿Por qué no <u>te</u> pones <u>los</u> calcetines? Te <u>queda</u>
             A   B   C
    muy bien con <u>esos</u> pantalones azules que
                D
    compraste anteayer.

14. Cuando <u>le</u> pregunté si quería que <u>ayudara</u> a
         A   B
    Valentín me dijo que no lo <u>hiciera</u> yo, <u>pero</u> tú.
                    C   D

15. Todos, <u>sentados</u> en <u>aquel</u> sofá que casi se caía,
           A   B
    <u>lo</u> contemplaban con asombro al <u>oyendo</u> la
    C   D
    inverosímil historia.

16. Si cocinamos tres pollos creo que <u>tendremos</u>
                             A
    <u>suficiente</u> comida <u>por</u> todos los que <u>vengan</u>.
     B   C   D

1. La novela tiene <u>ciento</u> cincuenta y <u>un</u> páginas;
                 A   B
   quiero que Uds. <u>lean</u> sólo diez <u>para</u> el lunes.
                C   D

2. Todas las historias que él cuenta nos <u>parece</u>
                                        A
   entretenidas, <u>pero no</u> son como <u>las que</u>
                B   C
   <u>se encuentran</u> en los libros de Julio Verne.
      D

3. La señora Zaldívar <u>estaba</u> completamente
                       A
   vestida <u>en</u> negro, <u>lo cual</u> hacía resaltar <u>sus</u>
          B   C   D
   rubios cabellos.

4. Si se <u>comparara</u> este aparato con los que
          A
   <u>se hacen</u> ahora, verás que <u>es</u> de <u>una</u> calidad
      B   C   D
   superior.

5. Tengo el presentimiento que cuando <u>ese</u> autor
                                  A
   <u>venga</u> a <u>hablarles</u> sobre su libro, los
     B   C
   estudiantes van a <u>ser</u> muy aburridos.
                  D

6. <u>Por</u> un chico de <u>pocos</u> meses, Rogelio <u>es</u>
    A   B   C
   <u>sumamente</u> listo.
     D

7. Aunque no <u>la</u> sabía todo, estaba <u>convencido</u>
            A   B
   <u>de que</u> ella me estaba <u>diciendo</u> la verdad.
    C   D

8. ¿Cómo puede ser posible que te <u>has</u> olvidado
                             A
   <u>de</u> la cita que hicimos después de <u>haberla</u>
    B   C
   confirmado <u>varias</u> veces?
           D

9. Si <u>tienes</u> tantos invitados, te sugiero que
      A
   <u>compres</u> manteles y servilletas de <u>papeles</u> para
    B   C
   que no <u>tengas</u> que trabajar demasiado.
         D

10. Si <u>se presenta</u> <u>alguno</u> contratiempo, dile
        A   B
    a tu padre que me <u>avise</u> cuando <u>tenga</u> la
                    C   D
    oportunidad.

11. Como yo no <u>sabía</u> si Daniel ya <u>hubo</u> llegado,
             A   B
    le pedí a la secretaria que <u>cambiara</u> la cita
                        C
    <u>para</u> la próxima semana.
     D

12. No sé <u>adónde</u> he <u>dejado</u> la maleta que ya tenía
         A   B
    <u>hecha</u> <u>para</u> las vacaciones.
     C   D

13. <u>A medida</u> que terminábamos de <u>llenar</u> las cajas
     A   B
    <u>las</u> poníamos en el suelo para que las <u>recogerán</u>.
     C   D

14. Al <u>oír</u> el ruido, María Elena saltó <u>súbitamente</u>
      A   B
    y el niño <u>se</u> despertó <u>dar</u> gritos.
           C   D

15. La señorita López <u>le</u> dijo que <u>pudiera</u> usar
              A   B
    sus <u>propios</u> conocimientos <u>para</u> escribir la
        C   D
    monografía.

16. <u>Quédate</u> con el cambio, don Ramiro, <u>se me</u>
     A   B
    había olvidado <u>darle</u> una propina las dos
               C
    últimas veces que Ud. <u>vino</u>.
                   D

1. <u>Si no</u> me <u>quieres</u> decir la fecha exacta, por lo

   A   B

menos dime si <u>cae</u> a mediados <u>en</u> julio.

           C   D

2. Es difícil <u>aprender</u> <u>tantas</u> reglas de gramática

         A   B

<u>en</u> <u>tanto</u> poco tiempo.

C D

3. Yo me lavé <u>mi</u> cara con agua <u>fría</u> porque estaba

        A   B

<u>durmiéndome</u> durante <u>el</u> programa.

    C   D

4. Es una pena que ella <u>se ha</u> pasado <u>todo el</u> día

               A   B

<u>llorando</u> ya que con lágrimas no <u>se resuelve</u>

C   D

nada.

5. No puedo visualizar <u>lo que</u> me estás <u>describiendo</u>

             A   B

sin <u>una</u> esquema <u>general</u>.

   C   D

6. No <u>le</u> gustó mucho ni a Víctor <u>ni</u> a Milagros

   A   B

que ellos <u>hubieran</u> ido a su casa a <u>tan</u> altas

       C   D

horas de la noche.

7. Todo <u>aquello</u> que nos <u>llegue</u> a <u>las</u> manos <u>estará</u>

     A   B   C   D

empleado para restituir los fondos perdidos.

8. <u>Sólo</u> tenía la intención de <u>encontrar</u> a alguien

A   B

que le <u>diga</u> dónde <u>estaban</u> los archivos.

     C   D

9. Después de una intensa búsqueda, <u>dieron</u> por

                            A

<u>perdido</u> a todos <u>los</u> tripulantes <u>del</u> buque.

B   C   D

10. Estoy segura de que cuando yo <u>subo</u> <u>al</u> avión por

                        A   B

<u>primera</u> vez, no <u>tendré</u> miedo.

C   D

11. El <u>feroz</u> tigre devoró su presa y ninguno

   A

de nosotros, <u>por</u> temor, se atrevió <u>a hacer</u> <u>algo</u>.

            B   C   D

12. El farmacéutico me asegura que estas píldoras

<u>calmarían</u> el <u>constante</u> dolor que <u>tengo</u> en

A   B   C

<u>el</u> cuello.

D

13. Aunque <u>se lo</u> habíamos dicho <u>varias</u> veces,

       A   B

ellos no nos hicieron caso y <u>se</u> pasaron

                       C

<u>demasiado</u> días tomando sol.

D

14. Aunque no <u>hayas</u> terminado <u>el</u> informe, <u>tráelo</u>

         A   B   C

como <u>es</u>; yo te ayudaré a terminarlo.

     D

15. <u>Esto</u> no era lo que <u>esperé</u>. Sabía que me

A   B

querías dar un buen regalo pero <u>un</u> viaje

                      C

alrededor del mundo es <u>demasiada</u> gentileza.

               D

16. Si te gusta, <u>te</u> prometo comprártelo cuando me

         A

<u>paguen</u> <u>para</u> el trabajo que hice <u>este</u> mes.

B   C   D

1. <u>Para</u> ese puesto, andan <u>buscando</u> una persona
   A   B
   que <u>sepa</u> hablar <u>varias</u> idiomas.
      C   D

2. Mientras esperaba noticias suyas, <u>pensaba</u> que
                            A
   <u>cualquier</u> solución <u>sería</u> aceptable bajo
      B   C
   <u>semejante</u> circunstancias.
      D

3. <u>Aquella</u> pirámide había <u>estado</u> construida por
   A   B
   <u>los</u> indígenas de <u>esta</u> región.
    C   D

4. Este barrio va <u>de mal</u> en peor; nos <u>mudaremos</u>
              A   B
   tan pronto <u>terminará</u> el año <u>escolar</u>.
          C   D

5. <u>Mucha</u> gente cree que <u>soñando</u> con <u>el</u> martes
   A   B   C
   trece trae <u>mala</u> suerte.
          D

6. Siento que Gloria no <u>haya</u> recibido todavía el
                A
   regalo que <u>le</u> mandé <u>por</u> correo. ¿Se <u>habría</u>
        B   C   D
   perdido?

7. Cuando <u>me desmayé</u>, tardé más <u>de</u> cinco
          A   B
   minutos <u>en</u> volver en <u>sí</u>.
       C   D

8. <u>Lo</u> ostentoso es lo que vale hoy: no la tiendita
   A
   <u>humilde</u>, <u>pero</u> el supermercado <u>increíblemente</u>
    B   C   D
   impersonal.

9. Tienes que <u>darle</u> marcha <u>atrás</u> al coche, si no
          A   B
   <u>quieras</u> causar <u>un</u> accidente.
    C   D

10. Apenas <u>hube</u> llegado, me llamó para
         A
    suplicarme que no <u>le</u> <u>decía</u> nada <u>a nadie</u>.
             B C   D

11. Me <u>preguntó</u> de nuevo que le <u>prestara</u> mi reloj
       A   B
    pero <u>esta</u> vez se lo <u>negué</u>.
      C   D

12. No creo que <u>el señor</u> Rodríguez <u>tenga</u> <u>algo</u> que
          A   B   C
    hacer hoy; <u>visitémoslo</u>.
         D

13. ¿<u>Estaría</u> Felicia de <u>regreso</u>? Ayer toqué <u>la</u>
     A   B   C
    timbre de su casa y <u>nadie</u> contestó.
               D

14. Por favor, ayuda a Héctor con <u>esos</u> paquetes
                    A
    <u>para</u> que no se <u>los</u> caigan <u>de nuevo</u>.
     B   C   D

15. Fue <u>una</u> casualidad que yo me <u>encontraría</u> en
       A   B
    Montevideo <u>al</u> mismo tiempo que la familia <u>del</u>
         C   D
    señor Urrutia.

16. Es <u>mucho</u> mejor que, después de <u>haber</u>
       A   B
    trabajado tanto, <u>llevas</u> a cabo tu viaje <u>por</u> las
             C   D
    Islas Canarias.

1. Después de <u>cenar</u>, Anita se <u>queda</u> <u>dormida</u> y no
               A   B   C
   se despertó hasta la mañana <u>siguiente</u>.
                             D

2. Ella continúa <u>dudar</u> de <u>mí</u> aunque le <u>dije</u> que
               A   B   C
   <u>tuviera</u> más confianza.
    D

3. Susana, <u>amárrate</u> <u>los</u> cordones de los zapatos;
            A   B
   cada vez que sales <u>corriendo</u> te <u>caen</u>.
                C   D

4. <u>Ese</u> tabaco no huele <u>de</u> canela como <u>me lo</u>
    A   B   C
   había <u>asegurado</u> la vendedora.
        D

5. Marcelino hará todo lo que <u>sea</u> a su alcance
                        A
   para ayudarte; por lo tanto, no <u>vaciles</u> en
                         B
   <u>pedirle</u> lo que <u>necesites</u>.
    C   D

6. Es <u>una</u> sistema muy <u>popular</u> que <u>se</u> ha usado
      A   B   C
   <u>por</u> muchos años.
    D

7. <u>A</u> Diego le <u>falta</u> dos años de estudios para que
    A   B
   <u>pueda</u> empezar <u>a enseñar</u> en la universidad.
    C   D

8. <u>Junto a</u> unos estantes de madera <u>vacíos</u>,
    A   B
   <u>habían</u> objetos <u>poco</u> usados en su profesión.
    C   D

9. Si yo <u>fumo</u> pipa <u>es</u> porque creo <u>que</u> <u>haga</u> menos
        A   B   C   D
   daño que los cigarrillos.

10. <u>Vimos</u> la estatua <u>sólo</u> cuando <u>la</u> guía nos
     A   B   C
    <u>lo</u> mostró.
     D

11. Por más que <u>tratas</u> de explicarle <u>por qué</u> no
              A   B
    quieres los discos, no <u>te los</u> cambiará <u>por</u> otros.
                    C   D

12. Había <u>ahorrado</u> una <u>grande</u> cantidad de
          A   B
    monedas antiguas para cuando <u>tuviera</u> <u>algún</u>
                           C   D
    apuro económico.

13. Yo creo que cuando <u>llegará</u> la hora, <u>ninguno</u> de
                 A   B
    mis amigos me <u>va</u> a ayudar con el trabajo que
               C
    tengo <u>que</u> hacer en casa antes de la fiesta.
          D

14. Se ve que ese documental fue <u>hecha</u> en muy
                         A
    <u>poco</u> tiempo y con un presupuesto muy bajo; a
     B
    los críticos no <u>les</u> va a gustar <u>nada</u>.
               C   D

15. <u>Se nos</u> hizo muy tarde porque a Luis se <u>les</u>
     A   B
    perdieron <u>las</u> llaves y no <u>teníamos</u> otras.
          C   D

16. ¡Qué despistado estás! <u>La</u> explicación no te ha
     A   B
    ayudado mucho, y sigues <u>haciendo</u> lo contrario
                       C
    de lo que te <u>hubiera</u> dicho.
             D

1. Me encanta <u>la</u> clima de <u>esta</u> región; <u>hace</u> sol
          A   B   C
   todo el año y nunca <u>llueve</u>.
                D

2. <u>Esas</u> habitaciones <u>están</u> muy <u>oscuras</u> porque
    A   B   C
   <u>son</u> corridas las cortinas.
    D

3. Lo que has preparado no me <u>sabe</u> <u>bien</u>; ¿qué
                   A   B
   <u>le</u> habrás puesto a <u>esos</u> camarones?
    C   D

4. <u>Dale</u> el dinero para que cuando <u>se le</u> antoje
    A   B
   regresar, lo <u>puede</u> hacer sin inconveniente
           C
   <u>alguno</u>.
    D

5. <u>Era</u> tarde y la comida ya estaba <u>puesto</u> en la
    A   B
   mesa; sólo <u>faltaba</u> que <u>llegaran</u> los invitados.
         C   D

6. La gallina levanta <u>el</u> ala <u>debajo</u> <u>cuyo</u> amparo
               A   B   C
   <u>dormirán</u> tranquilamente sus pollitos.
    D

7. No sé si él <u>vendría</u> aunque Estela le <u>ha</u> pedido
          A   B
   ya <u>varias</u> veces que la <u>acompañe</u>.
      C   D

8. Aunque Iván <u>era</u> riquísimo, yo dudo que <u>había</u>
           A   B
   dejado tanto dinero como <u>la</u> gente <u>piensa</u>.
               C   D

9. <u>Los</u> tranvías y los trenes <u>son</u> dos medios de
    A   B
   transporte urbanos <u>pero</u> son muy <u>diferente</u>.
            C   D

10. Estoy buscando al dependiente que <u>sepa</u> dónde
                         A
    <u>podemos</u> encontrar <u>las gangas</u> en <u>este</u> almacén.
     B   C   D

11. A veces <u>ocurre</u> que <u>uno</u> no llega en el momento
         A   B
    oportuno en que <u>tendrá</u> que <u>llegar</u>.
             C   D

12. Yolanda lo admiraba <u>tanto</u> que hubiera dado
                 A
    <u>cualquiera</u> cosa <u>por</u> <u>conocerlo</u> más íntimamente.
     B   C   D

13. No me importa quién <u>esté</u> su padre; yo no le
                  A
    <u>guardo</u> rencor y <u>lo</u> ayudaré con todo lo que
     B   C
    <u>necesite</u>.
     D

14. ¿<u>Cuántas</u> veces te he dicho que aquí no se
     A
    <u>vende</u> ni uvas <u>ni</u> plátanos? Tendrás que ir <u>a la</u>
     B   C   D
    tienda de la esquina.

15. <u>Me</u> imagino que si <u>vayas</u> esta misma tarde
     A   B
    podrás <u>devolver</u> la videocasetera antes de que
           C
    <u>se venza</u> la garantía.
     D

16. Me he olvidado de <u>los</u> que Tomás nos había
                A
    <u>dicho</u> sobre los problemas que tuvo en <u>esta</u>
     B   C
    región <u>del</u> país.
        D

1. Ya hacía dos meses <u>desde</u> su partida, pero
   A
   seguía <u>ser</u> como el <u>primer</u> día para <u>mí</u>.
   B   C   D

2. Como sólo <u>a</u> algunos de ustedes <u>le</u> parece bien,
   A   B
   ¿valdrá la pena <u>invitar</u> <u>de nuevo</u> al autor?
   C   D

3. —¿<u>Cuál</u> prefiere usted?
     A
   —No tengo <u>ninguna</u> preferencia; <u>dame</u> Ud.
          B   C
   <u>cualquiera</u>.
   D

4. Si no <u>eres</u> lista <u>para</u> salir ahora, llama a
       A   B
   Margarita para que <u>pase</u> a <u>recogerte</u> más tarde.
            C   D

5. Indiscutiblemente <u>ese</u> no tiene nada <u>que ver</u>
             A   B
   con <u>lo que</u> decidimos hacer con el dinero que
      C
   hemos <u>heredado</u>.
        D

6. Parece que <u>vivimos</u> en una época
          A
   deshumanizada, en <u>la que</u> el hombre no es <u>poco</u>
             B   C
   más <u>de</u> una cifra.
      D

7. La <u>nuera</u> de Claudio, <u>la cual</u> es una <u>gran</u>
      A   B   C
   arpista, toca como <u>una</u> ángel.
             D

8. ¿Cree <u>doña</u> Marta que Matías <u>puede</u> haber
        A   B
   <u>hecho</u> <u>lo que</u> hizo?
   C   D

9. ¿Cuáles fueron <u>los</u> dificultades <u>que</u> tuvo que
            A   B
   <u>confrontar</u> el gobierno del presidente <u>anterior</u>?
   C   D

10. Ella corría <u>a lo largo</u> del cañaveral sin <u>pensar</u>
            A   B
    <u>adónde</u> ponía los pies; <u>parecía</u> que volaba.
    A   D

11. Caminé <u>tanto</u> que cuando <u>llegué</u> a casa,
          A   B
    Eugenia <u>se</u> fijó que se <u>le</u> habían gastado los
           C   D
    zapatos.

12. Pensé que no <u>habrá</u> <u>ninguna</u> tertulia hasta que
             A   B
    Lucía <u>regresara</u> del viaje <u>por</u> su país natal.
        C   D

13. ¿Dónde <u>pusiste</u> el sacapuntas <u>rojas</u> que compré
          A   B
    ayer? Yo <u>lo</u> había <u>puesto</u> aquí.
         C   D

14. La razón <u>por</u> la que me voy <u>está</u> que tú pareces
          A   B
    no <u>estar</u> interesada en mi explicación sobre <u>lo</u>
       C   D
    sucedido.

15. Cuando <u>sales</u> de la casa, asegúrate de <u>cerrar</u>
           A   B
    todas las ventanas pues dicen que <u>esta</u> tarde
                           C
    va a llover <u>a cántaros</u>.
           D

16. ¿Supiste quién <u>fue</u> el que apagó <u>las</u> luces
              A   B
    anoche? Yo las dejé <u>encendidas</u> por si acaso
                  C
    <u>regresaría</u> Carmela.
     D

UNIT VII

Each section of this unit consists of a reading passage selected for its linguistic, cultural, or literary value. The selections are arranged in order of increasing difficulty and are designed to give students practice in reading comprehension. Students are not expected to know every word, but rather to grasp general meaning from the context first and then concentrate on the details.

Directions: Read the following passages carefully for comprehension. Each passage is followed by a number of incomplete statements or questions. Select the completion or answer that is best according to the passage and fill in the corresponding oval on the answer sheet.

Instrucciones: Lea con cuidado cada uno de los pasajes siguientes. Cada pasaje va seguido de varias preguntas o declaraciones incompletas. Elija la mejor respuesta o terminación, de acuerdo al pasaje, y rellene el óvalo correspondiente en la hoja de respuestas.

El forastero llegó sin aliento a la estación
desierta. Su gran valija, que nadie quiso cargar, le
había fatigado en extremo. Se enjugó el rostro con
un pañuelo, y con la mano en visera miró los rieles
(5) que se perdían en el horizonte. Desalentado y
pensativo consultó su reloj: la hora justa en que el
tren debía partir.

Alguien, salido de quién sabe dónde, le dio una
palmada muy suave. Al volverse, el forastero se
(10) halló ante un viejecillo de vago aspecto
ferrocarrilero. Llevaba en la mano una linterna roja,
pero tan pequeña, que parecía de juguete. Miró
sonriendo al viajero, que le preguntó con ansiedad:

—Usted perdone, ¿ha salido ya el tren?
(15) —¿Lleva usted poco tiempo en este país?
—Necesito salir inmediatamente. Debo
hallarme en T. mañana mismo.

—Se ve que usted ignora las cosas por completo.
Lo que debe hacer ahora mismo es buscar alojamien-
(20) to en la fonda para viajeros — y señaló un extraño
edificio ceniciento que más bien parecía un presidio.

—Pero yo no quiero alojarme, sino salir en el tren.
—Alquile usted un cuarto inmediatamente, si es
que lo hay. En caso de que pueda conseguirlo,
(25) contrátelo por mes, le resultará más barato y
recibirá mejor atención.

—¿Está usted loco? Yo debo llegar a T. mañana
mismo.

—Francamente, debería abandonarlo a su
(30) suerte. Sin embargo, le daré unos informes.

—Por favor . . .

—Este país es famoso por sus ferrocarriles, como
usted sabe. Hasta ahora no ha sido posible
organizarlos debidamente, pero se han hecho
(35) grandes cosas en lo que se refiere a la publicación
de itinerarios y a la expedición de boletos. Las
guías ferroviarias abarcan y enlazan todas las
poblaciones de la nación; se expenden boletos hasta
para las aldeas más pequeñas y remotas. Falta
(40) solamente que los convoyes cumplan las
indicaciones contenidas en las guías y que pasen
efectivamente por las estaciones. Los habitantes del
país así lo esperan; mientras tanto, aceptan las
irregularidades del servicio y su patriotismo les
impide cualquier manifestación de desagrado.

1. ¿Por qué estaba fatigado el forastero?
   (A) Porque había tenido que cargar su pesado
       equipaje
   (B) Porque ya llevaba varios meses de viaje
   (C) Porque estaba herido y no podía caminar
   (D) Porque había corrido tratando de alcanzar
       el tren

2. Al viejecillo le parece que el viajero lleva poco
   tiempo en el país porque
   (A) no conoce la situación de los trenes
   (B) no habla bien la lengua
   (C) anda vestido de forastero
   (D) se refiere al pueblo donde quiere ir como T

3. El viejecillo le sugirió al viajero que buscara
   alojamiento porque
   (A) venía una tormenta muy fuerte
   (B) podía ver que el viajero necesitaba
       descansar
   (C) el viajero no iba a poder salir por mucho
       tiempo
   (D) el viajero no podía dejar su equipaje en la
       estación

4. El viajero piensa que el viejecillo está loco
   porque éste le sugiere a él que
   (A) compre una fonda
   (B) lo trate con respeto
   (C) se quede en el presidio
   (D) pasará allí mucho tiempo

5. La frase " . . . debería abandonarlo a su suerte"
   (líneas 29–30) sugiere que
   (A) no hay nada que el viajero pueda hacer
   (B) debería dejar su equipaje allí mismo
   (C) no puede depender de la suerte
   (D) parece una persona sin mucha suerte

6. ¿Qué problema tienen los trenes de este país?
   (A) No están al alcance de los ciudadanos
       corrientes.
   (B) No hacen lo que dicen las guías.
   (C) No pasan por las aldeas remotas.
   (D) No permiten el transporte de forasteros.

7. Según el viejecillo, ¿cómo reaccionan los
   ciudadanos al servicio de trenes?
   (A) Encuentran las guías demasiado difíciles de
       leer.
   (B) Están resignados con el servicio existente.
   (C) Creen que hay irregularidades sin razón.
   (D) Se quejan de que los billetes son demasiado
       caros.

8. Los ciudadanos no manifiestan su desagrado
   porque
   (A) le tienen miedo a las repercusiones
   (B) los que lo han hecho han ido a la cárcel
   (C) aman mucho su tierra natal
   (D) la mayoría de ellos trabaja para la compañía

Al contrario de lo que yo temía, dormimos muy bien mi esposa y yo en un dormitorio de la planta baja y mis hijos en el cuarto contiguo. Ambos habían sido modernizados y no tenían nada de tenebrosos. Mientras trataba de conseguir el sueño conté los doce toques insomnes del reloj de péndulo de la sala, y me acordé de la advertencia pavorosa de la pastora de gansos.[1] Pero estábamos tan cansados que nos dormimos muy pronto, en un sueño denso y continuo, y desperté después de las siete con un sol espléndido entre las enredaderas de la ventana. A mi lado, mi esposa navegaba en el mar apacible de los inocentes. "Qué tontería —me dije—, que alguien siga creyendo en fantasmas por estos tiempos." Sólo entonces me estremeció el olor de fresas recién cortadas, y vi la chimenea con las cenizas frías y el último leño convertido en piedra, y el retrato del caballero triste que nos miraba desde tres siglos antes en el marco de oro. Pues no estábamos en la alcoba de la planta baja donde nos habíamos acostado la noche anterior, sino en el dormitorio de Ludovico, bajo la cornisa y las cortinas polvorientas y las sábanas empapadas de sangre todavía caliente de su cama maldita.

---

[1]*pastora de gansos:* geese shepherdess

1. ¿Qué parece haberle advertido la pastora al narrador?
   (A) Que el reloj no funcionaba
   (B) Que no dejara dormir solos a los niños
   (C) Que había seres sobrenaturales en la casa
   (D) Que cerrara las ventanas

2. ¿Cómo durmieron los personajes?
   (A) Incómodos por el frío
   (B) Sin interrupción
   (C) Nerviosos a causa de los gansos
   (D) Como en un sueño fantástico

3. ¿Dónde se encuentran los personajes a la mañana siguiente?
   (A) En otro cuarto
   (B) En las afueras del pueblo
   (C) En un campo de fresas
   (D) En otro país

4. En el dormitorio de Ludovico, el narrador ve
   (A) a la pastora de los gansos
   (B) el fuego que ardía en la chimenea
   (C) al fantasma de Ludovico
   (D) un espectáculo inesperado

5. ¿Cuál parece ser el ambiente de este lugar?
   (A) Primaveral
   (B) Opresivo
   (C) Celebratorio
   (D) Sombrío

6. Esta selección parece ser de un cuento
   (A) de horror
   (B) de ciencia ficción
   (C) histórico
   (D) romántico

Yo estaba en la fila de registro detrás de una anciana holandesa que demoró casi una hora discutiendo el peso de sus once maletas. Empezaba a aburrirme cuando vi la aparición instantánea que me dejó sin aliento, así que no supe cómo terminó el altercado, hasta que la empleada me bajó de las nubes con un reproche por mi distracción. A modo de disculpa le pregunté si creía en los amores a primera vista. "Claro que sí", me dijo. "Los imposibles son los otros." Siguió con la vista fija en la pantalla de la computadora, y me preguntó qué asiento prefería: fumar o no fumar.

—Me da lo mismo —le dije con toda intención—, siempre que no sea al lado de las once maletas.

Ella lo agradeció con una sonrisa comercial sin apartar la vista de la pantalla fosforescente.

—Escoja un número —me dijo —: tres, cuatro o siete.

—Cuatro.

Su sonrisa tuvo un destello triunfal.

—En quince años que llevo aquí —dijo—, es el primero que no escoge el siete.

Marcó en la tarjeta de embarque el número del asiento y me la entregó con el resto de mis papeles, mirándome por primera vez con unos ojos color de uva que me sirvieron de consuelo mientras volvía a ver a la bella. Sólo entonces me advirtió que el aeropuerto acababa de cerrarse y todos los vuelos estaban diferidos.

—¿Hasta cuándo?

—Hasta que Dios quiera —dijo con su sonrisa—. La radio anunció esta mañana que será la nevada más grande del año.

1. ¿Qué hacía la anciana holandesa al principio de la selección?
   (A) Discutía con la empleada.
   (B) Le gritaba al narrador.
   (C) Se paseaba de un lado a otro.
   (D) Buscaba algo en su equipaje.

2. El narrador no supo lo que sucedió con la anciana holandesa porque
   (A) hablaba con la empleada
   (B) se durmió de aburrimiento
   (C) estaba algo distraído
   (D) admiraba la computadora

3. ¿Qué está interesada en saber la empleada?
   (A) Si el narrador está enamorado.
   (B) Si el narrador lleva sobrepeso.
   (C) Dónde prefiere sentarse el narrador.
   (D) Cuál es el destino del narrador.

4. Los números que discuten el narrador y la empleada se refieren al número
   (A) de personas
   (B) de maletas
   (C) del vuelo
   (D) del asiento

5. ¿Qué le advirtió la empleada al viajero?
   (A) Que había escogido un número equivocado
   (B) Que no habría más vuelos ese día
   (C) Que sus papeles no estaban en orden
   (D) Que iba a ver a la bella muy pronto

Se va a casar. Se va a casar.

Los gritos de Carmen comenzaban a llenar los
espacios habitualmente silenciosos de la casa. *Se va
a casar.* Un tropel de energías parecía galopar por
(5) los pasillos y habitaciones, al son de los gritos de la
muchacha que, alegre, no podía sino correr y reír.
La madre salió de su cuarto ante tal alboroto y, con
un cierto susto en su pecho, aunque también con
una incipiente felicidad, preguntó:
(10)   —Pero, ¿quién?, muchacha, ¿quién?
   —Pues quién iba a ser sino mi hermana. Aquí lo
dice, aquí, en esta carta que acabo de recibir. Ya
cuenta hasta con la aprobación de tío Joaquín.
Vienen este fin de semana para presentarle el
(15) prometido.
   Todavía con un poco de duda, pero con una leve
y sincera sonrisa que denotaba un sentimiento,
Aura casi arrebató aquella carta que Carmen tenía
en su mano. Con nerviosismo, con rapidez, devoró
(20) esas letras en que su hija comunicaba el próximo
matrimonio. Una lágrima casi asomaba en sus ojos.
   —Era de esperarse . . . sí . . . ella es muy bonita
y, por lo que dice, él es un buen muchacho . . .
Bueno, para que lo haya aceptado Joaquín. Ya me lo
(25) había insinuado en otras cartas y yo dije que
tuviera cuidado, que se fijara en sus intenciones y
que, si eran buenas . . . entonces lo que Dios
quisiera . . . lo mejor . . .
   Emocionada, Aura dejó de hablar. Llevó su mano
(30) a la boca, cerró sus ojos y una lágrima afloró, al fin,
nítida y sincera.
   —¡Qué Dios los bendiga! —agregó entre
balbuceos.
   Carmen se acercó a su madre, la abrazó y la
(35) besó en la frente. Aura respondió al cariño de su
hija.
   —¿Ya lo sabe tu hermana? ¿Ya se lo contaste?
   —No, todavía no. No la he visto.
   —Pues hay que decírselo. Anda, búscala.
(40)   —No es necesario, mamá. Ya me estoy
enterando. Con los gritos de Carmen creo que hasta
los vecinos se dieron cuenta —dijo Gracia, quien
traspasó el umbral de la puerta, vestida con un
traje azul oscuro.

1. ¿Por qué actúa Carmen de la manera que se
describe en el primer párrafo?
(A) Porque le ha sucedido algo terrible
(B) Porque acaba de recibir buenas noticias
(C) Porque está demasiado agotada
(D) Porque le molestan los gritos

2. ¿Cómo reacciona Aura a lo que dice Carmen?
(A) Con placer
(B) Con tristeza
(C) Con enojo
(D) Con precaución

3. La frase " . . . para que lo haya aceptado
Joaquín" (línea 24) sugiere que Joaquín es
(A) difícil de complacer
(B) fácil de convencer
(C) muy flexible
(D) muy inseguro

4. Al recibir la última carta, anterior a ésta, Aura
trató de
(A) convencer a su hija de que dejara al novio
(B) explicarle a su hija la situación de Joaquín
(C) darle consejos a su hija
(D) obligar a su hija a que regresara

5. ¿Cómo se enteró Gracia de lo que sucedía?
(A) Porque había hablado con su tío Joaquín
(B) Por otra carta que había recibido
(C) Porque se lo habían dicho los vecinos
(D) Por el comportamiento de Carmen

6. Por el tono de la selección podemos concluir que
esta familia es muy
(A) sospechosa
(B) avariciosa
(C) liberal
(D) unida

De todas las virtudes que le eran necesarias, él se sabía sólo en posesión de dos: la constancia y la fe. Por eso, mientras los demás, los dotados, abandonaban la pelota para dedicarse a vivir de
(5) oficios más cercanos a sus vidas, todavía pasados los veinte años él creyó en la posibilidad de llevar un uniforme de franela, calzar unos *spikes* y jugar en un terreno de verdad, no en el pedregal que había marcado sus rodillas para siempre. Quizás pudo
(10) hacerlo bien: ya sabía lo suficiente como para jugar con corrección y su brazo le hubiera permitido ser el *right fielder* que buscaba un club local. Pero ésa fue su última ilusión de juventud. La vida era menos dominable de lo que él había previsto y su padre, ya
(15) envejeciendo e incapaz de llevar sobre sí el peso de varios negocios, decidió que él debía comenzar a ocuparse de la bodega. No era un esfuerzo demasiado grande: en la misma esquina del caserón de madera donde vivían estaban las estanterías y
(20) el pequeño almacén que había sido el primer reino de su infancia.

Por eso, cuando muchos años después de aquella tarde en que fue a devolver el uniforme con su número (el 4) y los *spikes* que ya había lustrado, le
(25) ofrecieron que atendiera el kiosco del estadio que acababa de ser inaugurado, sintió que recibía una pequeña y tardía, pero tangible compensación por sus sueños de juventud. De alguna forma, aquella bodega era la responsable de que él ahora pudiera
(30) ser parte de un estadio de verdad, como nunca lo imaginó: una mole de hierro y concreto capaz de tener dentro de sí treinta mil personas, atentas a lo que estaba pasando sobre un césped perfecto, irreal bajo las luces de mercurio.
(35) Él ahora formaba parte del estadio, era una pieza suya, una pieza viviente y, de alguna manera, imprescindible. Pero el juego, la tensión, le eran ajenos. Él estaba allí abajo, solo, viendo a la gente subir y bajar por la escalera que establecía su única
(40) comunicación posible con el terreno, y nada más. Cierto que fue amigo de peloteros, *managers* y árbitros que pasaban a conversar con él, a contarle cómo había sido el juego, lo bien o lo mal que habían estado las injusticias de que habían sido
(45) víctimas, y él podía medir el alcance de la gloria de aquellos hombres por la cantidad de muchachos que se reunían en torno a ellos, admirándolos, tocando el guante o la careta que ahora, en la cercanía, se hacían reales.

1. ¿Cuál era la esperanza de la persona que se describe?
   (A) Vivir cerca de su familia
   (B) Regresar a su juventud
   (C) Poder ser un jugador de béisbol
   (D) Comprar ropa nueva

2. ¿Qué decidió hacer el padre?
   (A) Mandarlo a estudiar a la capital
   (B) Ponerlo a cargo de uno de sus negocios
   (C) Comprarle un nuevo uniforme
   (D) Vender el último negocio que tenía

3. ¿Cuál había sido "el primer reino de su infancia" (líneas 20–21)?
   (A) Los estantes
   (B) El caserón
   (C) La esquina
   (D) La bodega

4. ¿Qué significaba el trabajo en el puesto para él?
   (A) Una recompensa
   (B) Un castigo
   (C) Un problema
   (D) Una huida

5. ¿Por qué le eran ajenos el juego y la tensión al narrador?
   (A) Porque no podía ver lo que pasaba desde el kiosco
   (B) Porque la gente no le permitía concentrarse
   (C) Porque no comprendía las reglas del juego
   (D) Porque la gente hacía demasiado ruido en las escaleras

6. El narrador podía medir la gloria de aquellos hombres a través de
   (A) los sueldos que recibían
   (B) la adulación de los fanáticos
   (C) los nombres que les daban
   (D) el tratamiento de sus familiares

7. ¿Cómo parece presentar el autor a la persona que describe?
   (A) Con frialdad
   (B) Con sarcasmo
   (C) Con simpatía
   (D) Con exageración

El viajero se detuvo. Los doscientos kilómetros recorridos le dolían en la cintura, y aquel dolor amenazaba con desparramarse por todo el cuerpo. Conducir un automóvil toda la noche por esta
(5) carretera oscura y terrosa —"¡infernal!" murmuró — y amanecer en este pueblo de cuatro mil almas no era apreciable recompensa. Ante la inmóvil cuerda metálica tendida de lado a lado de la carretera, se detuvo. Era la alcabala.
(10)   —¿Hay algún hotel para hospedarme?
El guardia de turno se lo quedó mirando largo rato sin responder. Era bajo y tenía unos bigotes cortados a la manera prusiana. Se encongió de hombros y dio media vuelta hacia el interior de la
(15) casilla, mientras decía imperceptiblemente:
—Hay varias posadas, y la Pensión que queda en la Calle Real.
Entró a la casilla, sin mirar atrás.
El viajero encendió nuevamente —"¡una vez
(20) más!" pensó— el motor de su confortable Ford recién comprado y se alejó de la casilla violentamente. Tenía ganas de maldecir, de gritar a alguien. Había mirado a lo largo del viaje ese puesto vacío, a su lado. Mientras conducía con la
(25) mano izquierda, revolvía con la derecha sus papeles. Las facturas, las copias triplicadas de los recibos, las muestras de las mercancías. A través del viaje se había entretenido hojeando de rato en rato sus papeles, poniéndolos en cuidado e
(30) impecable orden, anotando en la libreta los nombres y las direcciones de los clientes. Tras los espejuelos no hacía mucho ordenados por el oculista, sus ojos azulosos vigilaban atentamente la marcha del lápiz sobre el papel cuadriculado. Otras
(35) veces esos mismos ojos se posaban tranquilamente sobre los grandes titulares de la prensa capitalina que llevaba consigo. En ocasiones guardaba un periódico atrasado durante días junto al escombro de sus papeles comerciales. En veces llevaba varios
(40) ejemplares de una misma edición dentro de los cuales se podía leer un aviso de la casa comercial que representaba, al lado de un sucedido cualquiera de los muchos que la prensa publica. Siempre era lo mismo. Una niña secuestrada, un suicidio
(45) frustrado, un hampón evadido o una riña violenta con un saldo de algunos heridos y contusos, cuando no que la policía arremetiera contra una manifestación de trabajadores. Siempre era lo mismo. El viaje. Los viajes. Su inacabable viaje.

1. ¿Cómo se sentía el viajero al llegar al pueblo?
   (A) Alegre
   (B) Aliviado
   (C) Agotado
   (D) Temeroso

2. Al hacerle una pregunta al guardia, éste le responde con
   (A) indiferencia
   (B) ironía
   (C) euforia
   (D) cuidado

3. La frase "Había mirado a lo largo del viaje ese puesto vacío, a su lado." (líneas 23–24) implica que se sentía
   (A) romántico
   (B) solo
   (C) rabioso
   (D) satisfecho

4. ¿Cuál parece ser la ocupación del viajero?
   (A) Hombre de negocios
   (B) Conductor de autobuses
   (C) Escritor
   (D) Médico

5. ¿Qué opina el viajero sobre las noticias que lee?
   (A) Que se ponen cada vez peor
   (B) Que ocultan la realidad
   (C) Que no cambian mucho
   (D) Que tienen mucho que ver con su trabajo

6. Por la selección, ¿qué sabemos del viajero?
   (A) Se preocupa por el sueldo de los trabajadores.
   (B) Había tenido una pelea con su esposa.
   (C) No es una persona muy cariñosa.
   (D) No está satisfecho con su trabajo.

Cuando Andrés llegó a casa de su abuela esa mañana, Rosario y Lourdes se hallaban en la cocina escuchando una comedia radial mientras desplumaban un pollo. Lourdes le hizo señas que se estuviera callado, que esperara un segundo porque la comedia estaba a punto de terminar.

"... Entonces el joven conde se acercó al diván junto a la ventana donde la bella Corina lo aguardaba exangüe entre pieles. Sus miradas se cruzaron a la luz del pálido atardecer de mayo, y con esa mirada ambos supieron que todos los dolores pasados, todas las injusticias tramadas para mantenerlos tantos años angustiosamente separados, quedaban borrados para siempre porque sólo la verdad podía ahora existir entre ellos ..."

Las últimas frases fueron envueltas en violines, que se prolongaron llorosamente más allá de las palabras. Lourdes cortó la transmisión y dejando caer el pollo dentro del balde, exclamó:

—Pobrecita. ¡Sufrió tanto la pobre Corina!

—¿Cómo ha estado mi abuelita, Lourdes?

—Bien, de lo más bien. Usted debía oír esta comedia, don Andresito, es tan linda y tan triste, y el papá de la Corina es tan malo, viera. Si oyera estas comedias tan lindas se enamoraría y se casaría, sí, aprendería a querer ...

—¡Ya estás con tonterías otra vez! ¿Hay novedad?

—¿Novedad? ¿Le parece poca novedad que a las once de la mañana yo pueda estar muy tranquila aquí en la cocina oyendo la comedia? Viera lo bien que ha estado la señora. No nos da nadita que hacer ...

1. Mientras desplumaban el pollo, ¿qué hacían Rosario y Lourdes?
   (A) Grababan una cinta.
   (B) Veían la televisión.
   (C) Oían un disco.
   (D) Escuchaban la radio.

2. Lourdes le pidió a Andrés que se callara porque él iba a
   (A) interrumpir lo que ella oía
   (B) despertar a la abuela
   (C) espantar los pollos
   (D) agravar su dolor de cabeza

3. ¿Qué tipo de obra entretenía a las dos mujeres?
   (A) Una aventura romántica
   (B) Una comedia musical
   (C) Un programa cómico
   (D) Una historia policiaca

4. ¿A qué estaban prestando gran atención Lourdes y Rosario?
   (A) A la preparación de la comida
   (B) A la música del violín de Andrés
   (C) A los acontecimientos de la novela
   (D) A los ruidos que hacían los pollos

5. De acuerdo con la selección, ¿qué se sabe de Andrés?
   (A) Es soltero.
   (B) Es cocinero.
   (C) Es médico.
   (D) Es cómico.

6. ¿Qué noticias le da Lourdes a Andrés?
   (A) Que no tiene nada que hacer
   (B) Que todo marcha bien
   (C) Que la señora molesta mucho
   (D) Que los animales se han escapado

Había vuelto a subir los últimos peldaños y penetré en la casa. En el comedor había dos policías vestidos de paisano, aparte del comisario. Una ojeada me bastó para comprobar que lo habían registrado todo. Yo era muy dueño de protestar, e incluso de elevar una queja, pues él había obrado, sin duda, por cuenta propia, prescindiendo de la correspondiente autorización judicial. No obstante, me dije, mi actitud rebelde no podía traerme más que complicaciones y, por otra parte, bien poco me molestaba que hubiesen puesto la casa patas arriba.

—¿De quién es ese retrato? —preguntó el comisario Vázquez señalando una fotografía enmarcada de mi padre.

—De mi padre —respondí.

—Vaya, vaya, ¿qué pensaría su padre de usted si supiera que le visita la policía?

Supuse que quería intimidarme, pero falló y me cedió la ventaja obtenida por la sorpresa.

—No pensaría nada: murió hace tres años.

—Oh, perdón —dijo el comisario. Ignoraba que fuese usted viudo.

—Huérfano, para ser exacto.

—Eso quise decir, perdón de nuevo.

Ahora la iniciativa era mía: el comisario había hecho el ridículo delante de sus láteres.

—Lamento no tener nada que ofrecerle, comisario —dije con aplomo.

—No se disculpe, por Dios. Somos sobrios en el cuerpo.

—No disimule delante de mí, comisario. He podido apreciar su buen gusto gastronómico en casa de nuestro común amigo, el señor Lepprince.

1. ¿Qué encontró el narrador al entrar en la casa?
   (A) Un cuarto lleno de policías uniformados
   (B) Varias personas cenando
   (C) El desorden total
   (D) El comienzo de un juicio

2. ¿Qué opinión tiene el narrador sobre el incidente?
   (A) Que se lo merecía
   (B) Que era ilegal
   (C) Que era resultado de su protesta
   (D) Que la policía había complicado su juicio

3. ¿Por qué no protestó el narrador?
   (A) No le gustaba quejarse.
   (B) El incidente era normal.
   (C) Era muy amigo del comisario.
   (D) Lo comprometería más.

4. ¿Por qué había hecho el ridículo el comisario?
   (A) Porque había usado una palabra equivocada
   (B) Porque no había reconocido al padre
   (C) Porque todos sabían que el narrador era viudo
   (D) Porque los dos eran huérfanos

5. Al final de la selección, el narrador le dice al comisario que él sabe que
   (A) odia al señor Lepprince
   (B) está ocultando algo
   (C) le gusta comer
   (D) es muy chistoso

Como a las seis de la mañana del día siguiente, estando aún en la cama, dormido, sentí, medio en sueños, que me movían con fuerza y oí una voz que decía:

—Una gallina asada y dos botellas de moscatel.

Me figuré que soñaba e iba a volverme al otro lado; pero un sacudimiento más fuerte me convenció de que estaba allí alguno que procuraba despertarme y que repetía:

—Dos botellas de moscatel y una gallina asada. Luego; no hay tiempo que perder.

Abrí los ojos y vi a mi amigo Vargas, que tenía en la cabeza un gran sombrero de jipijapa,[1] que llevaba al hombro una escopeta y terciado a la espalda un morral,[2] que parecía estar lleno de municiones.

—¿Qué significa esto? —le dije—, ¿te has vuelto loco? ¿qué es eso de gallina y de botella?

—Pues es muy claro —replicó Vargas—; que tenemos hoy día de campo en Los Arcos con las Costales; que anoche me encargaron que te avisara, advirtiéndote lo que debías llevar, y como saldremos a las ocho, vengo a despertarte, para que haya tiempo de que asen la gallina. Vístete.

—Pero hombre —dije yo . . .

—No hay excusa, Chico; va el capitán bizco, don Florencio, y por supuesto su violín, nuestro famoso doctor Velasco, y lo que apenas te cabrá en la cabeza, el sabio Morales, tu maestro, que está enamorado hasta los tuétanos de la Costales número 1. Vamos a estar alegres. Arriba; di que asen el animal.

—¿Y tú qué llevas? —le pregunté.

—Me señalaron un chumpipe[3] relleno; pero no pude conseguirlo y mandé preparar otra ave. Ya verás. La cosa va a estar buena.

-----

[1] *jipijapa:* very fine woven straw
[2] *morral:* game-bag
[3] *chumpipe:* turkey

1. ¿Qué sentía el narrador estando todavía en cama?
   (A) Que lo despertaban
   (B) Que le gritaban
   (C) Que lo aplastaban
   (D) Que lo observaban

2. ¿Qué le dice Vargas al narrador?
   (A) Que había comido demasiado
   (B) Que no siguiera soñando
   (C) Que debían salir en seguida
   (D) Que los animales se habían escapado

3. ¿Por qué despiertan al narrador tan temprano?
   (A) Porque pronto lo llevarán a la cárcel
   (B) Porque el peligro es inminente
   (C) Porque debe ocuparse de los animales
   (D) Porque necesitan tiempo suficiente para cocinar

4. ¿Adónde van los personajes de esta selección?
   (A) A una celebración
   (B) A una batalla
   (C) De compras
   (D) De caza

5. ¿Dónde van a pasar el día los personajes?
   (A) En un campo de batalla
   (B) En un lugar campestre
   (C) En un parque zoológico
   (D) En una licorería

La escena ocurrió hace muchos años en la plaza Manuel Becerra, hoy Roma, de Madrid. Era cabecera de línea y la gente se preparaba a subir al trolebús. Estando ya en la plataforma, pasó casi por entre mis piernas un niño de unos doce años. Su madre, detrás de mí, le había lanzado como un "comando" a buscar sitio. Cuando yo entré estaba sentado, con los brazos y las piernas abiertos para cubrir más espacio y me miró con unos ojos en que había tanto desafío ("¡atrévete a quitármelo!") como miedo ("es más grande que yo y a lo mejor me echa"). Lo que desde luego no había manera de encontrar en su expresión era respeto a los derechos de los demás; pero la culpa no era suya. Sus padres, sus hermanos mayores, sus tíos, le habían presentado la sociedad como una selva en la que nada se obtiene si no se piensa primero en sí mismo y luego en nadie. Guardar cola era "ser un primo", dejar pasar a quien estaba delante, "hacer el tonto", considerar los derechos ajenos, "estar en la luna".

Aquel niño, ya mayor, aplica probablemente a la circulación, a los negocios, al trato diario con sus semejantes, la misma teoría que le lanzó como una bala por entre los pasajeros para quitarles la precedencia. Su madre lo contaría luego en la casa . . . "Si no hubiera sido por éste no me siento . . . , pero es tan listo . . . "

1. ¿Qué aspecto de la plaza destaca el narrador?
   (A) Era el comienzo de la línea de transporte.
   (B) Era donde se reunían los niños a jugar.
   (C) Se vendían artículos muy baratos.
   (D) Siempre había peleas entre la gente.

2. ¿Qué hizo el chico de repente?
   (A) Empezó a conversar con el narrador.
   (B) Se adelantó vertiginosamente.
   (C) Se lanzó contra la madre.
   (D) Empezó a gritarle a su madre.

3. ¿Cómo entró el niño?
   (A) Aterrorizado
   (B) Huyéndole a alguien
   (C) Como un mal educado
   (D) Pidiendo excusas

4. ¿Qué hacía el chico, ya sentado en el trolebús?
   (A) Parecía tener mucho miedo.
   (B) Defendía un lugar para su madre.
   (C) Estaba esperando al narrador.
   (D) Mantenía los brazos cruzados.

5. ¿Qué indicaba la expresión del niño?
   (A) Que no sabía adónde iba
   (B) Que había sido muy bien educado
   (C) Que se sentía culpable por su actitud
   (D) Que no tenía mucho respeto hacia otros

6. Según su comportamiento sabemos que el niño había aprendido a ser
   (A) compasivo
   (B) sensible
   (C) egoísta
   (D) ladrón

7. ¿Cómo reaccionaría la madre en su casa?
   (A) Con alabanzas
   (B) Con tristeza
   (C) Con reproche
   (D) Con insultos

Cuando Paco Yunque y su madre llegaron a la puerta del colegio, los niños estaban jugando en el patio. La madre le dejó y se fue. Paco, paso a paso, fue adelantándose al centro del patio, con su libro primero, su cuaderno y su lápiz. Paco estaba con miedo, porque era la primera vez que venía a un colegio y porque nunca había visto a tantos niños juntos.

Varios alumnos, pequeños como él, se le acercaron y Paco, cada vez más tímido, se pegó a la pared y se puso colorado. ¡Qué listos eran todos esos chicos! ¡Qué desenvueltos! Como si estuviesen en su casa. Gritaban. Corrían. Reían hasta reventar. Saltaban. Se daban de puñetazos. Eso era un enredo.

Paco estaba también atolondrado porque en el campo no oyó nunca sonar tantas voces de personas a la vez. En el campo hablaba primero uno, después otro, después otro y después otro. A veces oyó hablar hasta a cuatro o cinco personas juntas. Era su padre, su madre, Don José, el cojo Anselmo y la Tomasa. Con las gallinas eran más. Y más todavía con la acequia, cuando crecía . . . Pero no. Eso no era ya voz de personas, sino otro ruido, muy diferente. Y ahora sí que esto del colegio era una bulla fuerte, de muchos. Paco estaba asordado.[1]

Un niño rubio y gordo, vestido de blanco, le estaba hablando. Otro niño, más chico, medio ronco y con blusa azul, también le hablaba. De diversos grupos se separaban los alumnos y venían a ver a Paco, haciéndole muchas preguntas. Pero Paco no podía oír nada, por la gritería de los demás. Un niño trigueño, cara redonda y con una chaqueta verde muy ceñida en la cintura, agarró a Paco por un brazo y quiso arrastrarlo. Paco no se dejó. El trigueño volvió a agarrarlo con más fuerza y lo jaló. Paco se pegó más a la pared y se puso más colorado.

En ese momento sonó la campana y todos entraron a los salones de clase.

___

[1] *asordado:* deafened

1. ¿Por qué se sentía temeroso Paco?
   (A) Porque estaba solo en el patio
   (B) Porque el ruido le parecía misterioso
   (C) Porque sus compañeros se burlaban de él
   (D) Porque era su primer día de escuela

2. ¿Qué pensaba Paco de los alumnos?
   (A) Que se sentían muy a gusto
   (B) Que no eran tan listos como él
   (C) Que eran muy crueles
   (D) Que eran muy tímidos

3. Según la selección, sabemos que Paco venía de
   (A) una ciudad grande
   (B) una institución horrible
   (C) un lugar aislado
   (D) un centro educacional

4. ¿Qué causaba que Paco estuviera asordado?
   (A) El ruido de las gallinas
   (B) El ruido de las personas
   (C) La cantidad de tráfico
   (D) Las preguntas de los maestros

5. Si la campana no hubiera sonado, probablemente los chicos habrían
   (A) regresado a sus casas
   (B) peleado con Paco
   (C) destruido los salones de clase
   (D) devuelto la chaqueta a Paco

6. El comportamiento de Paco se puede considerar típico de un chico
   (A) maduro
   (B) delincuente
   (C) inteligente
   (D) tímido

Estaba encendida la calefacción, pero a un grado muy bajo. Busqué la llave para aumentarla y no la hallé por ningún lado, de lo que deduje que el sistema se regulaba en otro sitio. No había más remedio que prolongar esta tortura de sentirme casi muerto, hasta que la cantina abriera sus puertas del paraíso. Además, el cuarto me era extraño: aún no dormía en esa cama, mis maletas estaban cerradas, sólo había abierto el portafolios para sacar unos papeles y el plano de la ciudad.

De pronto, recordé la chimenea y bajé por las escaleras a paso veloz.

Ella permaneció allí. Me sonrió. Se me aproximó y pensé que iba a extender la mano para saludarme, pero en lugar de ello se acercó y me ofreció su rostro y le di un beso con desconcierto. Ella también me besó en la mejilla. Me tomó de la mano y nos sentamos juntos, en un sofá, próximo al calor del fuego.

—Querido Jim —me dijo (desde el primer momento nos hablamos en inglés), y me palmeó la mano con cariño—. Eres un témpano.[1]

Su mano estaba tibia, me hizo mucho bien sentirla sobre mi piel, y, lentamente, ese contacto se convirtió en una caricia que tenía todas las características del hábito: como si a diario hiciéramos lo mismo. Estaba tan próxima a mí, que me era imposible verla bien. Además se había inclinado hacia adelante y contemplaba mi mano.

—Bello el fuego, ¿verdad? —murmuró con ternura—. Como siempre para nosotros . . . ya se me pasó el malestar. Como te conté, la noche me resultó interminable. Varias veces pensé en despertarte, pero se me hacía una injusticia ¡dormías tan tranquilo y feliz!

—¿De veras? —pregunté con extrañeza.

Se echó hacia atrás y me observó. Yo también a ella: el pelo plateado enmarcaba dignamente su rostro; los ojos castaños eran muy dulces y jóvenes; eso daba un peculiar encanto a su piel vieja, a sus arrugas disimuladas por el maquillaje. Tuve la impresión, por la forma en que me miraba, de que me conocía más que ningún otro ser en este mundo. Todo resultaba de una naturalidad indiscutible. Por otro lado, parecía leer mi pensamiento, porque dijo:

—No te apures, no tardarán en abrir el bar. Yo también necesito una ginebra.

---

[1]*témpano:* iceberg

1. ¿Cómo se sentía el narrador al principio de la selección?
   (A) Fuera de lugar
   (B) Muy cansado
   (C) Destruido emocionalmente
   (D) Muy avergonzado

2. El cuarto le parecía extraño al narrador porque
   (A) las maletas que estaban allí no eran suyas
   (B) estaba lleno de papeles ajenos
   (C) no había pasado mucho tiempo allí
   (D) no estaba acostumbrado a vivir solo

3. ¿Cómo fue el contacto que la mujer tuvo con Jim?
   (A) Apasionado como nunca
   (B) Forzado y sin afecto
   (C) Lleno de los mismos reproches e hipocresía que antes
   (D) Igual que cada vez que se encontraban

4. ¿Cómo pasó la noche ella?
   (A) Tranquila
   (B) Enferma
   (C) Ocupada con los quehaceres
   (D) Caminando de un lado a otro

5. ¿Para qué le sirve el maquillaje a la mujer?
   (A) Para engañar a la policía
   (B) Para engañar a la vieja
   (C) Para ocultar su edad
   (D) Para ocultar su belleza

6. ¿Cómo le parece al narrador el comportamiento de la mujer?
   (A) Doloroso
   (B) Sospechoso
   (C) Formal
   (D) Ingenuo

7. El tono de esta selección se puede describir como
   (A) insultante
   (B) romántico
   (C) sarcástico
   (D) juguetón

Todo sucede como en un largo instante. Por fin la muchachita está tendida sobre la arena, y él contempla, con ojos acuosos y lejanos, cómo dos o tres hombres robustos le aplican todos sus conocimientos sobre respiración artificial y boca a boca. Por lo menos cincuenta personas rodean el cuerpo tendido, y a cada rato alguno o alguna sale del ruedo y se le acercan y le tocan un hombro o le sonríen o le dicen "bravo hombre" o "gracias a usted" o "si no es por su coraje" o "amigo te ganaste el día". Porque de pronto advierte que lo empiezan a tutear y la muchachita ha podido incorporarse y le han vuelto los colores y pregunta dónde está el que la trajo. Todo se va normalizando, pues. Y, sin que nadie se lo haya preguntado, alguien informa que son las once y media. Entonces él, sin el menor estupor y sin ninguna duda, es consciente de que debe subir corriendo hasta el hotel, a ver si consigue llegar a la habitación 512 antes de que la mucama[1] recoja el sobre.

_____

[1]*mucama:* servant

1. ¿Cuántas personas ayudan a la muchachita?
   (A) Sólo una
   (B) Dos o tres
   (C) Unas quince
   (D) Más de cincuenta

2. ¿Qué parece haberle sucedido a la chica tendida sobre la arena?
   (A) Por poco se ahoga.
   (B) Se le ha roto una pierna.
   (C) Ha sufrido una caída.
   (D) La sofocó el calor.

3. ¿Qué están haciendo los hombres fuertes?
   (A) Tratando de asfixiar a la chica
   (B) Saludando a la chica
   (C) Tratando de revivir a la chica
   (D) Haciendo ejercicios en la playa

4. Los espectadores felicitan al protagonista porque
   (A) sabe aplicar la respiración artificial
   (B) lo han elegido jefe
   (C) ha ganado la pelea
   (D) ha rescatado a alguien

5. El protagonista tiene que volver al hotel porque
   (A) quiere echar una siesta
   (B) ya es hora de comer
   (C) espera un mensaje importante
   (D) teme que descubran algo

Llegó a Barcelona en la noche del veintisiete de julio y llovía. Bajó del tren y al ver en su reloj que eran las once de la noche, se convenció de que tendría que dormir en la calle. Al salir de la estación empezaron a aparecer ante sus ojos los letreros que anunciaban las pensiones, los hostales, los albergues. Se dijo "No hay habitación para usted" en la puerta de cuatro pensiones, pero se arrojó valientemente sobre la escalera que conducía a la quinta pensión que encontró. Perdió y volvió a encontrar su pasaporte antes de entrar, y luego avanzó hasta una especie de mostrador donde un recepcionista lo podría estar confundiendo con un contrabandista. Quería, de rodillas, un cuarto para varios días porque en Barcelona se iba a encontrar con los Linares, porque estaba muy resfriado y porque tenía que dormir bien esa noche. El recepcionista le contó que él era el propietario de esa pensión, el dueño de todos los cuartos de esa pensión, de todas las mesas del comedor de esa pensión y después le dijo que no había nada para él, que sólo había un cuarto con dos camas para dos personas. Sebastián inició la más grande requisitoria contra todas las pensiones del mundo: a él que era un estudiante extranjero, a él que estaba enfermo, resfriado, cansado de tanto viajar, a él que tenía su pasaporte en regla (lo perdió y lo volvió a encontrar), a él que venía en busca de descanso, de sol y del Quijote, se le recibía con lluvia y se le obligaba a dormir en la intemperie. "Calma, calma, señor, dijo el propietario-recepcionista, no se desespere, déjeme terminar: voy a llamar a otra pensión y le voy a conseguir un cuarto."

1. ¿Qué problema tiene Sebastián al llegar a Barcelona?
   (A) No tiene dónde alojarse.
   (B) No puede encontrar a sus amigos.
   (C) Ha llegado después de la medianoche.
   (D) Tiene mucha hambre.

2. ¿Cómo se siente Sebastián al llegar a la quinta pensión?
   (A) Entusiasmado
   (B) Avergonzado
   (C) Agotado
   (D) Ensimismado

3. El recepcionista NO le quiere alquilar la habitación a Sebastián porque
   (A) Sebastián es un estudiante extranjero
   (B) el cuarto que tiene es para más de una persona
   (C) Sebastián está enfermo y de mal humor
   (D) cree que Sebastián es contrabandista

4. Entre otras cosas, ¿con qué motivo ha venido Sebastián a Barcelona?
   (A) Para reunirse con una familia
   (B) Para buscar su pasaporte
   (C) Para concluir unos negocios
   (D) Para recobrar la salud

5. ¿Qué parece sentir el propietario hacia Sebastián?
   (A) Rencor
   (B) Cariño
   (C) Miedo
   (D) Lástima

6. Finalmente, ¿qué decide hacer el dueño de la pensión?
   (A) Ayudar a Sebastián
   (B) Darle a Sebastián un cuarto
   (C) Echar a Sebastián a la calle
   (D) Llamar a un médico

Mi padre vino a esta ciudad, cuando todavía era muy joven, en calidad de agente de una casa de comercio de Lisboa.

Con el tiempo prosperó mucho y durante más de veinte años figuró como uno de los principales comerciantes de Buenos Aires. Al fin resolvió abandonar los negocios y pasar el resto de sus días en su país.

La idea de ir a Portugal era intolerable para mí; yo era argentino de nacimiento y educación y consideraba a los portugueses como un pueblo del que sólo sabíamos que eran de la misma raza que los brasileños, nuestros enemigos naturales. Mi padre cedió y resolvió dejarme; tenía nueve hijos y no le costaba mucha pena privarse[1] de mí; mi madre tampoco consideraba nuestra separación como una calamidad, pues yo no fui nunca su hijo favorito. Antes de embarcarse, mi padre tomó sus medidas para que nada me faltara en su ausencia. Sabiendo que yo prefería la vida del campo, me dio una carta para don Pascual Roldán, rico propietario de los Montes Grandes, distrito de pastoreo al Sur de la Provincia; y me dijo que fuera a vivir con Roldán que sería un segundo padre para mí. También me dio a entender que dejaba depositada en manos de su viejo amigo una suma de dinero para que yo comprara algunas tierras.

Después de despedirme de los míos a bordo, remití una carta a don Pascual anunciándole mi próxima visita, y pasé unos cuantos días haciendo los preparativos para mi vida de campo.

Mandé mi equipaje por la diligencia[2] y procurándome luego un buen caballo, salí de Buenos Aires con idea de viajar a mi gusto hasta el Espinillo, donde estaba la propiedad de Roldán. Atravesaba lentamente los campos, informándome de mi camino y pasando la noche en alguna aldea o alguna estancia.[3]

---

[1]*privarse:* to deprive himself (of)
[2]*diligencia:* stagecoach
[3]*estancia:* cattle ranch, country house

1. De acuerdo con la selección, ¿qué se sabe del padre del narrador?
   (A) Había vivido en la misma ciudad toda su vida.
   (B) Había trabajado en una sucursal de un banco.
   (C) Había emigrado a la Argentina.
   (D) No había tenido éxito como comerciante.

2. ¿Qué decidió hacer el padre del narrador?
   (A) Desheredar a su único hijo
   (B) Irse a residir en el Brasil
   (C) Venderles el negocio a unos portugueses
   (D) Regresar a su país natal

3. ¿Cómo viajaron los padres del narrador?
   (A) Por barco
   (B) A caballo
   (C) En diligencia
   (D) Por avión

4. El narrador decidió quedarse a vivir en
   (A) Buenos Aires
   (B) el Norte
   (C) el campo
   (D) Lisboa

5. El narrador decidió quedarse a vivir allí porque
   (A) no le gustaban los viajes largos
   (B) tenía negocios pendientes
   (C) se consideraba netamente argentino
   (D) quería continuar su educación

6. Por lo que expresa el narrador, se sabe que
   (A) tiene una relación muy íntima con su familia
   (B) es un individuo muy independiente
   (C) tiene gran amistad con los brasileños
   (D) le es urgente ver al señor Roldán

7. Cuando la familia se marchó, dejó al narrador
   (A) en buena situación económica
   (B) inconforme
   (C) completamente desolado
   (D) malgastando lo poco que tenía

8. Al final de la selección, ¿qué hizo el protagonista?
   (A) Inició un viaje por diligencia.
   (B) Llegó a su destino rápidamente.
   (C) Se reunió con su familia.
   (D) Comenzó un viaje placentero a caballo.

Suelo dormir poco: no me agrada perder el tiempo tirado en la cama mientras pueden suceder afuera, arriba, en el mundo, cosas importantes. Me acuesto alrededor de medianoche y frecuentemente,
(5) a las seis de la mañana, ya estoy mirando el sol sobre la pared que me tapa la visión del río. "Ahora pasan los primeros barcos" me digo para consolarme como si con ese deseo pudiera agujerear la mole de cemento que los vecinos han puesto para
(10) aplastarme. Me levanto casi de inmediato porque me parece que ahí, en la cama, estoy expuesto a un peligro que no puedo definir, indefenso y vuelto hacia el techo en el que alguna araña rezagada inicia su tela. A menudo, por motivos de trabajo,
(15) regreso a casa a las tres o cuatro de la madrugada: entonces duermo de un tirón hasta las siete u ocho y me despierto mordiendo como quien mastica una fruta ácida, el último sueño.

Eso sí, siempre sueño. Algunas personas se
(20) deleitan en recordar y contar sus sueños, seguras que por ahí la noche les filtra secretos sólo destinados a ellas. Yo, por el contrario, me olvido rápidamente de mis sueños, aunque con seguridad son más interesantes que los de la mayoría. Y sé
(25) que son interesantes —y esto lo digo sin ánimo de ofender a nadie o de pasar por vanidoso— porque mis sueños se materializan con frecuencia. ¿Es eso común?

Daré un ejemplo: algunas noches sueño con una
(30) larga avenida llena de luces. Miro desde un piso alto y el aire está repleto de papeles y de hojas de calendario, porque se festeja el paso de un hombre de uniforme que acaba de intervenir en una aventura espacial. Yo le arrojo papeles sin mucho
(35) entusiasmo porque él es el IV o el V y sabemos —incluso el hombre de uniforme— que vendrán otros, los VII o los XV, con hazañas más vistosas y desesperadas. Cuando me despierto, aferro en mi mano un papel. Muchos dirán que un pedazo de
(40) papel aferrado no testimonia ningún sueño, pero será por espíritu de contradicción. Nunca he estado en la Quinta Avenida de Nueva York y el papel dice claramente: "See Mr. Dawson at five o'clock. He will phone first." Es mi letra, sin lugar a dudas, la que
(45) ha escrito esa frase, y yo no sé inglés. Pero lo repito: no me preocupan mis sueños y sus materializaciones; arrojo, cuando puedo los rastros al cesto de papeles y retomo mi trabajo en el diario, que me ocupa parte del día desde hace años.
(50) (Cuando soñé que una nena tenía varios gatitos en su falda y yo acariciaba a uno, naturalmente me fue imposible arrojar el gato —al día siguiente— al

canasto. Se lo regalé a una sobrina y soy, desde entonces, su tío predilecto aunque mi hermana me quiera menos.)

1. Al narrador parece no gustarle mucho dormir porque
(A) no le gusta cuando sus vecinos lo despiertan
(B) para él la noche es muy productiva
(C) no quiere perderse lo que sucede mientras duerme
(D) no puede ver los barcos si lo hace

2. ¿Por qué necesita consolarse el narrador?
(A) Porque no puede ver lo que sucede afuera
(B) Porque pasa demasiadas noches sin dormir
(C) Porque le hace falta el sonido que hace el río
(D) Porque les echa de menos a sus compañeros de los barcos

3. ¿Qué hace el narrador para consolarse?
(A) Conversa hasta muy tarde con los vecinos.
(B) Imagina lo que podría ver en la basura.
(C) Se levanta muy temprano.
(D) Se acuesta alrededor de la medianoche.

4. ¿Qué no puede explicar el narrador?
(A) El número de arañas en su cuarto
(B) Las mordidas que aparecen en su cuerpo
(C) El peligro que corre cuando va al río sin sus amigos
(D) La sensación de riesgo que experimenta estando en la cama

5. El narrador usa la frase " . . . como quien mastica una fruta ácida . . . " (líneas 17–18) para describir lo que le causa
(A) el vecindario
(B) el sueño
(C) el trabajo
(D) el río

6. Según el narrador sus sueños son interesantes porque
(A) nadie queda ofendido en ellos
(B) la mayoría termina felizmente
(C) le dan mucho ánimo
(D) se convierten en realidad

GO ON TO THE NEXT PAGE

7. En el sueño que usa como ejemplo está ocurriendo
   (A) una pelea
   (B) una celebración
   (C) una invasión extraterrestre
   (D) una aventura espacial

8. En el sueño que describe el narrador le parece extraño despertarse
   (A) con evidencia concreta en la mano
   (B) pensando en espíritus
   (C) sin poder sentirse las manos
   (D) estando siempre solo

9. ¿Quién escribió la nota que encuentra el narrador?
   (A) El señor Dawson
   (B) Él mismo
   (C) El espíritu
   (D) El hombre de uniforme

10. ¿Cuál parece ser la ocupación del narrador?
    (A) Periodista
    (B) Militar
    (C) Cosmonauta
    (D) Mago

11. ¿Qué hace el narrador con los rastros de sus sueños?
    (A) Los entrega a la policía
    (B) Los envía a un diario
    (C) Los guarda en su oficina
    (D) Los rechaza cuanto antes

12. ¿De dónde parece haber venido el gato?
    (A) De dentro de un cesto de papeles
    (B) De una caja que había recibido
    (C) De uno de sus sueños
    (D) De una gaveta en su mesa

13. ¿Por qué quiere menos al narrador su hermana?
    (A) Porque él tiene demasiados gatos en su casa
    (B) Porque no le gusta lo que él le regaló a su hija
    (C) Porque él arrojó su gato favorito al canasto
    (D) Porque él siempre anda buscando cosas en la basura

Todas las mañanas, al amanecer, salían madre e hijas furtivamente de la casa a oír misa a la iglesia de San Telmo. Allí se arrodillaban en el último reclinatorio y oraban más por pasar desapercibidas en la desierta nave, que por puro y espontáneo fervor. Fuera invierno o verano, iban embozadas en amplias capas de paño negro y, al caminar casi corriendo con los hombros pegados a las paredes de las casas, parecían asesinos en fuga y no devotas creyentes. Don Baltasar construyó un enorme muro en torno al patio trasero para que sus hijas pudieran tomar el sol allí, eludiendo la amenaza cierta del raquitismo. Aunque él no creía que la cultura sirviese para nada a las mujeres, contrató como profesor a un viejo dominico español que se llegaba todas las mañanas a enseñar a las niñas ortografía, religión y algo de la historia de España, para que a su regreso no desdijesen del puesto social que por su fortuna les correspondería ocupar. Se cuidó muy bien Don Baltasar de que el profesor no transmitiese el más leve acento porteño a sus hijas, y el fraile cumplía las dos condiciones que él había exigido: ser español y anciano, con lo cual tampoco existía el peligro de seducción. El único varón era él, y la casa un santo harén, en el que las dos niñas mayores ya empezaban a mostrar en sus cuerpos la abundante herencia de su madre.

1. ¿Qué hacen madre e hijas todas las mañanas?
   (A) Van a rezar.
   (B) Van a trabajar.
   (C) Dan paseos.
   (D) Enseñan religión.

2. ¿Cómo salen la mujer y sus hijas de la casa al amanecer?
   (A) Lentamente
   (B) Ruidosamente
   (C) A escondidas
   (D) A tientas

3. ¿Cómo se visten la mujer y sus hijas?
   (A) Como si fueran a tomar el sol
   (B) Como si quisieran mostrar su figura
   (C) Sin tomar en cuenta la estación de año
   (D) Sin tomar en cuenta la última moda

4. ¿Qué opinión tiene Baltasar de la cultura?
   (A) Es importante para todo el mundo.
   (B) No es importante para las mujeres.
   (C) Sólo se puede adquirir en el extranjero.
   (D) No se puede aprender de los libros.

5. ¿Qué no quiere Baltasar que adopten sus hijas?
   (A) La pronunciación local
   (B) El fervor religioso
   (C) Las costumbres españolas
   (D) Los modales de su madre

6. En referencia a sus hijas, se puede deducir que el padre trata de
   (A) aislarlas de la comunidad
   (B) casarlas lo más pronto posible
   (C) prepararlas para una profesión
   (D) hacerlas muy sociables

7. El contratar al fraile como profesor le permitirá a don Baltasar que sus hijas
   (A) sean menos exigentes
   (B) sean muy religiosas
   (C) se conserven muy españolas
   (D) hablen con un acento porteño

8. ¿Dónde se encuentra la familia que se describe?
   (A) Fuera de España temporalmente
   (B) De vacaciones en una ciudad
   (C) En un país donde no hablan castellano
   (D) En un convento franciscano

Qué dolor en este músculo del cuello, pensó; debe de ser el esfuerzo que hice subiendo a la Piedra; o exceso de tensión nerviosa. Pero por qué tengo que sentirme así . . . Y esta impresión como de que alguien comparte con nosotros la casa, y no precisamente Libertad Lamarque. Demasiada quietud quizás; o demasiado movimiento imperceptible: gavetas que se cierran solas, copas que empujan manos fantasmas hasta el borde de la mesa, pies que se friccionan unos contra otros. Sin embargo, todo permanece inconmovible en su sitio, y yo . . .

La luz declinó rápidamente, como si de pronto se hubiera hecho la noche y penetrara sólo un débil resplandor de faroles a través de las cortinas.

Graciella tuvo miedo. Daniel había desaparecido y ella yacía de costado entre las almohadas y cojines sin un alma alrededor. Iba a gritar, pero el terror le anudaba la garganta. Su cuerpo resbaló, milímetro a milímetro por sobre el vinil deteriorado del asiento, para dejarse caer en el piso de madera; cualquier cosa con tal de huir de aquella siniestra sensación de olvido o desolación.

Entonces fue que vio la mano.

Era una mano lívida, casi gris. Larga y femenina, propia de un cadáver; que se prolongaba en un brazo también pálido, de muñeca frágil, hacia debajo del sofá.

Graciella quería saber. Quería y necesitaba saber. Y la mano continuaba allí, en idéntica postura: una mano larga y femenina, casi gris, de cadáver. No debía tratarse de una simple alucinación; pero, Daniel . . . ¿vería también aquellos dedos engarrotados, aquella transparencia de cera muerta? Si ni siquiera él mismo estaba allí, en ese tiempo nuevo, irreparable.

Apretó convulsamente los dientes y los ojos.

—Graci . . . , mi vida . . .

—¿Qué?, exclamó trémula, sin volverse.

—¿Vas a mirar la televisión, o las patas del sofá?

—Ella abrió mucho los párpados. La mano ya no estaba en ningún lado.

1. Al principio de la selección, ¿qué sensación tiene la narradora?
   (A) Que los ruidos la van a enloquecer
   (B) Que no está sola en este lugar
   (C) Que Libertad Lamarque la visita
   (D) Que por fin ha encontrado tranquilidad

2. ¿Qué sucedió de momento?
   (A) Se apagaron los faroles.
   (B) Apareció un fantasma.
   (C) La habitación se oscureció.
   (D) Se cerraron las cortinas.

3. Aparentemente, Graciella no puede gritar porque
   (A) el miedo se lo impedía
   (B) tenía la boca llena
   (C) alguien le cubría la boca
   (D) le dolía mucho la garganta

4. ¿Qué ve Graciella?
   (A) La muñeca con la cual jugaba cuando era niña
   (B) Un cadáver que la quería agarrar por el brazo
   (C) Muebles moviéndose por el cuarto
   (D) Parte del cuerpo de una mujer

5. ¿Qué se preguntaba Graciella?
   (A) Si Daniel había dejado el objeto allí
   (B) Si tenía los dedos ensangrentados
   (C) Si debía saludar a la mujer
   (D) Si Daniel podía ver la mano también

6. Daniel le pregunta si va a mirar la televisión, o las patas del sofá porque
   (A) sabe que no le gusta mirar la televisión
   (B) encuentra extraño lo que ella hace
   (C) la transmisión es muy pobre allí
   (D) ella no se quiere apartar de su sofá favorito

7. A través de la selección podemos apreciar un ambiente de
   (A) alegría
   (B) alboroto
   (C) misterio
   (D) patriotismo

8. Al abrir los ojos Graciella se da cuenta de que
   (A) allí no estaba lo que había visto
   (B) la mano pertenecía a Daniel
   (C) Daniel ya se había ido
   (D) alguien le estrechaba la mano

Ruidoso y pesado corría el tren por el desolado altiplano boliviano, la tristeza del paisaje parecía aumentar cuando a lo lejos se veían pueblecitos indígenas ruinosos y desiertos.

Frente a mí se aburría un matrimonio ya maduro. El hombre leía y releía un diario, mientras la señora parecía no poder más con sus ganas de conversar, tenía un semblante expresivo y simpático. Pronto un vendedor de cigarrillos y dulces, al ofrecernos su mercancía, nos dio ocasión al diálogo, y así pudimos sobrellevar las largas horas del viaje sin dejarnos vencer por el aburrimiento.

Si bien el marido prefería callar, la señora mostró ser una conversadora amena y comunicativa. Charlamos de muchas cosas, pasando de unas a otras sin intención ni esfuerzo. Así, ella dio por relatarme algunos pasajes de su infancia, recordando a sus padres, hermanos, maestros, amigos, y principalmente a una tía a la que quiso mucho, y a la que, según dijo, "devoró la selva".

Nunca olvidaré a mi tía Carmen, dijo, era algo menor que mi madre y muy distinta de ella; pues, mientras mi madre era seria y muy dada a los quehaceres de la casa, mi tía me guiaba en mis tareas de escuela, jugaba conmigo y con mis compañeras buscando siempre y aprovechando la ocasión para darnos alguna enseñanza. Inteligente y alegre como era, tenía alma de maestra. Se tituló como profesora de castellano y literatura, y cuando otras profesoras se negaron para ejercer en lugares lejanos, ella aceptó con gusto, y aun se brindó para ir a una ciudad al oriente del país, al primer liceo para señoritas que allí se fundó. Además, como éramos pobres de fortuna, le animó la mejor paga que ofrecían.

Aún recuerdo con amargura la mañana en que partió. Como entonces no había aún caminos carreteros, viajó con una caravana de comerciantes que en mulas hacían la travesía larga y penosa en quince o veinte días.

Lloré mucho entonces, y aún lloro cuando la recuerdo. ¡Qué valerosa se mostraba montada en su mula, casi al amanecer de aquel aciago día! Con su nuevo y fuerte traje para viaje, con un sombrero de grande ala y su blanco pañuelo al cuello. Trataba de mostrarse animosa, pero no podía ocultar del todo la angustia que le oprimía.

1. ¿Cómo estaban los pueblos que se veían a la distancia?
   (A) Inundados
   (B) Aterrorizados
   (C) En decadencia
   (D) En estado de guerra

2. ¿Qué se sabe de la señora que viajaba en el tren?
   (A) No se llevaba bien con su esposo.
   (B) Llevaba largas horas sin fumar.
   (C) Estaba deseosa de entablar una conversación.
   (D) Trataba de venderle su mercancía al pasajero.

3. Por lo que hace la tía sabemos que es una persona
   (A) rígida
   (B) despreciable
   (C) contemplativa
   (D) valiente

4. La tía Carmen se fue al oriente del país, entre otras cosas, porque quería
   (A) contraer matrimonio
   (B) conocer a otros miembros de la familia
   (C) mejorar su situación económica
   (D) complacer a su hermana

5. El viaje de la tía Carmen era duro porque
   (A) los senderos eran difíciles de transitar
   (B) el tren era ruidoso e incómodo
   (C) la travesía era toda de noche
   (D) había muchas personas en la caravana

6. Al final de la selección sabemos que la tía Carmen se fue
   (A) afligida
   (B) enferma
   (C) enfurecida
   (D) empobrecida

7. Según la selección, ¿qué sabemos de la tía Carmen?
   (A) Había cuidado a la familia del señor.
   (B) Había desaparecido en los bosques salvajes.
   (C) Había querido cambiar de profesión.
   (D) Había estudiado en el primer liceo para señoritas.

La primera noche que la vi fue en un baile;
ligera, aérea y fantástica como las sílfides, con su
hermoso y blanco rostro lleno de alegría y de
entusiasmo. La amé en el mismo momento, y
(5) procuré abrirme paso entre la multitud para llegar
cerca de esa mujer celestial, cuya existencia me
pareció desde aquel momento que no pertenecía al
mundo, sino a una región superior; me acerqué
temblando, con la respiración trabajosa, la frente
(10) bañada de un sudor frío . . . ¡Ah!, el amor, el amor
verdadero es una enfermedad bien cruel. Decía,
pues, que me acerqué y procuré articular algunas
palabras, y yo no sé lo que dije; pero el caso es que
ella con una afabilidad indefinible me invitó a que me
(15) sentase a su lado; lo hice, y abriendo sus pequeños
labios pronunció algunas palabras indiferentes
sobre el calor, el viento, etcétera; pero a mí me
pareció su voz musical, y esas palabras
insignificantes sonaron de una manera tan mágica
(20) a mis oídos que aún las escucho en este momento.
Si esa mujer en aquel acto me hubiera dicho: *Yo te
amo, Alfredo*; si hubiera tomado mi mano helada
entre sus pequeños dedos de alabastro y me la
hubiera estrechado; si me hubiera sido permitido
(25) depositar un beso en su blanca frente . . . ¡Oh!,
habría llorado de gratitud, me habría vuelto loco,
me habría muerto tal vez de placer.
    A poco momento un elegante invitó a bailar a
Carolina. El cruel, arrebató de mi lado a mi
(30) querida, a mi tesoro, a mi ángel. El resto de la
noche Carolina bailó, platicó con sus amigas, sonrió
con los libertinos pisaverdes; y para mí, que la
adoraba, no tuvo ya ni una sonrisa, ni una mirada,
ni una palabra. Me retiré cabizbajo, celoso,
(35) maldiciendo el baile. Cuando llegué a mi casa me
arrojé en mi lecho y me puse a llorar de rabia.

1. Al ver a Carolina, el narrador la considera
   (A) una gran artista
   (B) un ser casi divino
   (C) bastante insignificante
   (D) bastante orgullosa

2. ¿Cómo se siente el narrador al acercarse a la
   muchacha?
   (A) Triste
   (B) Celoso
   (C) Magnánimo
   (D) Agitado

3. ¿Qué quiere decir "el amor verdadero es una
   enfermedad bien cruel" (líneas 10–11)?
   (A) Que el amor es contagioso
   (B) Que mucha gente muere de amor
   (C) Que el amor nos hace sufrir mucho
   (D) Que el amor y la crueldad son definibles

4. ¿Cómo reacciona la muchacha a las palabras
   del narrador?
   (A) Cortésmente
   (B) Cruelmente
   (C) Avergonzadamente
   (D) Calurosamente

5. Lo que más le ha impresionado al narrador es
   (A) la apariencia de Carolina
   (B) la multitud que había en el baile
   (C) la manera en que cantaba Carolina
   (D) la afabilidad de los invitados

6. En la frase "El cruel, arrebató de mi lado a mi
   querida, . . . " (líneas 29–30) "el cruel" se refiere
   a un
   (A) poeta muy conocido
   (B) caballero bien vestido
   (C) amor imposible
   (D) inalcanzable tesoro

7. El narrador lloró de rabia porque Carolina
   (A) no le había hecho caso el resto de la noche
   (B) no le dijo que era una mujer casada
   (C) le había hablado de temas inoportunos
   (D) se mostró extremadamente celosa

8. El narrador, a través del pasaje, nos indica que
   (A) está locamente enamorado
   (B) Carolina también lo ama
   (C) no le gustan los bailes
   (D) admira a los que bailan

9. La selección parece provenir de una novela de
   (A) ciencia ficción
   (B) misterio
   (C) espías
   (D) romance

Medina se miró los zapatos antes de bajarlos del escritorio, donde habían reposado entre la pila de diarios nuevos, sin abrir, y la botella vacía de cerveza.

—Si no es el polvo es el barro —dijo en voz baja.

Abrió un cajón, sacó un trapo amarillo de limpiar automóviles y se frotó, agachado, los zapatos.

—Es que quién sabe dónde se mete, comisario —dijo Valle, y se rió una sola vez, con su risa habitual que nunca expresaba alegría, que no era más que un subrayado a la frase anterior.

—Es que no todos pueden vivir en la costa, jefe —dijo Martín, dulcemente, un poco gangoso, sonriendo para explorar.

Los tres hombres estaban en mangas de camisa, abandonados en los asientos, consolándose brevemente cuando el aire del pequeño ventilador les tocaba las caras sudorosas. Eran las seis de la tarde, la hora en que normalmente se reunían en el cuarto de Medina para comentar los pocos misterios de la vida delictuosa de Santa María, o hablar de pesca, de buenos crímenes sucedidos lejos —un clásico aceptable, anunciaba Medina—, de mujeres ajenas, del tiempo, de los hechos municipales que marcaban diariamente el débil crecimiento de la ciudad.

—Me meto sin elegir y le aseguro por lo que veo que durante años va a ser más fácil vivir en la costa que lejos —contestó Medina guardando el trapo.

Fue hasta la ventana y alzó la cortina sin mirar la plaza. Sólo vio el recuadro, el amarillento, inmóvil principio del crepúsculo, la luz equívoca que anticipaba tormenta.

Sin volverse, ancho y dulce, ofreciendo ansioso al ventilador su frente de intelectual, su pelo rizado, su perpetua expresión de leve sufrimiento gozoso, Martín murmuró:

—Es extraño. Lo que usted contaba, jefe. Que el tipo se haya dejado atrapar durmiendo la siesta. Con el cadáver de la mujer en la calle.

—Vamos —dijo Valle, con impaciencia.

1. Al empezar la selección, ¿cómo está Medina?
   (A) Acostado
   (B) Sentado
   (C) De pie
   (D) Arrodillado

2. Los tres hombres se reúnen habitualmente para hablar de todo lo siguiente EXCEPTO
   (A) de la caza
   (B) de los delitos
   (C) del poco progreso de Santa María
   (D) de las condiciones atmosféricas

3. ¿Qué tiempo hace en el lugar donde se encuentran los personajes?
   (A) Hace mucho calor.
   (B) Hace mucho viento.
   (C) Llueve a cántaros.
   (D) Hace un poco de fresco.

4. ¿Qué pasó cuando Medina alzó la cortina?
   (A) Sintió la frescura del aire.
   (B) Percibió el cambio de tiempo.
   (C) Vio que empezaba a llover.
   (D) Se dio cuenta de que iba a amanecer.

5. Por la descripción se puede concluir que esta reunión es
   (A) ilegal
   (B) obligatoria
   (C) amigable
   (D) breve

6. Al final de la narración sabemos que
   (A) no encontraron a la persona que buscaban
   (B) alguien había cometido un crimen
   (C) no hallaron el cadáver de la mujer
   (D) Valle rehusó salir a la calle

7. Se puede concluir que los hombres que asisten a la reunión son
   (A) periodistas
   (B) comerciantes
   (C) abogados
   (D) detectives

Miguel se pasó dos días leyendo y releyendo la carta. ¡San Sebastián! Guardaba un buen recuerdo de la ciudad. En cuanto a su amigo, el señor Gurrea, era notario y muy buena persona. Se rió pensando en él, pues era un hombre muy ordenado, con una exacerbada preocupación por la limpieza. Si se le caía un lápiz al suelo lo cogía con el pañuelo y lo frotaba[1] por todos lados antes de usarlo de nuevo.

Después de larga vacilación terminó por aceptar. Escribió a su madre en este sentido y estuvo esperando los acontecimientos. Los últimos días del internado fueron una pesadilla para Miguel. Finalizado ya el curso, la mayoría de chicos se había marchado, por lo que el convento estaba solitario. Recorría los pasillos jugando a no pisar las junturas[2] de las losas.[3] En el patio se entretenía con las hormigas, siguiendo sus caminatas negras. Iba a la capilla, oscura y vacía. Se arrodillaba y, a veces, rezaba. Rezaba por su madre, para que no la acechara ningún peligro; y rezaba un poco por el señor Gurrea. Pero de repente le parecía que algún santo le miraba con extraña fijeza, y salía de prisa, yendo hacia el patio a contemplar las hormigas otra vez.

El día primero de julio, puntualmente, el señor Gurrea, notario, con sombrero hongo y paraguas en el brazo, fue al convento, con una autorización de Eva que presentó al Padre Director, a recoger a Miguel Serra, quien se despedía del internado.

Hubo una escena un tanto cómica cuando, ya en la salida, oyeron unos pasos precipitados. Se volvieron y vieron llegar, sudoroso, al organista, con un paquete en la mano.

—Esto para ti, Miguel —le dijo con cierta timidez—. Y se retiró.

Una vez fuera, el chico, muy sorprendido, abrió el paquete y se encontró con una caja de madera llena de bombones. Sostuvo un momento la caja, sin saber qué pensar.

---

[1]*frotaba:* would rub it
[2]*junturas:* cracks
[3]*losas:* flagstones

1. Al recibir la carta, Miguel la leía y la releía porque
   (A) la idea del viaje le atraía
   (B) no podía comprender su contenido
   (C) le sería imposible ir a San Sebastián
   (D) quería aprendérsela de memoria

2. Según la selección, ¿qué le molesta al señor Gurrea?
   (A) La vida ordenada
   (B) Las cosas sucias
   (C) El comportamiento de Miguel
   (D) Los recuerdos de San Sebastián

3. Miguel Serra parece ser estudiante en
   (A) una universidad de San Sebastián
   (B) una escuela pública
   (C) un instituto técnico
   (D) un colegio religioso

4. Por la descripción, se puede inferir que los últimos días de Miguel en el internado fueron
   (A) aburridos
   (B) laboriosos
   (C) perturbadores
   (D) deleitables

5. Para pasar el tiempo, Miguel se entretenía con
   (A) unos juegos peligrosos
   (B) sus profesores favoritos
   (C) unos insectos en el patio
   (D) sus amigos imaginarios

6. ¿Qué le pasaba a Miguel cuando estaba en la capilla?
   (A) Le asustaban los santos.
   (B) Le daba sueño.
   (C) Le estorbaban las hormigas.
   (D) Le dolían las rodillas.

7. El señor Gurrea fue al internado para
   (A) lucir su sombrero de hongo
   (B) pedirle una autorización al director
   (C) llevarse a Miguel
   (D) despedirse de los compañeros

8. ¿Qué contenía el paquete que recibió Miguel del organista?
   (A) Madera
   (B) Dulces
   (C) Unas gafas
   (D) Unos botones

En la huerta de abajo, una tarde que hacía
mucho calor, mi primo Manolito me pegó una
pedrada[1] en la cabeza y me abrió un ojal[2] de regular
tamaño. No habíamos reñido, simplemente nos
habíamos separado unos pasos y llevábamos unos
minutos callados.

Al cabo de mucho tiempo, ya hombres los dos,
mi primo Manolo me fue a ver al hospital militar de
Logroño (a un hospital militar, provisional sin
duda, instalado en la escuela de artes y oficios),
donde yo estaba aburrido como un pato de corral,
sin poder moverme de la cama y más muerto que
vivo. Hablamos de todo y cuando la conversación
empezó a languidecer,[3] le pregunté:

—¿Te acuerdas de la pedrada que me diste en la
huerta del abuelo?

—¡Ya lo creo! A poco más te mato, ¡qué cosas!

—¿Y por qué me la diste?

Mi primo Manolo se quedó pensativo y sonrió.

—¡Psché! Por nada . . . A veces se pega una
pedrada por nada . . . O un tiro, a lo mejor, vete tú a
saber . . . Hacía mucho calor . . . Y tú estabas tan
bien puesto, un poco agachado al lado del peral . . .
¡Si te hubieras visto!

Mi primo Manolo, a renglón seguido[4] de la
pedrada, escapó. Anduvo vagando por la Alameda y
por la orilla del río, y después, cuando se hizo de
noche, se fue a su casa. Llevaba, según me dijo en
el hospital, el paso vivo y triscador,[5] el ánimo
confuso y alegre, la conciencia amablemente
remordedora.

Quiero dejar constancia de que disculpo la
pedrada que recibí (perdonada está ya desde hace
tantos años como los transcurridos desde el suceso)
porque me la explico. Las manos son desatadas
fuerzas de la naturaleza que sólo la rigurosa razón
puede sujetar. La caricia es un empleo culto y
ulterior de la mano. Y además, ¡hacía tanto calor!

1. ¿Dónde tiene lugar esta conversación entre los
   dos primos?
   (A) En la huerta
   (B) En un corral
   (C) En un hospital
   (D) En la Alameda

2. ¿Cuándo relata el narrador lo sucedido?
   (A) Mucho tiempo después
   (B) Unos minutos más tarde
   (C) La noche en que ocurre
   (D) Ese mismo verano

3. ¿Qué había hecho el narrador para recibir la
   pedrada de Manolito?
   (A) Le había pegado.
   (B) Le había gritado.
   (C) No había hecho nada.
   (D) No lo había saludado.

4. En esta selección, ¿qué se encuentra haciendo
   el narrador?
   (A) Trabajando en un hospital
   (B) Estudiando artes y oficios
   (C) Paseándose por una huerta
   (D) Recuperándose de una enfermedad

5. El narrador quiere decirles a los lectores que
   (A) le pareció bien dar pedradas
   (B) no le fue difícil perdonar a su primo
   (C) quiere vengarse de lo sucedido
   (D) es fácil controlar las manos

6. ¿Cuál es el tema de la conversación?
   (A) La escuela de artes y oficios
   (B) Una tarde calurosa
   (C) La clínica militar de Logroño
   (D) Un incidente de la niñez

---

[1]*pedrada:* hit or blow with a stone
[2]*ojal:* buttonhole
[3]*languidecer:* to languish
[4]*a renglón seguido:* immediately after
[5]*triscador:* frisky

No fue *Doña Bárbara* una obra que vino a su
autor como simple inspiración literaria, sino que
fue completamente impuesta por las circunstancias.
Motivado por la realidad política venezolana de sus
(5) días, Rómulo Gallegos vertió en ella las
experiencias y aspiraciones de su propia vida. El
dictador Juan Vicente Gómez, dueño absoluto de
Venezuela y reacio al progreso de la libertad, era en
esos años la barbarie en persona. Gallegos,
(10) esgrimiendo la pluma como espada, pasó a sumarse
a la fila de los civilizadores que luchaban contra el
dictador. A lo cual el autor agregó también sus
conocimientos bastante íntimos de los llanos, las
extensas planicies del país, y del llanero, el viril
(15) aunque a menudo incontrolable hijo de la
naturaleza venezolana. Fue en un viaje de estudio a
los llanos del río Apure que Gallegos oyó hablar de
una Francisca Vásquez ("Doña Pancha"), mujer
terrateniente codiciosa y despótica, que anhelaba
(20) convertirse en dueña y señora de extensas regiones.
La misma ingresó en la novela bajo un nombre que
representaba más una idea que una persona: Doña
Bárbara. En aquellos mismos lugares Gallegos
conoció además a varios llaneros, los cuales fueron
(25) incorporados a la trama de su gran obra. Algunos,
como Pajarote y el arriero María Nieves, incluso
mantuvieron sus nombres verdaderos.

La trama de la novela es sencilla, a pesar de su
maciza estructura de cuarenta y un capítulos.
(30) Santos Luzardo —su nombre indica la luz del
progreso— hijo de llaneros, pero educado en la
ciudad, es el civilizador que retorna a la tierra de
sus padres para tratar de reconstruir su heredad,
la que ha sido objeto de constantes despojos. Quien
(35) lo ha despojado ha sido Doña Bárbara, la codiciosa
terrateniente de "El Miedo", vasto feudo adquirido
por intrigas o por fuerza. Un extranjero poco
escrupuloso, Mr. Danger, se ha unido también a los
enemigos de Luzardo, quien además tiene que
(40) lidiar con las autoridades y las leyes corrompidas
por la administración de Juan Vicente Gómez. Se
entabla entonces la lucha entre el civilizador y las
oscuras fuerzas de la barbarie y el mal.

1. Según el pasaje, ¿por qué escribió Gallegos la
   novela *Doña Bárbara*?
   (A) Por su amor por la literatura
       hispanoamericana
   (B) Por los progresos económicos de su país
   (C) Para luchar contra la situación política de
       entonces
   (D) Para responder a las acusaciones del
       público venezolano

2. Se puede caracterizar a Rómulo Gallegos como
   (A) poeta y terrateniente
   (B) escritor y político
   (C) dictador y novelista
   (D) presidente y negociante

3. La protagonista, Doña Bárbara, parece ser
   sinónima
   (A) de la cultura
   (B) del salvajismo
   (C) del racismo
   (D) del progreso

4. En la novela *Doña Bárbara* Gallegos ha
   incluido
   (A) a su gran amiga, Francisca Vásquez
   (B) a Mr. Danger, un venezolano despótico
   (C) episodios sobre la vida de los monteros
   (D) sus vastas experiencias personales

5. El nombre "El Miedo" (línea 36) se refiere
   (A) al dictador que gobierna
   (B) a los enemigos de Doña Bárbara
   (C) al terrateniente del feudo
   (D) a las tierras de Doña Bárbara

6. ¿A qué se debe la popularidad de la novela
   Doña Bárbara?
   (A) A su importancia histórica y cultural
   (B) A su gran número de capítulos
   (C) A que su autor fue presidente de Venezuela
   (D) A que su autor era muy versado en
       geografía

El fotógrafo del pueblo se mostró muy complaciente. Le enseñó varios telones[1] pintados. Fondos grises, secos, deslucidos. Uno, con árboles de inmemorable frondosidad, desusada naturaleza. Otro, con sendas columnas truncas, que —según el hombre— hacían juego con una mesa de hierro fundido[2] que simulaba una herradura sostenida por tres fustas de caza.

El fotógrafo deseaba conformarla. Madame Dupont era muy simpática a pesar del agresivo color de su cabello, de los polvos de la cara pegados a la piel y de alguna joya, dañina para los ojos cándidos del vecindario. Con otro perfume, quizá sin ninguna fragancia, habría conquistado un sitio decoroso en la atmósfera pueblerina. Pero aquella señora no sabía renunciar a su extraña intimidad.

—Salvo que la señora prefiera sacarse una instantánea en la plaza. Pero no creo que tenga ese mal gusto —dijo el fotógrafo. Y rió, festejándose su observación—. Me parece más propio que obtengamos una fotografía como si usted se hallase en un lindo jardín, tomando el té . . . ¿He interpretado sus deseos?

Y juntó una polvorienta balaustrada y la mesa de hierro fundido al decorado de columnas. Dos sillas fueron corridas convenientemente, y el fotógrafo se alejó en busca del ángulo más favorable. Desapareció unos segundos bajo el paño[3] negro y volvió a la conversación como quien regresa después de hacer un sensacional descubrimiento:

—¡Magnífico, magnífico! . . . —el paño fue a parar a un rincón—. Acabo de ver perfectamente lo que usted me ha pedido . . .

---

[1]*telones:* curtains
[2]*fundido:* cast
[3]*paño:* cloth

1. El fotógrafo le mostraba los telones pintados a la señora para que
   (A) escogiera uno como fondo
   (B) comprara uno
   (C) usara uno en la obra teatral
   (D) se cubriera con uno

2. De acuerdo con la descripción del fotógrafo, se sabe que Madame Dupont
   (A) llevaba algunas joyas prestadas
   (B) era bastante antipática
   (C) usaba poco maquillaje
   (D) desarmonizaba con los demás

3. El fotógrafo le sugirió a Madame Dupont que
   (A) tomaran el té en un café
   (B) se sacara una foto que mostrara buen gusto
   (C) se sacara una instantánea en el jardín
   (D) fueran al parque

4. ¿Cuál de los telones recomendó el fotógrafo?
   (A) Las columnas
   (B) Las dos mesas
   (C) La silla de hierro
   (D) La balaustrada

5. ¿Dónde "desapareció" el fotógrafo?
   (A) En el otro cuarto
   (B) Arriba del telón
   (C) En un rincón del cuarto
   (D) Detrás de la cámara

Por la amplia ventana penetraba abundante la luz de un sol excepcional, un tibio sol de invierno porteño. Acababa de sentarme, cuando el ujier,[1] atravesando el dédalo[2] de divisiones de madera, me avisó que una persona me buscaba.

Al levantar los ojos tropecé con un viejo apergaminado,[3] medio envuelto en una raída[4] chaqueta y de una timidez extraña. Sus dedos gruesos, negruzcos, aprestaban con movimientos torpes el ala de un viejísimo sombrero.

—¿Qué se le ofrece? —pregunté con indisimulable sequedad.

Producíame, aunque no quería confesarlo, una sensación de molestia que un hombre de tal facha[5] viniese en mi busca.

El viejo debió advertir en mi cara esta impresión, pues no contestó. Lo envolvía, como un temblor, un indecible halo de angustia. Por último, pareció decidirse. Sus dientes carcomidos[6] se mostraban en una sonrisa deshecha, deplorable. Diríase arrugada.

—¿Ya no me conoce, señor Sánchez? —dijo.

Su voz me produjo una emoción extraña. Era entera, casi juvenil. No había envejecido. Me pareció haberla oído en otros tiempos y me trajo un perfume de recuerdo que se desvaneció sin precisarse. El hombre, en un cuchicheo temeroso, explicó:

—He cambiado mucho, señor Sánchez. Veinte años. Soy José Oyarzo, el patrón Oyarzo, su mercé.

Su tono alto, digno, cambió súbitamente en el tiempo que pronunció la última palabra en un tono humilde y jeremiaco[7]: el seor[8] por *su mercé*.[9]

Un tumulto de recuerdos fermentó en el fondo de mi memoria. Una emoción agudísima, inconsciente, me hizo precipitarme sobre el viejo y estrechar su mano sucia que tuve que coger yo mismo, casi en contra de su voluntad.

---

[1]*ujier:* doorkeeper
[2]*dédalo:* labyrinth
[3]*apergaminado:* dried-up
[4]*raída:* worn out
[5]*facha:* appearance
[6]*carcomidos:* decayed
[7]*jeremiaco:* whimpering tone
[8]*seor:* mister
[9]*su mercé:* sir

1. La descripción del visitante nos hace pensar en
   (A) un mendigo
   (B) un negociante
   (C) un actor
   (D) un oficinista

2. ¿Cómo fue recibido el viejo apergaminado?
   (A) Efusivamente
   (B) Fríamente
   (C) Solemnemente
   (D) Cariñosamente

3. Lo que le sorprende al narrador al hablarle el visitante es
   (A) el tono insultante de su voz
   (B) el contraste entre su apariencia y su voz
   (C) la explicación que recibe de él
   (D) la falta de respeto con que el visitante actúa

4. ¿Qué reconoció el señor Sánchez del viejo?
   (A) Sus manos
   (B) Su perfume
   (C) Sus dientes
   (D) Su voz

5. ¿Qué hace el narrador al darse a conocer el visitante?
   (A) Trata de no prestarle atención al visitante.
   (B) Acepta al visitante efusivamente.
   (C) Le pide al visitante que se marche inmediatamente.
   (D) Trata de controlar sus propias emociones.

6. Al final de este pasaje puede concluirse que
   (A) el viejo y el narrador eran íntimos amigos
   (B) el viejo y el narrador eran parientes
   (C) el viejo había trabajado para el narrador
   (D) la presencia del viejo molestaba al narrador

No podía apreciar bien la pensadora el tiempo que pasaba. Sólo hacía de rato en rato la vaga apreciación de que debía de ser muy tarde. Y el sueño estaba tan lejos de ella, que en lo profundo de su cerebro, detrás del fruncido entrecejo, le quemaba una idea extraña . . . : el convencimiento de que nunca más había de dormir.

Dio un salto de repente, y su corazón vibró con súbito golpe. Había sonado la campanilla de la puerta. ¿Quién podía ser a tal hora? Porque ya habían dado las diez y, quizá, las diez y media. Tuvo miedo, un miedo a nada comparable, y se figuró si sería . . . ¡Oh!, si era, ella se arrojaría por la ventana a la calle. Sin decidirse a abrir, estuvo atenta breve rato, figurándose de quién era la mano que había cogido aquel verde cordón de la campanilla, nada limpio por cierto. El cordón era tal, que siempre que llamaba se envolvía ella los dedos en su pañuelo. La campana sonó otra vez . . . Decidióse a mirar por el ventanillo, que tenía dos barrotes en cruz.

—¡Ah! . . . , es Felipe.

—Buenas noches. Vengo a traerle a usted una carta de mi amo —dijo el muchacho, cuando la puerta se le abrió de par en par y vio ante sí la hermosa y para él siempre agradabilísima figura de la Emperadora.

1. Cuando empieza la narración, ¿cómo se encuentra la mujer?
   (A) Durmiendo profundamente
   (B) Quemando unas cartas
   (C) Contemplando el reloj
   (D) Completamente desvelada

2. ¿Por qué se asusta la mujer?
   (A) Porque algo le ha saltado encima
   (B) Porque alguien ha llamado a la puerta
   (C) Porque algo ha entrado por la ventana
   (D) Porque el reloj ha dado la hora en ese momento

3. Si la persona que llega es quien ella sospecha, ¿cómo reaccionaría?
   (A) Huiría
   (B) Gritaría
   (C) La golpearía
   (D) La invitaría a pasar

4. Según el pasaje, ella usaba un pañuelo para
   (A) no ensuciar la campanilla
   (B) limpiarse los dedos
   (C) abrir el ventanillo
   (D) no ensuciarse la mano

5. ¿Quién llegó a la casa de la Emperadora?
   (A) Un pariente
   (B) Un pretendiente
   (C) Un sirviente
   (D) Un cartero

6. Felipe fue a la casa de la Emperadora para
   (A) discutir algo con ella
   (B) entregarle una carta
   (C) venderle algo
   (D) arreglar la campanilla

Por la mañana se habían enterado de la noticia: María se iba a casar en los primeros días de junio. A la hora de comer hablaron de ello. Y hablaron mientras tomaban café; y más tarde, a las cuatro, cuando entraba por el balcón la luz de la primavera, argentada en el tamiz de las nubes. Fue Luisa la que interrumpió la conversación sobre el matrimonio de María cuando se ausentó para fregar[1] los cubiertos y los cacharros[2] de la comida, porque era miércoles y alternaban las faenas de la casa.

Carmen hubiera querido abrir el balcón de par en par, pero tuvo miedo al viento norte de abril; un miedo como una vieja costumbre: el norte de abril era viento de enfermedades, y recordaba cataplasmas de la infancia y lucisombras transeúntes por el techo de la alcoba. Esperó a que terminara su hermana con la labor de punto abandonada en el regazo y la mirada perdida en el azucarero de plata dejado sobre la mesa, que era el objeto simbólico de todas las tardes de su vida. Se escalofrió al volver la vista al balcón, cuyos cristales eran como espejos muertos y lechosos en la apacibilidad del ocaso. La habitación estaba bañada de una penumbra azulina y se envolvió, para preservarse de la ceguedad y blancor esclerótico[3] del balcón y para encontrar su propio calor, en su toquilla[4] negra. Con los brazos cruzados permaneció con los sentidos amortiguados,[5] con sólo el oído vigilante al último rumor de la cocina, el familiar andar digitígrado[6] de Luisa, que siempre entrañaba una sorpresa, un fallo auditivo y una reconvención.

—Me asustas —dijo Carmen.

—No quiero hacer rayas en el suelo —respondió Luisa— luego me rindo de frotar.

Luisa se sentó en un sillón frente a su hermana. Y hablaron del matrimonio de María, que había cumplido cuarenta y tres años el quince de enero y se había conservado bien hasta el principio del invierno, en el que había desmejorado mucho y ya no podía disimular sus arrugas, aunque era probable que el casamiento le devolviera la lozanía.[7]

---

[1]*fregar:* to wash
[2]*cacharros:* pots
[3]*esclerótico:* hard
[4]*toquilla:* shawl
[5]*amortiguados:* deaden
[6]*digitígrado:* on tip toe
[7]*lozanía:* luxuriance, exuberance

1. ¿Qué hicieron las hermanas al enterarse de la noticia del matrimonio de María?
   (A) Se pasaron el día comentando el hecho.
   (B) Decidieron no asistir a la ceremonia.
   (C) Se fueron de la casa.
   (D) Se fueron a otro cuarto.

2. Luisa deja sola a Carmen cuando va a
   (A) cerrar las cortinas
   (B) lavar los platos
   (C) fregar el piso
   (D) terminar la costura

3. ¿Cuándo ocurre esta escena?
   (A) En junio
   (B) En abril
   (C) En el otoño
   (D) En el invierno

4. ¿Cuándo será el matrimonio de María?
   (A) Dentro de dos meses
   (B) En abril
   (C) En dos años
   (D) Durante el otoño

5. ¿Qué le recuerda el viento del norte a Carmen?
   (A) Su infancia feliz
   (B) Los conflictos de su familia
   (C) Las enfermedades de su niñez
   (D) Los familiares ya muertos

6. ¿Por qué se asusta Carmen?
   (A) Porque hay mucho ruido en la cocina
   (B) Porque no ha oído llegar a Luisa
   (C) Porque hay rayas en el suelo
   (D) Porque Luisa ha apagado las luces

7. ¿Qué clase de vida parecen llevar las hermanas?
   (A) Pacífica y monótona
   (B) Alegre y exuberante
   (C) Muy lujosa
   (D) Muy escandalosa

8. Al leer el pasaje, se puede deducir que
   (A) Luisa es muy débil
   (B) Carmen toma las decisiones importantes
   (C) Luisa trabaja más que Carmen
   (D) Luisa y Carmen se reparten el trabajo

9. A través de la selección se puede apreciar un ambiente
   (A) aterrorizante
   (B) sereno
   (C) alegre
   (D) despectivo

El joven escuchaba con paciencia. Se sentía en presencia de un pedazo vivo de la historia patria, el último de los grandes liberales del siglo pasado: temía precipitarse; esperaba mucho de esa entrevista y aún no sabía cómo iba a tener que actuar.

—Pero no es por lo que me tocaría a mí personalmente —añadió el anciano sentándose—, por lo que lo mandé llamar. Es por lo que les tocaría a todos los costarricenses. Si el barco se hunde nos vamos a pique[1] todos. En otros países las huelgas son pan de cada día, pero yo pensé siempre que en un país como el nuestro no ocurrirían nunca y ahora veo que me equivoqué. Ésta va a ser la primera de muchas. Es la voz de los tiempos. Y ahora dígame —terminó sorpresivamente— ¿qué solución me ofrece usted?

El joven se acomodó los anteojos con el índice. Luego explicó con lentitud, pensando cada palabra, la génesis del conflicto; pintó con unos brochazos dramáticos la vida de las peonadas[2]; dio cifras de las fabulosas utilidades de la Compañía, y terminó exponiendo las reivindicaciones[3] de los peones que sólo pudieron desembocar en el actual conflicto debido a la soberbia terquedad de la United Fruit Co. Terminó, también sorpresivamente, sin ofrecer ninguna solución.

El presidente entendió y sonrió. —Bien —dijo—, supongamos que ustedes tienen razón, pero si no ceden y me siguen presionando con la intervención, ¿qué hago?

—Mire, don Ricardo, usted antes habló de soberanía y se olvidó de la justicia. Aquí estamos ante un conflicto justo: trece mil hombres con sus familias piden un trato más humano. La suerte de esos compatriotas forma también parte de la soberanía de una nación. Patria no es sólo la bandera y los desfiles escolares del 15 de septiembre. Patria son derechos, a un pedazo de tierra, a la vida, a la . . .

---

[1] *nos vamos a pique:* we are going to be ruined
[2] *peonadas:* group of laborers
[3] *reivindicaciones:* the claims

1. Una de las preocupaciones que tiene el presidente es que
   (A) la situación va a afectar a todos en el país
   (B) la situación va a afectar sus intereses personales
   (C) su reputación en el extranjero va a sufrir
   (D) su solución agravará el conflicto

2. De acuerdo con el presidente, una huelga en su país es
   (A) una ocurrencia normal
   (B) una novedad
   (C) la solución al conflicto actual
   (D) la salvación del pueblo

3. La lucha de los hombres que están en huelga ha sido a causa
   (A) del maltrato de una compañía extranjera
   (B) del despotismo del presidente costarricense
   (C) de la intervención de los peones
   (D) de la reivindicación de la compañía

4. Esta entrevista tiene mucha importancia para el joven porque
   (A) de ella depende el futuro de su familia
   (B) mucho depende de su resultado
   (C) acaban de ofrecerle el puesto que quería
   (D) la United Fruit Co. le ha pagado mucho por ella

5. ¿Cuál es el tema de esta selección?
   (A) Un pacto entre los peones de una compañía
   (B) Un pacto entre una compañía y el presidente de la República
   (C) Un desacuerdo entre una compañía y sus empleados
   (D) Un acuerdo entre una compañía y sus peones

6. Según lo que dice el joven al final, podemos decir que el presidente
   (A) es demasiado inflexible
   (B) ha cambiado de parecer
   (C) no comprende la situación
   (D) no tiene el apoyo de la compañía

Domingo sintió una sacudida en todo el cuerpo. Aquella voz humana le dejó clavado en donde se hallaba, sin atreverse a respirar. Con un esfuerzo trató de adivinar de dónde había podido venir
(5) aquella voz, lo mismo que el animal que olfatea[1] la fiera enemiga e intenta saber por dónde ha de llegar. El sitio parecía solitario, deshabitado. Las estrellas brillaban cada vez más numerosas y el poste del telégrafo proyectaba sobre la tierra una
(10) sombra difusa, que se disolvía cuando se la miraba en una fosforescencia violácea.

La voz volvió a sonar, más fuerte, o más cercana, esta vez. Al mismo tiempo flameó[2] un fogonazo,[3] seguido de un silbido. Domingo sintió una
(15) quemadura en la cara y se echó a tierra. Sus palabras se ahogaron en medio de un fuego general. Una granizada de balas desgarró el aire, rebotando contra las piedras, incrustándose en la madera del poste, levantando minúsculos y fugaces surtidores
(20) de tierra en el camino. Se había cuajado la noche de ojos sanguinolentos[4] que guiñaban[5] en la oscuridad. Y los fusiles parecían dirimir[6] entre sí una disputa nerviosa, asustada.

El tiroteo duró unos momentos todavía y, luego,
(25) empezó a amainar.[7] Las ráfagas, intermitentes, raudas,[8] aprecian los espasmos que siguen a una gran fatiga, hasta que terminaron en disparos sueltos, diseminados por aquí y por allá, como salpicaduras de fuego.
(30) Al cabo de un rato se oyó una voz:
—Oye, ¿te han respondido?
—No, ¿y a ti?
—Tampoco.
—¿Has visto tú algo?
—Un bulto, ahí más adelante.

---

[1]*olfatea:* sniffs
[2]*flameó:* flamed
[3]*fogonazo:* powder flash
[4]*sanguinolentos:* bloody
[5]*guiñaban:* winked
[6]*dirimir:* to settle, end
[7]*amainar:* to calm, lessen
[8]*raudas:* swift

1. Al oír aquella voz humana por primera vez, ¿qué hizo Domingo?
   (A) Respiró más tranquilamente.
   (B) Se quedó quieto.
   (C) Se alegró mucho.
   (D) Gritó angustiosamente.

2. ¿Cómo reaccionó Domingo al sentir una quemadura en la cara?
   (A) Se echó a correr.
   (B) Comenzó a llorar.
   (C) Se tiró al suelo.
   (D) Levantó los brazos.

3. No se pudieron oír las palabras de Domingo a causa de
   (A) los ladridos de los perros
   (B) el ruido de los disparos
   (C) el sonido que hacía el viento
   (D) los silbidos de los hombres

4. Esta escena se desarrolla durante
   (A) un incendio
   (B) un terremoto
   (C) una batalla
   (D) una tormenta

5. El tiroteo está descrito como
   (A) una lluvia helada
   (B) una fuente desbordante
   (C) un ahogo de palabras
   (D) un silbido persistente

6. ¿A qué se refiere el autor en la frase " . . . ojos sanguinolentos que guiñaban en la oscuridad" (línea 21)?
   (A) A una noche estrellada
   (B) A los fuegos artificiales
   (C) A los animales en el bosque
   (D) A una serie de disparos

7. ¿Dónde tiene lugar esta escena?
   (A) En el centro de una ciudad
   (B) Al aire libre
   (C) Dentro de la casa de Domingo
   (D) Dentro de una oficina de telégrafos

8. Al final de la narración, el ambiente está más
   (A) apaciguado
   (B) irónico
   (C) emotivo
   (D) animado

9. El sentimiento que persiste en el pasaje es
   (A) el miedo
   (B) el amor
   (C) la justicia
   (D) la venganza

Al principio yo la saludaba desde mi vereda y ella me respondía con un ademán nervioso e instantáneo. Después se iba a los saltos, golpeando las paredes con los nudillos, y, al llegar a la esquina, desaparecía sin mirar hacia atrás. Desde el comienzo me gustaron su cara larga, su desdeñosa agilidad, su impresionante saco azul que más bien parecía de muchacho. María Julia tenía más pecas en la mejilla izquierda que en la derecha. Siempre estaba en movimiento y parecía encarnizada en divertirse. También tenía trenzas, unas trenzas color paja de escoba que le gustaba usar caídas hacia el frente.

Pero, ¿cuándo fue eso? El viejo ya había puesto la mercería y mamá hacía marchar el fonógrafo para copiar la letra de *Melenita de Oro*, mientras yo enfriaba mi trasero sobre alguno de los cinco escalones de mármol que daban al fondo; Antonia Pereyra, la maestra particular de los lunes, miércoles y viernes, trazaba una insultante raya roja sobre mi inocente quebrado violeta, y a veces rezongaba; "¡Ay, Jesús, doce años y no sabe lo que es un común denominador!" Doce años. De modo que era en 1924.

Vivíamos en la calle principal. Pero toda avenida 18 de Julio en un pueblo de ochenta manzanas, es bien poca cosa. A la hora de la siesta yo era el único que no dormía. Si miraba a través de la celosía, transcurría a veces un bochornoso cuarto de hora sin que ningún ser viviente pasase por la calle. Ni siquiera el perro del señor Comisario, que, según decía y repetía la negra Eusebia, era mucho menos perro que el señor Comisario.

1. Cuando el narrador saludaba a María Julia, ¿qué hacía ésta?
   (A) Le hacía muecas.
   (B) Le daba la mano nerviosamente.
   (C) Le respondía con un gesto rápido.
   (D) Le daba golpes con los nudillos.

2. El narrador sabe en qué año pasó lo que nos relata porque
   (A) todavía recuerda la letra de una canción
   (B) se acuerda de lo que decía su maestra
   (C) María Julia llevaba trenzas entonces
   (D) ya habían inventado el fonógrafo

3. ¿Para qué venía Antonia Pereyra a la casa del chico?
   (A) Para enseñarle matemáticas
   (B) Para alabarlo
   (C) Para enseñarle pintura
   (D) Para abochornarlo

4. ¿Qué sucede en el pueblo durante la hora de la siesta?
   (A) El Comisario camina por la calle.
   (B) No hay nadie en la avenida.
   (C) Reparten manzanas en la avenida.
   (D) Los perros duermen en la calle principal.

5. Según Eusebia, ¿cómo era el señor Comisario?
   (A) Mejor que el perro
   (B) Muy amable con todos
   (C) Muy joven en apariencia
   (D) Peor que un animal

Cuando pequeño, mi madre me conducía de la mano, me guiaba por todos los caminos. Un día partí, a estudiar lejos, varios años, y hube de valerme ya solo. Sin embargo, durante aquella
(5) separación, Señor, aún pensaba yo en mi madre como un niño; mis cartas llamábanla "mamá", "mamacita", y las suyas me acariciaban, cubrían de besos a su muchachuelo. Pasó tiempo, otros años pasaron, y la vida tornó a reunirnos. Fue allá en
(10) una ciudad del Norte, donde ciertas ambiciones me llevaron en busca de fortuna, y en la cual ella se sentía extranjera entre las gentes y las costumbres. Entonces, de repente, nos hallamos con que había llegado un camino por el cual debía conducirla yo a
(15) ella. Esa mañana trémula y dorada hubo en mi corazón una fiesta, bella de orgullo: dirigía yo a mi madre ahora; yo la imponía de cuanto era discreto y conveniente hacer, porque además de no conocer aquella tierra, parecía ignorar la marcha de los
(20) tiempos nuevos; yo, el fuerte, la guiaba, y ella, la débil y remisa, entregábase a mi saber y mi prudencia.

Un día llega siempre, Señor, en nuestra vida, a partir del cual, como empieza el árbol a dar sombra
(25) y abrigo a sus raíces, los hijos comenzamos a cobijar a nuestra madre. Esa mañana trémula y dorada, siempre hay una fiesta en nuestro corazón, bella de orgullo; pero también perdemos el supremo bien de una madre que nos besa, nos cubre y nos protege
(30) cuando estamos desarmados.

Desde entonces mi viejecita es una criatura que yo conduzco de la mano.

Y ahora no sé, madre, qué dicha vale más: si aquélla de cuando tú me amparabas porque yo
(35) permanecía el más débil o ésta en que mi alma pone un brazo alrededor de tus hombros y te lleva como a una hija.

No lo distingo, madre. Apenas veo que aquella fiesta es hoy un duelo, porque me ha dejado solo.
(40) Madre mía, ¿qué te has hecho? Viuda y huérfano, mucho nos quisimos siempre, y tu amor fue mi felicidad más segura.

¿Y hoy?

¡Ah, desearía ser de nuevo yo el niño!
(45) Necesito de ti; decirte no madre, sino mamá, y entibiar mi corazón en tu regazo.

1. ¿Para qué fue el narrador a la ciudad del Norte?
   (A) Para reunirse con su madre
   (B) Para tratar de mejorar su vida
   (C) Para pasar sus vacaciones allí
   (D) Para conocer a gente nueva

2. El narrador debía conducir a su madre de la mano porque
   (A) vivían en un lugar desconocido para ella
   (B) habían estado separados por mucho tiempo
   (C) la madre estaba coja
   (D) la madre estaba ciega

3. La frase " . . . como empieza el árbol a dar sombra y abrigo a las raíces, los hijos comenzamos a cobijar a nuestra madre" (líneas 24–26) quiere decir que
   (A) el hijo empieza a actuar como la madre
   (B) el hijo abandona a la madre
   (C) la madre abandona al hijo
   (D) el hijo se vale de sí mismo

4. El narrador se siente solo ahora porque
   (A) su familia lo ha abandonado
   (B) se han llevado a su hija
   (C) no tiene quien le ampare
   (D) su viaje ya ha terminado

5. El deseo predominante en el corazón del narrador es
   (A) alejarse de su madre
   (B) volver a ser niño
   (C) ser más fuerte
   (D) llegar a ser padre

6. ¿Cómo es el tono de este monólogo?
   (A) Suplicante
   (B) Melancólico
   (C) Presagioso
   (D) Fastidiante

7. El tema principal de esta selección es
   (A) el cambio de papel entre madre e hijo
   (B) el papel de la religión en nuestra vida
   (C) la estadía en una ciudad extranjera
   (D) la búsqueda de un porvenir mejor

De pronto, la puerta se abrió y se precipitó en el cuarto un caballero que se arrojó en los brazos de Juan. Era un antiguo e íntimo amigo a quien Juan no había visto desde hacía muchos años. Cuando se
(5) separaron, Juan pasó por su amigo la vista de arriba abajo y vio que iba vestido de riguroso luto. Se le había muerto a este caballero un deudo[1] cercano hacía poco tiempo. No sabía Juan lo que decir. Pepe no decía nada. Callaba el recién venido.
(10) En este denso y embarazoso silencio los persistentes aullidos del perro resaltaban trágicamente. Todo había cambiado ya. Juan no era el mismo. Ni Pepe era el mismo. A veces Pepe, violentamente, con alegría forzada, soltaba algún
(15) chiste. No se reía nadie. Otras veces, venciendo su emoción, evocaba recuerdos pasados. Nadie le secundaba en la charla. La hora de partir estaba próxima. Faltaban sólo algunos momentos para abandonar el cuarto. El caballero enlutado había
(20) desaparecido. Ante el espejo, Juan daba los últimos toques[2] a su atavío.[3] Durante un instante, al volverse del espejo, Juan se encontró cara a cara con Pepe. Fue éste un momento largo, interminable, eterno. Los dos entrañables[4] amigos
(25) parecía que se estaban viendo por primera y por última vez. Lo que Juan estaba pensando no quería decirlo. Y Pepe, por nada del mundo hubiera dicho lo que él tenía en este minuto en el cerebro. Lentamente, sin quererlo ni uno ni otro, avanzó el
(30) uno hacia el otro y se fundieron en un estrechísimo y silencioso abrazo.

En la puerta resonaron unos golpes.

—En marcha —dijo Juan.

Y dejaron el cuarto. En el pasillo, el tropel[5] de
(35) los admiradores envolvía a Juan. El cariño y el halago[6] afectuoso de todos lograron atenuar momentáneamente la preocupación penosa de Juan. Aquí estaba ya Juan Valflor, el gran torero, el único. Y se encontraba dispuesto a torear, bien
(40) toreado, como no había toreado nunca, a ese toro que había de saltar al redondel en cuarto lugar.

---

[1] *deudo:* relative
[2] *toques:* touches
[3] *atavío:* dress
[4] *entrañables:* dear, close
[5] *tropel:* crowd
[6] *halago:* adulation

1. ¿Cómo iba vestido el caballero que llegó?
   (A) De mucho lujo
   (B) Elegantemente
   (C) De negro
   (D) Pobremente

2. ¿Cómo trata Pepe de romper el silencio?
   (A) Aullando
   (B) Bromeando
   (C) Bailando
   (D) Toreando

3. La oración, "Ante el espejo, Juan daba los últimos toques a su atavío" (líneas 20–21), significa que
   (A) estaba terminando de vestirse
   (B) miraba el reflejo del enlutado
   (C) evocaba recuerdos pasados
   (D) iba a encontrarse con sus rivales

4. ¿Por qué se abrazaron "estrecha y silenciosamente" Juan y Pepe?
   (A) Estaban saludándose de nuevo.
   (B) Tenían malos presentimientos.
   (C) Estaban fingiendo su amistad.
   (D) Tenían que olvidar sus diferencias.

5. ¿Qué describe este pasaje?
   (A) Una celebración entre amigos
   (B) Una fiesta de disfraces
   (C) Los preparativos para una corrida
   (D) Los preparativos para un entierro

6. ¿Qué clase de ambiente sugiere este pasaje?
   (A) Humoroso
   (B) Sombrío
   (C) Jubiloso
   (D) Hostil

7. ¿Qué parece presentir Pepe a través de la narración?
   (A) La victoria de Juan
   (B) El peligro que corre Juan
   (C) El final del luto
   (D) La muerte del toro en el redondel

Los dos nos apoyamos sobre la pared de madera y ahí nos quedamos, como un par de ahogados esperando primeros auxilios, y entonces tuve la ocurrencia de sacudirme los pantalones como él lo
(5) había hecho, primero el lado derecho, y luego el izquierdo, y ahora sí que salió un terremoto de polvo, polvito lindo de nuestro cerro, y ahí le asomó en los bordes de los labios algo semejante a una sonrisa como de domingo azul y trabajos
(10) voluntarios, y yo seguía extrayéndome polvo como si fuera oro, feliz de la vida, y él atacó sus propios pantalones y entre tanta polvareda comenzamos a toser como unos tuberculosos y hasta una risa sofocada le emergía de las entrañas más profundas,
(15) y aunque todavía no me dijo nada, ni siquiera que aún podía ganarme, era evidente que alguna lengüita de hielo se había derretido entre nosotros, que por uno de esos milagros que pasa entre la gente pacífica de este mundo era evidente que las
(20) cosas no estaban tan podridas después de todo, y que debajo de la punta del iceberg había que escarbar un poco y el mismo cariño y camaradería de siempre estarían listos para navegar, había que darle tiempo para que saliera a flote no más.

1. La frase "como un par de ahogados esperando primeros auxilios" (líneas 2–3) quiere decir que los dos hombres
   (A) habían tragado mucha agua
   (B) estaban sin aliento
   (C) estaban gravemente enfermos
   (D) habían presenciado un terremoto

2. El narrador parece comparar el polvo con el oro porque
   (A) los dos vienen de la tierra
   (B) el polvo le traerá mucho dinero
   (C) el polvo le ha causado mucha alegría
   (D) los dos tienen color marrón

3. La expresión "una risa sofocada" (líneas 13–14) indica que
   (A) los dos estaban tratando de no llorar
   (B) uno estaba burlándose del otro
   (C) los dos habían empezado a comunicarse
   (D) uno de ellos había ganado

4. En este pasaje el narrador usa la naturaleza para expresar que
   (A) la vida en el campo es muy dura
   (B) el correr produce mucha polvareda
   (C) los sentimientos humanos son muy poderosos
   (D) un iceberg puede salir a flote si se escarba

5. ¿Cómo es el tono de esta selección?
   (A) Burlón
   (B) Acusatorio
   (C) Rencoroso
   (D) Reconciliatorio

UNIT VIII

Each section of this unit is a paragraph designed to give students practice in writing the correct form of the infinitive, adjective, article, pronoun, etc. in context.

<u>Directions:</u> First read the entire passage. Then write, on the line after each number, the form of the word in parentheses needed to complete the passage correctly, logically, and grammatically. In order to receive credit, you must spell and accent the word correctly. Note that only ONE Spanish word should be inserted, and that in some cases no change in the suggested word may be necessary. Be sure to write the word on the line even if no change is needed.

<u>Instrucciones:</u> Primero lea todo el pasaje. Luego escriba en la línea a continuación de cada número la forma de la palabra entre paréntesis que se necesita para completar el pasaje de manera lógica y correcta. Para recibir crédito, tiene que escribir y acentuar la palabra correctamente. Note que sólo debe escribir UNA palabra en español. En algunos casos, es posible que la palabra sugerida no requiera cambio alguno. Escriba la palabra en la línea aun cuando no sea necesario ningún cambio.

SECTION 1

Es una costumbre tan ___(1)___ que sería imposible imaginar su vida de ___(2)___ manera. Todas las tardes, precisamente a las cuatro, veo que mi hermano y su esposa se ___(3)___ en el viejo corredor rodeado de plantas y flores ___(4)___, a contemplar el paisaje. Han hecho ___(5)___ desde que ___(6)___ su hijo. Yo los miro y se ___(7)___ porque siempre los ___(8)___ en sus meditaciones un colibrí de brillantes colores que entra y sale por las enredaderas. Según mi cuñada, este pajarito es el alma ___(9)___ de algún ser extraterrestre que llegó a ___(10)___ planeta en un vuelo malogrado.

1. _____ (arraigado)

2. _____ (otro)

3. _____ (sentar)

4. _____ (tropical)

5. _____ (este)

6. _____ (nacer)

7. _____ (sonreír)

8. _____ (acompañar)

9. _____ (peregrino)

10. _____ (nuestro)

SECTION 2

Mañana es el cumpleaños de Liliana. Su madre ha ___(1)___ a más de veinte personas a una fiesta. Casi todos los amigos de Liliana van a ___(2)___. El primo de Liliana ___(3)___ hermanas están de viaje, me dice que no podrá ir. Y también es una lástima que Carolina ___(4)___ enferma. ¡Es tan divertida!

Sigo ___(5)___ un ___(6)___ regalo para Liliana. No sé qué comprarle. Quizás unas flores. Espero que le ___(7)___ las rosas.

—Recuerda, Patricia, no le ___(8)___ nada a Liliana. Quiero que esta fiesta ___(9)___ para ella una sorpresa ___(10)___.

1. _____ (invitar)

2. _____ (asistir)

3. _____ (cuyo)

4. _____ (estar)

5. _____ (buscar)

6. _____ (bueno)

7. _____ (gustar)

8. _____ (decir)

9. _____ (ser)

10. _____ (agradable)

SECTION 3

Un día, al ___(1)___ de la escuela, Juan se encontró con unos colegas ___(2)___. Charlaron un rato porque no se habían ___(3)___ en ___(4)___ semanas. Juan les pidió que ___(5)___ por su casa el sábado por la noche. Sus amigos aceptaron su invitación y se ___(6)___ afectuosamente.

Mientras Juan caminaba a su casa, ___(7)___ un accidente entre dos taxis. Ambos choferes ___(8)___ ligeramente heridos. En ___(9)___ momento se le acercó a Juan un policía y le dijo:

—Señor, por favor, ___(10)___ Ud. conmigo a la jefatura de policía. Como testigo, es necesario que nos ___(11)___ lo que ha ocurrido.

1. _____ (salir)

2. _____ (suyo)

3. _____ (ver)

4. _____ (mucho)

5. _____ (pasar)

6. _____ (despedir)

7. _____ (presenciar)

8. _____ (quedar)

9. _____ (ese)

10. _____ (venir)

11. _____ (contar)

Al _____(1)_____ a su destino, después de un viaje interminable, Juan Carlos _____(2)_____ como si le _____(3)_____ quitado un gran peso de encima. Generalmente _____(4)_____ ir por avión, pero _____(5)_____ vez decidió, ya que no _____(6)_____ prisa _____(7)_____, que un cambio no le _____(8)_____ mal. Sin embargo, la monotonía de _____(9)_____ paisaje repetido, de llanuras sin fin, terminó por _____(10)_____ con su entusiasmo y su paciencia.

1. _____ (llegar)

2. _____ (sentir)

3. _____ (haber)

4. _____ (preferir)

5. _____ (este)

6. _____ (tener)

7. _____ (alguno)

8. _____ (venir)

9. _____ (aquel)

10. _____ (acabar)

SECTION 5

Anoche nosotros _____(1)_____ a la feria anual con la que _____(2)_____ la independencia de nuestra patria. Como de costumbre, la banda militar _____(3)_____ música marcial y valses _____(4)_____. Había una alegría contagiosa que _____(5)_____ palpable de grupo en grupo. Las banderas, pequeñas pero abundantes _____(6)_____ una bandada de mariposas _____(7)_____ que ondulaba rápida y _____(8)_____ sobre la multitud _____(9)_____.

1. _____ (ir)

2. _____ (celebrar)

3. _____ (tocar)

4. _____ (vienés)

5. _____ (ser)

6. _____ (parecer)

7. _____ (multicolor)

8. _____ (rítmico)

9. _____ (emocionado)

SECTION 6

Al entrar en el vagón del metro me ___(1)___ cuenta casi inmediatamente de que me había equivocado. ___(2)___ viajeros, de ___(3)___ no tenía duda, pero su apariencia ___(4)___ tan extraña, que por ___(5)___ instantes pensé que estaba en ___(6)___ región completamente desconocida. A ___(7)___ luz ___(8)___ comprobar que algo extraordinario ___(9)___ a ocurrir. Por lo tanto no fue tan grande mi sorpresa cuando alguien, o algo, en un tono de voz ___(10)___, como del más allá dijo: "Te esperaba desde hace mucho tiempo, ¿por qué ___(11)___ tan tarde?"

1. _____ (dar)

2. _____ (Haber)

3. _____ (ese)

4. _____ (ser)

5. _____ (uno)

6. _____ (otro)

7. _____ (medio)

8. _____ (poder)

9. _____ (ir)

10. _____ (profundo)

11. _____ (llegar)

SECTION 7

. . . Escucha, ahora ya no hay maestro ni discípula; vamos a hablarnos por ___(1)___ vez de igual a igual, y voy a contarte mi historia como si ___(2)___ mía para que [tú] la ___(3)___ más claramente.

Un día la muchacha sola fue sacada de su mundo y ___(4)___ a otro maravilloso. Todo lo que no ___(5)___ tenido nunca se le dio allí de repente: una familia, una casa con árboles, un amor de ___(6)___ casada. Sólo se trataba naturalmente de ___(7)___ una farsa, pero ella "no sabía medir" y se entregó demasiado. Lo que debía ser un escenario se ___(8)___ en su casa verdadera . . .

1. _____ (primero)

2. _____ (ser)

3. _____ (ver)

4. _____ (llevado)

5. _____ (haber)

6. _____ (reciente)

7. _____ (representar)

8. _____ (convertir)

SECTION 8

Antonio y Miguel iban ___(1)___ por un parque que estaba ___(2)___ de hojas ___(3)___ porque ___(4)___ pleno otoño. Al lado del sendero, ___(5)___ muchos bancos donde las señoras bien ___(6)___ cuidaban a los críos. Al mismo tiempo conversaban con sus amigas, ___(7)___ o simplemente contemplaban tan ___(8)___ panorama. Los dos amigos, observando esa escena, recordaron de repente su infancia y se ___(9)___ un poco ___(10)___. Fue como si ellos ___(11)___ regresado a su niñez.

1. _____ (caminar)

2. _____ (cubierto)

3. _____ (seco)

4. _____ (ser)

5. _____ (haber)

6. _____ (abrigado)

7. _____ (tejer)

8. _____ (hermoso)

9. _____ (sentir)

10. _____ (sentimental)

11. _____ (haber)

SECTION 9

Después de haber ___(1)___ a Juan, que no se ___(2)___ bien desde hace días, yo decidí ir a comprar ___(3)___ cosas que necesitaba. Cuando yo ___(4)___ al almacén, había ___(5)___ gente que parecía un hormiguero. Todo el mundo andaba ___(6)___ de paquetes, ___(7)___ en ___(8)___ direcciones. Para mí aquello era casi una diversión después de ___(9)___ un rato bastante amargo. Ahora sé lo que ___(10)___ la salud.

1. _____ (visitar)

2. _____ (encontrar)

3. _____ (alguno)

4. _____ (llegar)

5. _____ (tanto)

6. _____ (cargado)

7. _____ (moverse)

8. _____ (todo)

9. _____ (pasar)

10. _____ (valer)

Si tú me ____(1)____ lo que prefiero sería muy difícil decírtelo. Todo depende de ____(2)____ circunstancias. La economía parece estar ____(3)____ pero no sé si éste es el momento propicio para invertir tan ____(4)____ cantidad de dinero. Además sabes que quiero comprarle una casa a mamá. Tal vez te ____(5)____ que a estas alturas no debería estar tan indeciso ya que hemos discutido ____(6)____ tema varias veces. Sin embargo, para ____(7)____ llegar a una decisión satisfactoria, tendremos que analizar ____(8)____ opciones dentro de un mes. Entonces yo ____(9)____ que darte mi respuesta sin ____(10)____ duda.

1. _____ (preguntar)

2. _____ (cierto)

3. _____ (mejorar)

4. _____ (alto)

5. _____ (parecer)

6. _____ (este)

7. _____ (poder)

8. _____ (ambos)

9. _____ (tener)

10. _____ (ninguno)

—Su ventana está abierta —dice. Ya debe de ____(1)____ salido. Estará cruzando las callecitas empinadas y estrechas. Es incomprensible tanto madrugar por ____(2)____ devoción. Ella sube por mí, por mí exclusivamente.

Del puerto están saliendo algunos barquitos con su trepidar de motores como de juguete. ____(3)____ columnas de humo van ____(4)____ en el mar. Las olas que rompen en la playa son ____(5)____ y parecen colchas desplegadas.

Ya la ha ____(6)____. Acaba de traspasar la puerta del parque. Sobresale su melena rubia por encima de los arbustos del jardín. Su andar es rítmico y ligero. Enrique está atento, como contando sus pasos.

Todavía ella no puede verle. Enrique no se retirará de la ventana hasta que ella ____(7)____ la vuelta a las tapias del cementerio. En aquel punto, bajo las ramas de los frutales y de los sauces, ____(8)____ un claro por el que se ven sin ____(9)____.

1. _____ (haber)

2. _____ (puro)

3. _____ (Frágil)

4. _____ (aparecer)

5. _____ (blanco)

6. _____ (ver)

7. _____ (dar)

8. _____ (haber)

9. _____ (mirarse)

SECTION 12

Yo me ___(1)___ a menudo de la casa de mis abuelos. No sé si es por ___(2)___ vivido en ___(3)___ aldea durante una época apacible, casi pastoral, ___(4)___ imágenes aparecen una y otra vez como si ___(5)___ rodeadas de ___(6)___ aureola brillante llena de nostalgia ___(7)___. Me parece estar ___(8)___ escenas que al ___(9)___ van perdiendo poco a poco su relieve.

1. _____ (acordar)

2. _____ (haber)

3. _____ (aquel)

4. _____ (cuyo)

5. _____ (estar)

6. _____ (un)

7. _____ (abrumador)

8. _____ (mirar)

9. _____ (reaparecer)

SECTION 13

León Roch no quiso ver más, y ___(1)___ del salón y del establecimiento. La noche, tibia y calmosa, convidábale a ___(2)___ por la alameda, donde no había alma ___(3)___ ni se ___(4)___ otro ruido que el canto de los sapos. Después de dar cuatro vueltas, creyó distinguir a una persona en la más ___(5)___ de las ventanas bajas. ___(6)___ una forma blanca, mujer, sin duda, que ___(7)___ su brazo derecho en el alféizar, mostraba el busto.

1. _____ (salir)

2. _____ (pasear)

3. _____ (viviente)

4. _____ (oír)

5. _____ (próximo)

6. _____ (Ser)

7. _____ (apoyar)

_____(1)_____ poco tiempo encontré unas cartas amarillentas y _____(2)_____ atadas con una cinta que en _____(3)_____ época fue verde. Ese hallazgo _____(4)_____ inesperado porque ya había hecho una limpieza bastante _____(5)_____ de toda la alcoba. No sé cómo no _____(6)_____ haberlas percibido antes. ¿De quién podrían ser? ¿Para quién podrían ser? ¿Qué secretos ocultos _____(7)_____? Sentí _____(8)_____ curiosidad increíble, pero al mismo tiempo ya fuera por respeto o por un miedo hasta ahora _____(9)_____, decidí dejarlas en aquel mismo lugar _____(10)_____ por mí hasta siempre.

1. _____ (Hacer)

2. _____ (frágil)

3. _____ (alguno)

4. _____ (ser)

5. _____ (meticuloso)

6. _____ (poder)

7. _____ (contener)

8. _____ (uno)

9. _____ (desconocido)

10. _____ (olvidado)

En esa librería no se puede conseguir _____(1)_____ obra que _____(2)_____ sido _____(3)_____ por un autor barroco. Tampoco es fácil _____(4)_____ ayuda. Ayer, cuando estuve ahí, le pedí a la vendedora que me _____(5)_____ cierta información sobre lo que _____(6)_____. En vez de hacerlo, me _____(7)_____ que estaba muy ocupada, que andaba atrasada con el trabajo y que volviera otro día que no _____(8)_____ tanta gente. Pienso no _____(9)_____ a perder el tiempo en _____(10)_____ lugar.

1. _____ (ninguno)

2. _____ (haber)

3. _____ (escrito)

4. _____ (obtener)

5. _____ (dar)

6. _____ (necesitar)

7. _____ (decir)

8. _____ (haber)

9. _____ (volver)

10. _____ (ese)

SECTION 16

Al ___(1)___ al centro de la ciudad ___(2)___, Mario y yo empezamos a observar que había ___(3)___ sinnúmero de callejuelas poco ___(4)___ y peor empedradas. En ___(5)___ folleto de los que habíamos ___(6)___ se mencionaba tal vecindario. De repente, por una ventana entornada, se asomó un personaje que ___(7)___ proceder del más allá. Mario y yo nos ___(8)___ atónitos.

1. _____ (acercarse)

2. _____ (soñado)

3. _____ (un)

4. _____ (iluminado)

5. _____ (ninguno)

6. _____ (leer)

7. _____ (parecer)

8. _____ (quedar)

SECTION 17

Miguel y yo estamos parados en un cuarto; hace fresco y está oscuro pero hay luz ___(1)___ para darnos cuenta de lo que hay. Nuestro guía se ha ___(2)___ y dice:

—Bienvenidos a la ___(3)___ Pirámide que fue ___(4)___ hace cinco mil años por el faraón o rey, Khufu. Como los otros faraones, Khufu ___(5)___ una tumba especial. Esta pirámide tiene más de 450 pies de altura; es tan alta como un rascacielos de 40 pisos. Un libro de historia dice que 100.000 esclavos ___(6)___ por 20 años para ___(7)___ esta obra maestra. Khufu ___(8)___ enterrado con comida, ropa, joyas y posesiones para que estas cosas lo ___(9)___ a la "otra vida". Ahora, señores turistas, por favor, ___(10)___ ustedes derecho hasta el próximo cuarto.

1. _____ (adecuado)

2. _____ (detener)

3. _____ (Grande)

4. _____ (construido)

5. _____ (querer)

6. _____ (trabajar)

7. _____ (acabar)

8. _____ (ser)

9. _____ (acompañar)

10. _____ (seguir)

Junto a la ___(1)___ estancia, que era sala, despacho y gabinete de estudio, ___(2)___ una alcoba y dos cuartos pequeños. En uno de éstos habitaba el criado. Pocos y cómodos muebles, ___(3)___ de Madrid, muchos libros, piedras, láminas, atlas, mesa de dibujo con adminículos de acuarela y lavado, un microscopio, ___(4)___ herramientas de geólogo y los más ___(5)___ aparatos químicos para el análisis por la vía húmeda y por el soplete, llenaban la vasta celda.

—¡Ea!, ya tiene usted su cuarto ___(6)___, señor don León —dijo Facunda, ___(7)___ sin aliento en el sillón de estudio—. Ya puede usted ___(8)___ cuando ___(9)___. No se quejará de que he ___(10)___ estas barajitas.

1. _____ (grande)
2. _____ (haber)
3. _____ (traído)
4. _____ (alguno)
5. _____ (sencillo)
6. _____ (arreglado)
7. _____ (sentarse)
8. _____ (venir)
9. _____ (querer)
10. _____ (revolver)

"¡Qué lástima que tú no ___(1)___ de más tiempo esta vez!" ___(2)___ fueron casi las primeras palabras con que me ___(3)___ Tobías ayer. Nosotros ___(4)___ reunirnos un fin de semana ___(5)___ cuando yo regresaba a la ciudad después de mi acostumbrada temporada de vacaciones en las montañas. En esta ocasión tendríamos que ___(6)___ hasta mucho más tarde algo que anticipábamos con ___(7)___ fruición.

1. _____ (disponer)
2. _____ (Aquél)
3. _____ (saludar)
4. _____ (soler)
5. _____ (completo)
6. _____ (posponer)
7. _____ (mucho)

Nuestra casa estaba lejos de la plaza grande, en un bosque de mangos frente al río. Mi hermana Margot había ___(1)___ hasta el puerto ___(2)___ por la orilla, y la gente estaba demasiado ___(3)___ con la visita del obispo para ocuparse de ___(4)___ novedades. Habían ___(5)___ a los enfermos acostados en los portales para que ___(6)___ la medicina de Dios, y las mujeres salían ___(7)___ de los patios con pavos y lechones y ___(8)___ clase de cosas de comer, y desde la orilla opuesta llegaban canoas adornadas de flores. Pero después de que el obispo ___(9)___ sin ___(10)___ su huella en la tierra, la otra noticia reprimida alcanzó su tamaño de escándalo. Entonces ___(11)___ cuando mi hermana Margot la conoció completa y de un modo brutal: Ángela Vicario, la hermosa muchacha que se había casado el día anterior, había sido ___(12)___ a la casa de sus padres.

1. _____ (ir)

2. _____ (caminar)

3. _____ (excitado)

4. _____ (otro)

5. _____ (poner)

6. _____ (recibir)

7. _____ (correr)

8. _____ (todo)

9. _____ (pasar)

10. _____ (dejar)

11. _____ (ser)

12. _____ (devuelto)

--- **SECTION 21** ---

Cuando la llamé, ella no ___(1)___ el teléfono. Pensé que había ___(2)___ a la hacienda del tío Jorge. Sabía que yo no dormiría bien. Me desperté muy aturdido ___(3)___ noche como resultado de las ___(4)___ pesadillas que ___(5)___ . Me di cuenta de cuánto la ___(6)___ y que sólo quería estar en sus ___(7)___ brazos. ___(8)___ yo mismo ir a buscarla . . .

1. _____ (contestar)

2. _____ (ir)

3. _____ (ese)

4. _____ (mucho)

5. _____ (tener)

6. _____ (amar)

7. _____ (acogedor)

8. _____ (Decidir)

Como yo me entretengo ____(1)____ me encanta ____(2)____ platos fuera de lo común. Uno se aburre de las cosas repetidas. Ayer, ____(3)____ hervido un poco de arroz, decidí condimentarlo a la manera oriental. Necesitaba huevos, cebollas y carne. Pero me ____(4)____ lo más esencial: esa famosa salsa de soja, la cual le da un gusto ____(5)____ especial a ____(6)____ plato. Cuando mis huéspedes llegaron, ____(7)____ que conformarse con el arroz hervido. De ahora en adelante [yo] ____(8)____ de antemano todos los ingredientes antes de tratar de ____(9)____ una receta.

1. _____ (cocinar)

2. _____ (preparar)

3. _____ (haber)

4. _____ (faltar)

5. _____ (tanto)

6. _____ (ese)

7. _____ (tener)

8. _____ (verificar)

9. _____ (improvisar)

SECTION 23

La televisión les ofrece ____(1)____ tentaciones a las personas que son ____(2)____ de carácter. Aunque ____(3)____ programas durante todo el día y ____(4)____ parte de la noche, algunos de ellos son ____(5)____ y simples. Es necesario que el individuo ____(6)____ mucha fuerza de voluntad para no ____(7)____ a la tentación de ____(8)____ por horas a ver y a oír cosas que no ____(9)____ la menor importancia.

1. _____ (mucho)

2. _____ (débil)

3. _____ (haber)

4. _____ (grande)

5. _____ (tonto)

6. _____ (tener)

7. _____ (sucumbir)

8. _____ (sentarse)

9. _____ (tener)

Ayer los trabajadores estuvieron ___(1)___ cosas de la antigua casona. Manos ___(2)___ manoseaban, sin cuidado, infinidad de objetos semiarruinados despertándolos de un sueño lleno de olvido. Poco a poco se había ___(3)___ el desolado patio de un sinnúmero de objetos amontonados tan desordenadamente que no ___(4)___ por dónde ___(5)___. Entre ida y salida, de repente ___(6)___ al suelo una vieja caja de cartón medio carcomida y ___(7)___ de repugnantes telarañas.

—¡Qué sorpresa va a llevarse Manuel cuando ___(8)___! No sabe lo que le ___(9)___ —pensó Mercedes mientras ___(10)___ la escena.

1. _____ (sacar)

2. _____ (extraño)

3. _____ (llenar)

4. _____ (haber)

5. _____ (pasar)

6. _____ (caer)

7. _____ (cubierto)

8. _____ (regresar)

9. _____ (esperar)

10. _____ (contemplar)

SECTION 25

En la puerta se cruzó con un señor que lo saludó; en el ascensor ___(1)___ tres desconocidos. Uno de ellos ___(2)___ a Gauna, inquirió:

—¿Qué piso?

—Cuatro.

El señor apretó el botón. Cuando llegaron, abrió la puerta para que Gauna ___(3)___; Gauna pasó y con sorpresa ___(4)___ que los señores lo seguían. Murmuró confusamente:

—¿Ustedes también? . . .

La puerta estaba ___(5)___; los señores entraron; había gente adentro. Entonces ___(6)___ Clara, ___(7)___ de negro —¿de dónde sacó ese vestido?— con los ojos ___(8)___, corriendo, se ___(9)___ en sus brazos.

1. _____ (haber)

2. _____ (dirigirse)

3. _____ (pasar)

4. _____ (ver)

5. _____ (entreabierto)

6. _____ (aparecer)

7. _____ (vestido)

8. _____ (brillante)

9. _____ (echar)

Este verano se esperaba ___(1)___ cantidad de turistas en la ciudad. ___(2)___ pensaban que no ___(3)___ suficientes habitaciones para acomodar a ___(4)___ visitantes. Por ___(5)___ razón se les pidió a ciertas familias que ___(6)___ sus casas para que ___(7)___ de alojamiento. Después de todo, no hubo ___(8)___ problema porque el mal tiempo y la falta de dinero ___(9)___ a que la temporada, desgraciadamente, ___(10)___ un fracaso; muy ___(11)___ vinieron.

1. _____ (grande)

2. _____ (Alguno)

3. _____ (haber)

4. _____ (tanto)

5. _____ (ese)

6. _____ (facilitar)

7. _____ (servir)

8. _____ (ninguno)

9. _____ (contribuir)

10. _____ (ser)

11. _____ (poco)

. . . Poco a poco, empecé a comprender que Román ___(1)___ instando a Juan para que se ___(2)___ a los nacionales . . . Figúrate, Andrea, que por ___(3)___ días fue cuando yo empecé a sentir que ___(4)___ embarazada. Se lo dije a Juan. Él se ___(5)___ pensativo . . . Aquella noche en que se lo dije ya te imaginarás mi interés al ___(6)___ a escuchar tras de la puerta del cuarto de Román. Yo estaba en camisón, ___(7)___ todavía me parece que siento aquella angustia. Juan decía: "Estoy decidido. Ya no hay nada que me ___(8)___ ." Yo no lo podía creer. Si lo hubiera ___(9)___ en aquel mismo momento, habría aborrecido a Juan . . .

1. _____ (estar)

2. _____ (pasar)

3. _____ (aquel)

4. _____ (estar)

5. _____ (quedar)

6. _____ (volver)

7. _____ (descalzo)

8. _____ (detener)

9. _____ (creer)

Compró un periódico. Los acontecimientos del mundo le sonaban a extraños. Eran contradictorias e intolerables las noticias. ¿Era posible que Alemania ____(1)____ perder la guerra? ¿El Japón estaba ya abatido? Se imaginó que sobrevenía ____(2)____ revolución y que de nuevo la libertad le situaría en el mundo. Pero ahora ya no sería como antes; ahora ya sabría él usar su volundad. ¿Cómo había ____(3)____ tan ciego?

Tuvo que ____(4)____ en un pueblo cercano. Mientras ____(5)____ el tren dio una vuelta por la ciudad. Una iglesia con pretensiones ____(6)____, una plaza con aires de capital de provincia y un parque en el que se celebraba aquel día un importante mercado de ganado. Compró un paquete de tabaco rubio y ____(7)____ un cigarrillo. Era una idiotez que en el Seminario [ellos] ____(8)____ fumar.

1. _____ (poder)

2. _____ (otro)

3. _____ (estar)

4. _____ (trasbordar)

5. _____ (salir)

6. _____ (gótico)

7. _____ (encender)

8. _____ (prohibir)

SECTION 29

Acontece que cuando se ____(1)____ a los niños un objeto ____(2)____ que les sorprende por su belleza, jamás lo dan por concluido, y quieren ellos ____(3)____ algo de su propia cosecha que complete y ____(4)____ la obra. Sin duda, tienen en más alto grado que los hombres el ideal de la perfección artística, y no hay para ellos obra de arte que no ____(5)____ una pincelada más. Así lo comprendió Monima, que viendo no lejos de la lámina un tintero, ____(6)____ bonitamente el dedo en él y ____(7)____ una gruesa raya de tinta sobre el dibujo. Radiante de gozo y satisfacción, se echó a ____(8)____, ____(9)____ a Tachana y a Guru.

1. _____ (presentar)

2. _____ (cualquiera)

3. _____ (poner)

4. _____ (valorar)

5. _____ (necesitar)

6. _____ (meter)

7. _____ (trazar)

8. _____ (reír)

9. _____ (mirar)

Después vi que estaba ____(1)____ la noche; pero lo vi recién cuando ____(2)____ noche llegó Bob y vino a ____(3)____ a la mesa donde yo ____(4)____ solo y despidió al mozo con una seña. Esperé un rato, mirándolo, era tan parecido a ella cuando movía las cejas; y la punta de la nariz, como a Inés, se le aplastaba un poco cuando conversaba. "Usted no se va a casar con Inés", dijo después. Lo miré, ____(5)____, dejé de mirarlo. "No, no se va a casar con ella porque una cosa así se puede evitar si hay alguien de veras resuelto a que no se ____(6)____." Volví a ____(7)____. "Hace unos años —le dije— eso me hubiera ____(8)____ muchas ganas de casarme con Inés."

1. _____ (esperar)

2. _____ (aquel)

3. _____ (sentarse)

4. _____ (estar)

5. _____ (sonreír)

6. _____ (hacer)

7. _____ (reírse)

8. _____ (dar)

UNIT IX

Each section of this unit consists of sixteen sentences designed to give students practice in writing the correct form of the infinitive in context.

Directions: In each of the following sentences, a verb has been omitted and replaced by a numbered blank. Complete each sentence by writing on the numbered line in the right margin the correct form and tense of the verb, based on the context provided by the sentence. The infinitive form of the verb to be used is shown in parentheses after each numbered line. You may have to use more than one word in some cases.

Instrucciones: En cada una de las siguientes oraciones, un verbo ha sido omitido y reemplazado por un espacio numerado. Complete cada oración escribiendo en la línea numerada en el margen derecho la forma y el tiempo correctos del verbo, basándose en el contexto dado. El infinitivo del verbo a utilizarse aparece entre paréntesis al final de cada línea numerada. Es posible que en algunos casos se utilice más de una palabra.

Examples:

Cuando llegué, el avión ya __(example)__.　　　　*había aterrizado* (aterrizar)

Mientras yo estudiaba, él __(example)__ la radio.　　　*escuchaba*　　(escuchar)

SECTION 1

1. ¿Qué __(1)__ hacer tú cuando estás aburrido?

2. Esa novela ha __(2)__ escrita por García Márquez.

3. Al bajar la escalera mi mamá __(3)__ y se le torció el tobillo izquierdo.

4. Cuando __(4)__, llámame por teléfono; tengo que hablar contigo.

5. Mi primo me dijo que él __(5)__ a las ocho, pero nunca llegó.

6. Este muchacho está hablando con mi hermana como si la __(6)__ desde hace muchos años.

7. ¿Cuántas personas __(7)__ en la conferencia del miércoles próximo?

8. Te prohibo que __(8)__ cerca de ese edificio.

9. No me __(9)__; yo no iré mañana a la reunión contigo.

10. El profesor siempre empieza la clase __(10)__ un corto párrafo.

11. Vamos a __(11)__ temprano para salir por la madrugada.

12. Si yo __(12)__ más dinero, almorzaría en el restaurante gallego.

13. Por su reacción, era evidente que Rosaura no __(13)__ lo que pasó.

14. De estos libros, toma los que tú __(14)__.

15. No me importa que mamá __(15)__ a mi viaje. Iré de todos modos.

16. El médico le ordenó __(16)__ en cama por unos días para que se recuperara.

1. _____ (soler)
2. _____ (ser)
3. _____ (caerse)
4. _____ (poder)
5. _____ (llegar)
6. _____ (conocer)
7. _____ (haber)
8. _____ (jugar)
9. _____ (esperar)
10. _____ (leer)
11. _____ (acostarse)
12. _____ (tener)
13. _____ (saber)
14. _____ (querer)
15. _____ (oponerse)
16. _____ (quedarse)

1. Cuando Guillermo era pequeño, él ____(1)____ a sus padrinos los domingos.

          1. _____ (visitar)

2. Es necesario ____(2)____ bien para tener buena salud.

          2. _____ (comer)

3. Siempre me pide que ____(3)____ la puerta cuando entro y cuando salgo.

          3. _____ (cerrar)

4. Te daré lo que me estás ____(4)____ si no se lo dices a nadie.

          4. _____ (pedir)

5. ____(5)____ las manos antes de sentarte a cenar.

          5. _____ (Lavarse)

6. Salgo corriendo cada vez que cocinas porque todo ____(6)____ a quemado.

          6. _____ (oler)

7. Les habían aconsejado a sus hijos que no ____(7)____ descalzos por la playa.

          7. _____ (andar)

8. Aconséjele a Jorge que ____(8)____ temprano a la tertulia.

          8. _____ (venir)

9. Comprarán un yate si ellos ____(9)____ la lotería.

          9. _____ (ganar)

10. Cuando empezó a hacer muecas al hablar, ellos ____(10)____ de él.

         10. _____ (reírse)

11. Ella no irá a la reunión a menos que tú ____(11)____ también.

         11. _____ (ir)

12. En otros años ha ____(12)____ más concurrida la asamblea.

         12. _____ (estar)

13. Temeroso de que lo arrestaran, Miguel ____(13)____ inmediatamente a otro país.

         13. _____ (huir)

14. Orlando nunca admite la posibilidad de ____(14)____ el puesto, aunque ya lo ha amenazado el jefe varias veces.

         14. _____ (perder)

15. Me parece que algo extraño ____(15)____ ocurrido esta mañana.

         15. _____ (haber)

16. Déle el dinero a quien más lo ____(16)____; a mí no me hace falta ahora.

         16. _____ (merecer)

1. ¡____(1)____ Ud. con cuidado! Ya dejó de nevar pero las carreteras están muy peligrosas.

   1. _____ (Conducir)

2. Mientras Blanca estudiaba sus lecciones, Juan Carlos ____(2)____ la televisión.

   2. _____ (ver)

3. Atienda Ud. a los niños en cuanto ellos ____(3)____ de la escuela.

   3. _____ (regresar)

4. Cuando recibió el golpe, a Roberto se le ____(4)____ los platos que llevaba.

   4. _____ (caer)

5. Salió ____(5)____ cuando oyó los rugidos de la bestia.

   5. _____ (huir)

6. Lleva el paraguas contigo en caso de que ____(6)____.

   6. _____ (llover)

7. Les dije a los albañiles que por favor ____(7)____ todo el material que les había pedido.

   7. _____ (traer)

8. El abogado siguió entrevistando a todos los testigos del accidente hasta que ____(8)____ la verdad.

   8. _____ (saber)

9. Será mejor que nosotros ____(9)____ en la tienda de campaña esta noche.

   9. _____ (dormir)

10. A quien le ____(10)____ el hígado, que se lo coma.

   10. _____ (gustar)

11. Si quieres tomar buenas fotos, yo te ____(11)____ que vayas a Nuevo México; las vistas son fantásticas.

   11. _____ (recomendar)

12. Si nosotros ____(12)____ millonarios, viajaríamos por el mundo.

   12. _____ (ser)

13. Alberto se despidió de su familia antes de que ____(13)____ el taxi que lo llevaría al aeropuerto.

   13. _____ (llegar)

14. Los revolucionarios quemaron todas las casas por donde ____(14)____.

   14. _____ (pasar)

15. Aún no habían comido cuando Pedro ____(15)____ irse porque venía una horrible tempestad.

   15. _____ (decidir)

16. Eres un amigo fiel; sé que te duele que ellos me ____(16)____ tratado mal.

   16. _____ (haber)

1. ¡Cuántas veces les he ___(1)___ a ustedes que no fumen en el ascensor!

    1. _____ (decir)

2. Generalmente, mi hermano saca la basura por la noche, pero ayer yo la ___(2)___.

    2. _____ (sacar)

3. Iré a la fiesta pero ahora yo no ___(3)___ a qué hora llegaré.

    3. _____ (saber)

4. Cuando era joven, yo ___(4)___ en casa de mis abuelos todos los veranos.

    4. _____ (quedarse)

5. Espero que Uds. se ___(5)___ divertido en la fiesta.

    5. _____ (haber)

6. Ya van a llegar tus invitados; por favor, ___(6)___ un poco, Rolando.

    6. _____ (apurarse)

7. Cuando llegues a Madrid, ¿___(7)___ tiempo para visitar a mis bisabuelos?

    7. _____ (tener)

8. Héctor, ven a la fiesta temprano pero no me ___(8)___ nada porque tenemos de todo.

    8. _____ (traer)

9. Vamos en la camioneta para que ___(9)___ todos.

    9. _____ (caber)

10. Mi tío me pidió que le ___(10)___ la carta del inglés al español.

    10. _____ (traducir)

11. Si Manolo nos ___(11)___, habríamos ido con él y con su hermana.

    11. _____ (invitar)

12. Es imprescindible que las naciones no ___(12)___ al tratado ahora que verdaderamente lo necesitan.

    12. _____ (oponerse)

13. Las flores con que adornaron las mesas ___(13)___ amarillas y hacían juego con los manteles.

    13. _____ (ser)

14. Ese profesor se expresa de tal forma que todo el mundo ___(14)___ lo que explica.

    14. _____ (entender)

15. Allí no se podía oír nada; mientras hablaban unos, ___(15)___ los otros.

    15. _____ (gritar)

16. Tengo ganas de que ___(16)___ esta fiesta ya; nadie me ha sacado a bailar.

    16. _____ (terminar)

1. Desde hoy en adelante las ventanas ___(1)___ abiertas solamente por el portero del edificio.

    1. _____ (ser)

2. Uds. ___(2)___ de devolver los libros a la biblioteca lo más pronto posible.

    2. _____ (haber)

3. ___(3)___ a la escuela todos los días se aprende mucho.

    3. _____ (Ir)

4. Por más que tú ___(4)___, no podrás hacerlo; es demasiado difícil.

    4. _____ (querer)

5. Mientras yo ___(5)___ las noticias, me enteré de que el presidente había huido del país.

    5. _____ (escuchar)

6. Nos ruega que ___(6)___ a trabajar sin demora.

    6. _____ (empezar)

7. No vi ninguna camisa que me ___(7)___.

    7. _____ (gustar)

8. ¿Por qué no ___(8)___ ayer las joyas que te regalé?

    8. _____ (ponerse)

9. La azafata les anunció a los pasajeros: "___(9)___ el cinturón de seguridad y no fumen".

    9. _____ (Abrocharse)

10. Salgan de la habitación a fin de que Olga ___(10)___ limpiarla.

    10. _____ (poder)

11. Lo que más me gusta hacer cuando tengo tiempo es ___(11)___.

    11. _____ (dibujar)

12. Le prestaré el dinero con tal de que Ud. ___(12)___ lo que debe.

    12. _____ (pagar)

13. Lo encontré todo tan bien como yo lo ___(13)___.

    13. _____ (presentir)

14. Arregle esas cajas de modo que ___(14)___ por la puerta y no se dañen.

    14. _____ (caber)

15. "Cuiden al niño según se les ___(15)___", nos decían los padres de Gonzalito antes de salir.

    15. _____ (enseñar)

16. Terminaremos de pintar la casa cuando tú lo ___(16)___.

    16. _____ (querer)

1. Cuando estaba en Puerto Rico, mis primos y yo ____(1)____ a pescar todos los días.

1. _____ (ir)

2. Yo no ____(2)____ nunca lo que busco.

2. _____ (conseguir)

3. Cuando Juan me lo ____(3)____, te lo prestaré a ti.

3. _____ (devolver)

4. Siempre que nos ____(4)____ la visita, nos traen un regalo.

4. _____ (hacer)

5. Yo la ____(5)____ por todas partes y no la encontré.

5. _____ (buscar)

6. No comprendo cómo pudiste ____(6)____ a hacer eso.

6. _____ (atreverse)

7. Dígale a Oscar que ____(7)____ la hora de llegada del avión y que me llame después.

7. _____ (averiguar)

8. El *Quijote* ____(8)____ publicado en 1605.

8. _____ (ser)

9. ¡____(9)____ (nosotros) aquí y charlemos un ratito con ellos!

9. _____ (Sentarse)

10. Si ____(10)____ por este camino, llegarás al valle.

10. _____ (seguir)

11. ¡Estas gallinas no han ____(11)____ ni un huevo!

11. _____ (poner)

12. ¡Yo podría pasar todo el día ____(12)____ esa música!

12. _____ (oír)

13. No volveré a esta casa hasta que Juan ____(13)____.

13. _____ (irse)

14. Yo tenía mucha confianza en mis habilidades; por eso el concurso terminó como yo lo ____(14)____.

14. _____ (esperar)

15. Tú ____(15)____ hecho todo lo contrario, así que no te quejes.

15. _____ (haber)

16. Tan pronto como tú lo ____(16)____, avísame.

16. _____ (saber)

1. Es difícil ____(1)____ de antemano si la subasta tendrá éxito. 1. _____ (saber)

2. Ayer la policía ____(2)____ a la muchedumbre sin usar fuerza alguna. 2. _____ (contener)

3. Yo estaba ____(3)____ cuando sonó el teléfono; por eso, no lo atendí inmediatamente. 3. _____ (desvestirse)

4. No le ____(4)____ Ud. tanto; deje que ella haga lo que le parezca bien. 4. _____ (rogar)

5. Cada vez que cantaba, ellos le ____(5)____ tomates. 5. _____ (tirar)

6. Manuel no estuvo satisfecho hasta que ____(6)____ al diputado. 6. _____ (entrevistar)

7. Dile a Teresa que ____(7)____ el lugar que más le guste para su luna de miel. 7. _____ (escoger)

8. El médico me dijo que volviera a su consultorio en cuanto ____(8)____ nuevamente los dolores. 8. _____ (sentir)

9. Si yo ____(9)____ el postre, habría quedado mejor. 9. _____ (hacer)

10. Le regalaré un viaje alrededor del mundo cuando ella ____(10)____ en junio. 10. _____ (graduarse)

11. Después de que ____(11)____ la tormenta, saldrá el sol. 11. _____ (pasar)

12. Él corría por el monte como si ____(12)____ una liebre. 12. _____ (ser)

13. Oye, ____(13)____ el gas un poco para que se cocinen las langostas pronto. 13. _____ (subir)

14. Si usted quisiera irse temprano, yo ____(14)____ terminar el informe. 14. _____ (poder)

15. Vienen a que él les ____(15)____ la mejor ruta para llegar a casa de Angelina. 15. _____ (indicar)

16. Había tanta demanda, que ____(16)____ toda la mercancía que trajimos de la feria. 16. _____ (venderse)

1. Después de tantos años sin verlo, yo ___(1)___ a Marcos inmediatamente.

    1. _____ (reconocer)

2. ___(2)___ en nuestros hijos hemos decidido mudarnos a un barrio más accesible.

    2. _____ (Pensar)

3. Señor Alameda, por favor, ___(3)___ Ud. los exámenes para mañana.

    3. _____ (corregir)

4. Si estás sudando, ¡no ___(4)___ con agua fría!

    4. _____ (ducharse)

5. Ayer el sacerdote ___(5)___ a los fieles varias veces durante la misa.

    5. _____ (bendecir)

6. Tendremos que comprar una casa más grande antes de que ___(6)___ el niño.

    6. _____ (nacer)

7. Mis tíos siempre lo han ___(7)___ todo a gritos.

    7. _____ (resolver)

8. No lo aceptaría aunque él me lo ___(8)___ de rodillas.

    8. _____ (pedir)

9. Papá nos pide que ___(9)___ una rumba para alegrar un poco la velada.

    9. _____ (tocar)

10. ¿Por qué cojeas? ¿Te ___(10)___ mucho los zapatos nuevos?

    10. _____ (apretar)

11. Si nosotros ___(11)___ el dinero suficiente, habríamos comprado un televisor a colores.

    11. _____ (ahorrar)

12. No conozco a nadie que ___(12)___ esa obra de teatro.

    12. _____ (ver)

13. Señores, a fin de llegar a un acuerdo lo más pronto posible, ___(13)___ rápido.

    13. _____ (decidir)

14. Aquí te dejo la ropa para que mañana tú no ___(14)___ demasiado.

    14. _____ (demorarse)

15. Resolvió el asunto tan bien que todos por fin ___(15)___ satisfechos.

    15. _____ (quedar)

16. Tenemos mucho tiempo, no ___(16)___ apuro.

    16. _____ (haber)

1. El preso proclamaba a gritos que no ___(1)___ culpable.

1. _____ (ser)

2. Creo que yo sí ___(2)___ un premio por mi esfuerzo.

2. _____ (merecer)

3. Antes de que yo ___(3)___ el coche, ya habías empezado a criticarme.

3. _____ (arrancar)

4. No podré asistir a la reunión, pues tengo mucho que ___(4)___.

4. _____ (hacer)

5. Es difícil que Ud. me ___(5)___ en casa antes de las nueve y media porque siempre llego muy tarde.

5. _____ (encontrar)

6. ___(6)___ dinero, todo se resuelve.

6. _____ (Tener)

7. Yo ___(7)___ sólo una vez antes de acertar con la respuesta.

7. _____ (equivocarse)

8. Puedo ayudarte con tal de que ___(8)___ para el bien de todos.

8. _____ (ser)

9. Los chicos no me dijeron que se había ___(9)___ el tocadiscos.

9. _____ (descomponer)

10. Dolores, me gustaría que te ___(10)___ quieta. Deja de molestar.

10. _____ (estar)

11. Por más que yo se lo ___(11)___, no me hace caso alguno.

11. _____ (decir)

12. La casa se estremeció como si ___(12)___ un terremoto.

12. _____ (haber)

13. Si no me quejo, en el futuro yo no ___(13)___ nada.

13. _____ (obtener)

14. Siempre que tú no te enojes, nosotros ___(14)___ a Eduardo.

14. _____ (invitar)

15. Si tú no desarrollas una buena relación con tus compañeros, de nada te servirá que ellos te ___(15)___ en el viaje.

15. _____ (acompañar)

16. Me sorprende que Gabriel no ___(16)___ pues aún cuando está enfermo siempre cumple con su trabajo.

16. _____ (terminar)

1. No podemos ir al centro si continúa ___(1)___ .

    1. _____ (llover)

2. No creo que ellos ___(2)___ de fondos; bien pueden prestarme el dinero.

    2. _____ (carecer)

3. Los dos estaban a punto de ___(3)___ cuando yo entré.

    3. _____ (desayunarse)

4. Adela dice que de hoy en adelante ella ___(4)___ su independencia económica.

    4. _____ (mantener)

5. Yo ___(5)___ este restaurante por primera vez, hace dos meses.

    5. _____ (descubrir)

6. Le pedí al inspector que ___(6)___ el perímetro total de los cafetales.

    6. _____ (medir)

7. Cuando llegó, su amigo ya había ___(7)___ todos los pormenores del asunto con ellos.

    7. _____ (discutir)

8. Tienes que quedarte en casa hasta que ___(8)___ el tiempo.

    8. _____ (aclararse)

9. Espero que esta vez no ___(9)___ con la tuya.

    9. _____ (salirse)

10. Después del incidente tan desagradable, no se ___(10)___ hacer nada aquel día.

    10. _____ (poder)

11. Ella siempre se queja de mí como si yo no ___(11)___ bien.

    11. _____ (conducir)

12. Teodoro prefiere que tú lo ___(12)___; si no, no irá.

    12. _____ (convencer)

13. La tele funciona bien con tal de que nadie ___(13)___ tanto los canales.

    13. _____ (cambiar)

14. Dejen que Elena llene los formularios para que ___(14)___ experiencia.

    14. _____ (adquirir)

15. Siguió ___(15)___ a pesar de tener un pie roto.

    15. _____ (saltar)

16. Esta ciudad, si no ___(16)___ por el frío, sería muy agradable.

    16. _____ (ser)

1. Después de haber ____(1)____ su trabajo, quedé muy satisfecho.
     1. _____ (ver)

2. Anoche yo le ____(2)____ la situación sólo para ver su reacción.
     2. _____ (plantear)

3. De todas maneras, ella seguirá ____(3)____ la misma de siempre.
     3. _____ (ser)

4. Marina, ten cuidado y no ____(4)____ demasiado al borde del abismo.
     4. _____ (acercarse)

5. Lo han elegido presidente del club y no hay quien lo ____(5)____.
     5. _____ (creer)

6. No querían que yo lo ____(6)____ pero lo traje.
     6. _____ (traer)

7. Durante los días que Josefa estuvo conmigo, siempre pasaba el tiempo ____(7)____ de todo.
     7. _____ (quejarse)

8. Leonidas tuvo que trabajar día y noche para poder ____(8)____ a tantos hijos.
     8. _____ (mantener)

9. No pude acompañarlos ayer porque no ____(9)____ en el coche de Ricardo.
     9. _____ (caber)

10. Lo conozco muy bien. Sé que si ____(10)____, se iría temprano.
     10. _____ (poder)

11. Francisco, tú no ____(11)____ con él; puedes perderlo todo.
     11. _____ (meterse)

12. Este programa ha tenido mucho éxito y permitirá que Alberto ____(12)____ en los próximos Juegos Panamericanos.
     12. _____ (competir)

13. Ahora se quejan pero obtuvieron malas notas por no haber ____(13)____.
     13. _____ (estudiar)

14. Aunque fuera mi hermano, no le ____(14)____ ni un centavo.
     14. _____ (dar)

15. Al bajar las escaleras, se le ____(15)____ la vela que llevaba en la mano.
     15. _____ (apagar)

16. Ha probado varias pastillas para que el dolor le ____(16)____, pero no lo consigue.
     16. _____ (disminuir)

1. Señora Díaz, ___(1)___ Ud. la dieta y regrese en tres semanas.

2. Tienes que ___(2)___ prisa si quieres llegar a tiempo.

3. Nicolás, apaga ese radio. El ruido está ___(3)___ loco.

4. Te miraban como si ellos no ___(4)___ lo que habías dicho.

5. Te aconsejo que ___(5)___ bien con tu abuela. No la molestes tanto.

6. Vicente ___(6)___ mucho al éxito de la compañía el año antepasado.

7. Esta fiesta se hizo con el fin de que todo el mundo ___(7)___ .

8. Cuando nosotros vivíamos en la capital, nunca pudimos comprar una casa porque ___(8)___ muy pobres.

9. Cuando Fulgencio ___(9)___ esa canasta, se irá.

10. Te he dicho varias veces que no ___(10)___ . Nadie va a creerte más.

11. Ayer yo ___(11)___ todas las hierbas que crecían alrededor de las rosas.

12. En esta tienda toda la ropa ha ___(12)___ hecha por miembros del sindicato.

13. Aunque me prometan una medalla, no ___(13)___ en ese concurso el año que viene.

14. Lo mejor del viaje fue que, antes de regresar, nosotros ___(14)___ visitar a mis abuelos por unos días.

15. Aunque ellos lo ___(15)___ con toda su fuerza, no van a romperlo.

16. Es necesario que usted ___(16)___ su manera de pensar.

1. _____ (continuar)

2. _____ (darse)

3. _____ (volverse)

4. _____ (creer)

5. _____ (comportarse)

6. _____ (contribuir)

7. _____ (divertirse)

8. _____ (ser)

9. _____ (terminar)

10. _____ (mentir)

11. _____ (arrancar)

12. _____ (ser)

13. _____ (participar)

14. _____ (poder)

15. _____ (golpear)

16. _____ (modificar)

1. Sr. Torres, tenga cuidado; no ___(1)___ Ud. la cabeza por la ventana.

2. Cada vez que nos visitaban, nos ___(2)___ bombones.

3. Estudia tus lecciones para que ___(3)___ siempre preparado.

4. Aunque corrí detrás de ella varias cuadras, no la ___(4)___ .

5. El profesor está hablando como si se ___(5)___ ese libro de memoria.

6. Prefiero no ___(6)___ el timbre porque podemos despertar al niño.

7. Siempre me opuse a que ellos ___(7)___ tan jóvenes.

8. ¿En qué año ___(8)___ el bisabuelo de Catalina?

9. Dile a Marta que no ___(9)___ el suéter en agua caliente porque puede encogerse.

10. Si yo estuviera en tu lugar, ___(10)___ de la misma manera.

11. ___(11)___ completado los trámites necesarios, los agentes se marcharon.

12. Sal temprano para llegar antes de que ___(12)___ .

13. Como no tienen dinero deben comprarle a Carmen un regalo que no ___(13)___ muy caro.

14. El chocolate no se ___(14)___ en Europa antes de la conquista de América.

15. Al soltar la cuerda, la embarcación ___(15)___ , pues las olas eran demasiado fuertes.

16. Se espera que esa nueva ley ___(16)___ muchas de las injusticias que existen hoy en día.

1. _____ (sacar)

2. _____ (traer)

3. _____ (estar)

4. _____ (alcanzar)

5. _____ (saber)

6. _____ (tocar)

7. _____ (casarse)

8. _____ (morirse)

9. _____ (poner)

10. _____ (proceder)

11. _____ (Haber)

12. _____ (anochecer)

13. _____ (ser)

14. _____ (conocer)

15. _____ (hundirse)

16. _____ (prevenir)

SECTION 14

1. —¿Dónde está Nidia?
—Está arriba, ___(1)___ a pierna suelta.

2. Algún día el señor López ___(2)___ lo que busca.

3. Podemos hacer el arreglo siempre y cuando Ud. nos ___(3)___ su apoyo.

4. Es aconsejable ___(4)___ en lo que se va a decir antes de hablar.

5. Ellos necesitaban un coche que no ___(5)___ mucha gasolina.

6. El mes pasado se ___(6)___ varias casas cerca de aquí y ya se han vendido todas.

7. En la escuela primaria yo ___(7)___ todos los artículos de la Constitución, pero ahora no los recuerdo.

8. Mamá siempre me dice: "¡___(8)___ bien y no mires a quién!"

9. No dejaron de pedir auxilio hasta que el guarda los ___(9)___ .

10. ¿Qué habrías hecho si ___(10)___ un incendio?

11. No quiero que a nadie se le ___(11)___ nada.

12. No debes preocuparte más; Félix ya te ha ___(12)___ la mayor parte del préstamo.

13. Mamá le pidió a la maestra que nos permitiera salir temprano para que nosotros ___(13)___ la tarde.

14. Por favor, no ___(14)___ en peligro nuestra vida; estás manejando demasiado rápido.

15. He leído varios de sus cuentos, pero me ___(15)___ leer muchos más.

16. Parece improbable que ___(16)___ a llover esta tarde.

1. _____ (dormir)
2. _____ (hallar)
3. _____ (dar)
4. _____ (pensar)
5. _____ (consumir)
6. _____ (construir)
7. _____ (saber)
8. _____ (Hacer)
9. _____ (oír)
10. _____ (haber)
11. _____ (olvidar)
12. _____ (devolver)
13. _____ (aprovechar)
14. _____ (poner)
15. _____ (gustar)
16. _____ (volver)

1. Me dijo que no descansaría hasta ___(1)___ lo prometido.

2. Estaré tranquila con tal de que me llames en cuanto tú ___(2)___ .

3. Si compramos este cuadro de Botero, ¿nos puede decir cuánto ___(3)___ en diez años?

4. Desde este balcón Julio y yo siempre ___(4)___ los desfiles. ¡Qué bonitos eran!

5. ___(5)___ se pueden resolver muchos conflictos.

6. Tenemos que comprar más copas porque las pocas que nos quedaban ya se han ___(6)___ .

7. Para que lo ___(7)___ , ya está todo en orden. No tengas miedo.

8. Tan pronto como recibí el libro, yo lo ___(8)___ a leer.

9. ¡___(9)___ la mesa como de costumbre y no juegues con los cubiertos!

10. Edgar dudaba que tú ___(10)___ la oferta de empleo.

11. Gastas el dinero como si a mí no me ___(11)___ ganarlo.

12. El fin de semana pasado Federico ___(12)___ en casa limpiando el sótano.

13. No es cierto que tales costumbres ___(13)___ desde la última vez que estuve aquí.

14. Saber ___(14)___ el lenguaje de los animales es útil.

15. Lo que ganan las mujeres, ya ___(15)___ solteras o casadas, es un factor que debemos tener en cuenta.

16. Ignacio está desilusionado; por eso queremos darle unos consejos que le ___(16)___ recuperarse.

1. _____ (lograr)

2. _____ (llegar)

3. _____ (valer)

4. _____ (mirar)

5. _____ (Hablar)

6. _____ (romper)

7. _____ (saber)

8. _____ (comenzar)

9. _____ (Poner)

10. _____ (aceptar)

11. _____ (costar)

12. _____ (quedarse)

13. _____ (cambiar)

14. _____ (interpretar)

15. _____ (ser)

16. _____ (permitir)

1. ___(1)___ las siete y media cuando terminaron la tarea.

2. Ojalá que no ___(2)___ esta noche porque queremos salir.

3. El avión ___(3)___ de aterrizar cuando llegaron al aeropuerto.

4. Llevo dos meses ___(4)___ de intérprete para una compañía internacional.

5. Margarita, ___(5)___ acá; quiero mostrarte cómo hacer el pastel.

6. Anoche Luisa y yo ___(6)___ buscándote por todos lados.

7. Han ___(7)___ muchos animales a causa de la sequía.

8. Les di las acuarelas para que ___(8)___ pintando.

9. Si tú ___(9)___ en él, todo te irá bien.

10. No sé mucho de esas cosas, pero lo voy a defender lo mejor que ___(10)___ .

11. No me gustan ni los pintores abstractos ni los compositores barrocos; no me ___(11)___ tú por qué.

12. Todos me dicen que puedo ___(12)___ rico si me arriesgo un poco en el negocio.

13. Cuando Ud. llegue al hotel, ___(13)___ de que puede encontrar las salidas de emergencia.

14. Llévate a esos perros antes de que ___(14)___ todos los muebles.

15. El mecánico nos pidió que nos acercáramos para que nosotros ___(15)___ el calor que producía el motor.

16. Los señores Torres ___(16)___ al jardinero aunque había trabajado para ellos por veinte años.

1. _____ (Ser)

2. _____ (nevar)

3. _____ (acabar)

4. _____ (servir)

5. _____ (venir)

6. _____ (andar)

7. _____ (morir)

8. _____ (entretenerse)

9. _____ (confiar)

10. _____ (poder)

11. _____ (preguntar)

12. _____ (hacerse)

13. _____ (asegurarse)

14. _____ (destrozar)

15. _____ (sentirse)

16. _____ (despedir)

1. Todo me fue muy bien porque en esta ocasión me ___(1)___ de buenos amigos.

2. Aunque se lo hubieras rogado, no lo ___(2)___ hecho.

3. Cuando ellos nos den lo que nos prometieron, nosotros ___(3)___ todo lo que nos pidan.

4. Te dije varias veces que ___(4)___ la ventana; hace un calor insoportable.

5. Para que las personas escuchen, es necesario ___(5)___ muy claramente.

6. El guía desea que ellos ___(6)___ cómo se llega más rápido a la estación de autobuses.

7. Si Antonio ___(7)___ el tamaño de las banderas que vamos a usar en el desfile, serían más manejables.

8. Se pasaría la vida ___(8)___ cantar a María; le encanta su voz.

9. Si continúas gritándome, yo no podré ___(9)___ .

10. Nos lo dice para que ___(10)___ comportarnos como es debido.

11. Josefina le prometió que ___(11)___ a la fiesta con él.

12. Desde que Julio se fue, ella ___(12)___ más tranquila.

13. Anoche yo ___(13)___ el timbre muchas veces y nadie contestó.

14. La cena ___(14)___ preparada por Mariana antes de regresar a su casa.

15. ___(15)___ Uds. a estudiar temprano, y podrán ir al cine esta noche.

16. Felipe les está ___(16)___ la carta en voz alta para que todos se enteren de las buenas noticias a la misma vez.

1. _____ (rodear)

2. _____ (haber)

3. _____ (hacer)

4. _____ (abrir)

5. _____ (hablar)

6. _____ (averiguar)

7. _____ (reducir)

8. _____ (oír)

9. _____ (callarse)

10. _____ (saber)

11. _____ (ir)

12. _____ (estar)

13. _____ (tocar)

14. _____ (ser)

15. _____ (Empezar)

16. _____ (leer)

1. Es una falta de cortesía el ___(1)___ una carta sin la dirección del remitente.

2. Me permito rogarle que nos ___(2)___ si está dispuesto a hacerlo.

3. Aunque lo hayan criticado yo pienso que usted ___(3)___ ayer lo que debía.

4. Si tuviéramos tiempo, te ___(4)___, pero tenemos que llegar a casa antes de las siete.

5. El entrenador daba grandes gritos suplicándole a Jorge que no ___(5)___.

6. ¿Quién le ___(6)___ a usted el mejor estudiante de esta clase ahora?

7. Te había dicho muchas veces que no ___(7)___ a Fernanda.

8. Si le haces caso no te ___(8)___; ella da muy buenos consejos.

9. Salieron ___(9)___ como si los persiguiera el diablo.

10. No falten a la merienda si no quieren que yo ___(10)___.

11. ___(11)___ tú con ellos si quieres llegar a tiempo.

12. Anoche tus amigos ___(12)___ de sitio en sitio buscándote.

13. Te reirías aunque yo no ___(13)___.

14. Se dio contra el suelo al ___(14)___ de la escalera.

15. No sé si duermen o si ___(15)___ hacerlo.

16. No ___(16)___ si caminaras más cuidadosamente.

1. _____ (enviar)

2. _____ (avisar)

3. _____ (hacer)

4. _____ (esperar)

5. _____ (acercarse)

6. _____ (parecer)

7. _____ (molestar)

8. _____ (pesar)

9. _____ (huir)

10. _____ (enojarse)

11. _____ (Ir)

12. _____ (andar)

13. _____ (reír)

14. _____ (caerse)

15. _____ (fingir)

16. _____ (tropezar)

1. Nos lo dice para que ___(1)___ bien.

    1. _____ (comportarse)

2. Ayer Susana ___(2)___ algunas modificaciones al proyecto que presentaste.

    2. _____ (introducir)

3. Por fin conseguí lo que yo ___(3)___ siempre.

    3. _____ (desear)

4. No sé si verdaderamente lo conocían o si sólo ___(4)___ conocerlo.

    4. _____ (fingir)

5. Cuando ___(5)___ leído el artículo, les diré si me gusta.

    5. _____ (haber)

6. Te recomiendo que lo ___(6)___ con cuidado.

    6. _____ (traducir)

7. Esteban dijo que nos ___(7)___ el dinero mañana.

    7. _____ (pagar)

8. Me prometió ___(8)___ a la abuela tan pronto como pudiera.

    8. _____ (visitar)

9. No dudamos que Camila ___(9)___ todo lo que puede.

    9. _____ (hacer)

10. Estoy seguro que tú ya ___(10)___ cuando él empiece.

    10. _____ (terminar)

11. Creo que si Rodolfo viene, nos ___(11)___ a organizar el desfile.

    11. _____ (ayudar)

12. Si ___(12)___ lo suficiente, no nos sentiríamos tan cansados.

    12. _____ (dormir)

13. Nosotros ___(13)___ cuando usted llamó por teléfono.

    13. _____ (comer)

14. Por favor, no ___(14)___ con tus necedades.

    14. _____ (empezar)

15. Déjenlos que ___(15)___ ese programa ahora; se han pasado el día trabajando.

    15. _____ (ver)

16. Era muy dudoso que Roberto ___(16)___ todas las respuestas.

    16. _____ (saber)

1. Escribo estas oraciones para que ustedes ___(1)___ los errores.   1. _____ (subrayar)

2. Aunque usted diga eso ahora, hace un minuto no ___(2)___ lo mismo.   2. _____ (decir)

3. Tan pronto siembro legumbres en tu jardín, las gallinas las ___(3)___.   3. _____ (destruir)

4. Joaquín siempre está listo para ___(4)___.   4. _____ (divertirse)

5. Prometieron que si tienen tiempo de arreglarlo, nos ___(5)___ el coche mañana temprano.   5. _____ (entregar)

6. Nosotros no ___(6)___ hasta que terminemos lo que ya empezamos.   6. _____ (salir)

7. ¿Quiénes son ellos para impedirte que los ___(7)___?   7. _____ (defender)

8. No consentían en que nosotros lo ___(8)___ pero pudimos conseguir una grabación de su discurso.   8. _____ (oír)

9. ¿Sabes dónde ___(9)___ yo? Pues estuve en Valencia.   9. _____ (veranear)

10. Dicen que pronto ___(10)___ un gran terremoto en California.   10. _____ (haber)

11. ¿Hay alguien aquí que ___(11)___ indicarme cómo usar esta máquina?   11. _____ (poder)

12. No es necesario ___(12)___ a esa reunión mañana.   12. _____ (asistir)

13. Te extrañó mucho que el profesor no nos ___(13)___ tarea para el lunes.   13. _____ (dar)

14. No queríamos que ella le ___(14)___ a Justino lo de la fiesta.   14. _____ (decir)

15. Marcos insistió en que todo eso ___(15)___ en la valija.   15. _____ (caber)

16. Usted no debería ___(16)___ de esa forma delante de los niños.   16. _____ (expresarse)

Beginning with the 1996 examination, students will have five extra minutes to organize their thoughts before beginning to write their essays. Beginning with the 1996 examination, the total suggested time for each topic will be forty-five minutes. Students' outlines will not be scored.

• •

UNIT X

Each section in this unit provides an essay [or letter] topic. The topics were chosen to reflect a range of subjects within the student's experience. Students should be encouraged to prepare an outline before beginning to write. Essays should contain an introduction, thematic development, and conclusion. Some of the essay topics address the students in the second person singular and others in the third. This was done intentionally so that the students get used to both.

Directions: Write IN SPANISH a well-organized essay [letter] on the topic below. Your work will be evaluated for extent and appropriateness of vocabulary, grammatical accuracy, and organization. You should spend five minutes organizing your thoughts and making an outline before you begin to write the essay [letter]. Your essay [letter] should be *at least 200 words in length*.

Instrucciones: Escriba EN ESPAÑOL un ensayo [una carta] claramente expuesto[a] y organizado[a] sobre el siguiente tema. Se evaluará su trabajo teniendo en cuenta la precisión y riqueza del vocabulario, la precisión gramatical y la organización. Tome cinco minutos para organizar sus ideas y hacer un esquema sobre lo que va a escribir antes de empezar su ensayo [carta]. El ensayo [la carta] debe tener *una extensión mínima de 200 palabras*.

SAMPLE RUBRICS FOR THE ESSAY SECTION OF THE ADVANCED PLACEMENT SPANISH LANGUAGE EXAMINATION—1995

9   *DEMONSTRATES EXCELLENCE IN WRITTEN EXPRESSION*

Superior control of syntax and good use of verbs, although a few errors may occur. Rich, precise, idiomatic vocabulary; ease of expression. Very good command of conventions of the written language (orthography, sentence structure, paragraphing, and punctuation).

7–8   *DEMONSTRATES VERY GOOD COMMAND IN WRITTEN EXPRESSION*

Evidence of complex syntax and appropriate use of verbs, although more than a few grammatical errors may occur; very good control of elementary structures. Considerable breadth of vocabulary. Conventions of the written language are generally correct.

4–5–6   *DEMONSTRATES A BASIC COMPETENCE IN WRITTEN EXPRESSION*

Control of elementary structures and common verb tenses; frequent errors may occur in complex structures. Vocabulary appropriate but limited; occasional second language interference. May have frequent errors in orthography and other conventions of the written language.

2–3   *SUGGESTS LACK OF COMPETENCE IN WRITTEN EXPRESSION*

Numerous grammatical errors even in elementary structures; there may be an occasional redeeming feature, such as correct advanced structure. Limited vocabulary; significant second language interference. Pervasive errors of orthography may be present.

0–1   *DEMONSTRATES LACK OF COMPETENCE IN WRITTEN EXPRESSION*

Constant grammatical errors impede communication. Insufficient vocabulary; frequent second language interference. Severe problems with orthography may interfere with written communication.

–   *CONTAINS NOTHING THAT EARNS POINTS*

Blank or off-task answers (obscenity, nonsense poetry, drawings, etc.) or mere restatement of the question.

NOTE: Organization will be taken into account in determining scores. Scores may be lowered on papers shorter than 200 words.

These rubrics have been reprinted by permission of the Educational Testing Service.

1

Escribe un ensayo bien organizado sobre los aspectos de tu comunidad que tú cambiarías. Explica por qué te parece que tu comunidad sería un lugar mejor para todos sus habitantes a causa de estos cambios.

2

Durante la niñez o adolescencia muchos chicos y chicas son crueles unos con otros. En un ensayo explica tu punto de vista con respecto a este tema usando ejemplos específicos de tu experiencia para apoyar tu tesis.

3

La libertad de prensa

Recientemente la prensa ha publicado ciertos artículos muy personales sobre individuos prominentes en nuestra sociedad. Tales hechos han sido ampliamente comentados a través de otros medios de comunicación. Escriba un ensayo en el que exponga su punto de vista en cuanto a la libertad de prensa; si el público tiene derecho o no a saber toda la verdad; el derecho del individuo a la vida privada y otras razones que usted crea pertinentes para justificar sus conclusiones.

4

Escribe un ensayo bien organizado en el que relates un incidente en el que hayas sido tratado(a) injustamente. Discute lo que aprendiste como resultado de este incidente.

5

La vida eterna

A través de los años, el hombre ha tratado de descubrir el secreto de la vida eterna; es decir, ignorar el paso del tiempo y evadir la muerte. Algunas personas piensan que sería maravilloso poder vivir para siempre; otras están resignadas al ciclo de la naturaleza y piensan que éste no debe ser alterado. Escriba un ensayo exponiendo las ventajas y desventajas de ambos puntos de vista y la clase de vida que Ud. preferiría.

6

Escríbele una carta al presidente del Consejo Estudiantil de tu escuela expresando tus preocupaciones sobre diferentes aspectos de tu escuela. Incluye algunas sugerencias para mejorar las condiciones para todos los estudiantes.

7

Escribe un ensayo bien organizado sobre las ventajas y desventajas que la "supercarretera de información" tiene para la sociedad. Puedes referirte a aspectos relacionados con la educación, el trabajo, la recreación, etc.

8

Una experiencia inolvidable

En nuestra vida, todos podemos recordar un evento o una experiencia que siempre tendremos presente porque nos ha afectado de una manera positiva o negativa. Escriba un ensayo relatando detalladamente este evento y cómo le ha afectado.

9

La reputación

La reputación de un individuo es el resultado de sus acciones. Muchas personas nos aconsejan que escojamos con cuidado a nuestros amigos y para dárnoslo a entender, mencionan el viejo refrán: "Dime con quién andas y te diré quién eres". Basándose en sus experiencias y en lo que haya podido observar, escriba un ensayo afirmando o negando este consejo.

10

La discriminación

Discriminar, tratándose de personas, quiere decir separar, seleccionar o excluir por motivos de raza, religión, política, nacionalidad, etc. Usando sus experiencias personales y sus observaciones sobre la sociedad en general, escriba un ensayo discutiendo en qué formas percibe usted la discriminación, sus causas, sus efectos y las posibles soluciones para superarla.

11

Imagina que te han pedido escribir una crítica sobre el periódico de tu escuela. Escribe una carta al editor exponiendo tu opinión sobre el periódico. Debes opinar tanto sobre los aspectos positivos como sobre los negativos.

12

La pena de muerte

El número de asesinatos y de otros crímenes violentos ha aumentado mucho en los últimos años. Las cortes, la policía y las prisiones no han podido encontrar una solución aceptable para resolver este problema. Algunas personas piensan que la única manera de reducir el número de delitos es la pena de muerte; otros están absolutamente en contra de tal procedimiento. Escriba un ensayo presentando su punto de vista en cuanto a este dilema que confronta nuestra sociedad.

13

En pro o en contra de la publicidad

El comercio siempre ha usado la publicidad, algunas veces con beneficios para el consumidor, otras veces sin ellos. En un ensayo bien organizado, discuta las ventajas y desventajas de la publicidad. En su discusión incluya su opinión sobre si la publicidad debe ser regulada o no por el gobierno.

14

Escribe un ensayo en el que discutas la importancia de ayudar a las personas con quienes tienes contacto en tu vida diaria, por ejemplo, compañeros, familia, profesores, etc. Ilustra tu respuesta con anécdotas o ejemplos específicos.

15

Usted tiene interés en participar en un programa de estudios que ofrece una escuela en Costa Rica. A través de este programa usted vivirá durante un verano con una familia costarricense, asistirá a clases y participará en diferentes actividades culturales. Escríbale una carta al director de la escuela exponiéndole las razones por las que usted cree que es el candidato ideal para el programa. Incluya en ella la siguiente información: su interés por el programa, sus cualidades personales, cursos académicos, actividades especiales en que usted ha participado y los beneficios que espera obtener de esta experiencia.

16

La buena o mala suerte

Muchas personas permiten que algunos aspectos de su vida sean gobernados por la superstición; se guían por el concepto que tienen de la buena y de la mala suerte. Otras personas creen que ellas son las dueñas de su propio destino. Escriba un ensayo presentando y explicando estos dos puntos de vista, las razones por las cuales existen las supersticiones, algunas creencias populares, y si éstas afectan su propia vida o la de otras personas que usted conoce.

17

Muchos padres dicen: "Los maestros siempre tienen razón". Escribe un ensayo en el que discutas tu opinión sobre esta declaración. Usa ejemplos concretos de tu vida para desarrollar tu punto de vista.

18

Los medios de comunicación

Los medios de comunicación como la radio, la prensa, la televisión, etc. tienen mucha influencia en nuestra vida permitiendo que nos enteremos de los acontecimientos nacionales e internacionales casi instantáneamente. Escriba usted un ensayo en el que explique los efectos tanto beneficiosos como perjudiciales de poseer esta accesibilidad.

19

En un ensayo bien organizado discuta su opinión sobre la importancia de la familia. Incluya la influencia que ésta tiene en sus miembros y en la sociedad en general.

20

Ud. acaba de leer un libro que le ha gustado muchísimo y por lo tanto quiere compartir el goce con un amigo o una amiga. Escríbale una carta tratando de convencerle que lo lea. Use cualquier método de persuasión que usted crea necesario para lograr su propósito. Incluya en ella el argumento, el estilo y una descripción de los personajes principales.

Algunas personas opinan que la educación universitaria es un derecho que sólo deben tener los jóvenes más hábiles e inteligentes y que el resto de los jóvenes debe asistir a escuelas que los preparen para oficios. Escribe un ensayo bien organizado en el que expongas tu opinión sobre este tema.

El dinero

Se dice que el dinero es una medida de poder y también que es a veces la raíz de muchos males. Muchas personas le dan gran importancia al dinero y ponen un interés excesivo en poseerlo. En algunos casos eso puede tener resultados negativos. En otras ocasiones puede tener consecuencias positivas tanto para el individuo como para la sociedad en general. Usando ejemplos concretos, escriba un ensayo en el que exprese su opinión sobre este tema.

23

Un personaje a quien admiro

Existen muchos personajes en la literatura y en la historia a quienes admiramos por el papel que han desempeñado dentro de la obra o en esa época. Escriba un ensayo sobre uno de ellos explicando por qué escogió a este personaje, el papel que éste representa; y por qué lo considera digno de su admiración.

Escríbe le una carta a uno(a) de los representantes gubernamentales de tu comunidad explicándole lo que debería hacer el gobierno para solucionar los problemas del medio ambiente.

En algunos países el servicio militar es obligatorio y en otros es voluntario. Otros gobiernos no sólo obligan a los hombres, sino también a las mujeres a hacerlo. Escríbale una carta al editor de su periódico local exponiéndole su punto de vista sobre este tema.

Hoy en día existe tanto optimismo como pesimismo sobre el presente y el futuro del sistema de educación en los Estados Unidos. En un ensayo bien organizado expresa tu opinión sobre este tema.

Los problemas y las preocupaciones de la vida diaria

La vida nos presenta diariamente una serie de problemas o preocupaciones. Nadie está a salvo de esta confrontación. Escriba un ensayo en el que usted discuta su mayor problema o preocupación en este momento. Incluya en él las causas, los resultados y las posibles soluciones.

CONCURSO

¡Celebremos nuestra herencia!

Participa en el concurso "Herencia".

Escoge los dos o tres símbolos que consideres los más representativos de la herencia de tu país y explica por qué estos símbolos son motivo de orgullo y representación de la herencia de tu país natal.

Con motivo de la celebración de la herencia de los jóvenes del mundo, una organización internacional ha anunciado este concurso. Escribe un ensayo en el que discutas el tema del concurso.

Cigarrillos Brisa
Frescura y Sabor
El Cigarrillo de la Juventud

Imagina que este anuncio aparece en el periódico de tu escuela. Escribe una carta al editor del periódico explicando por qué se debe aceptar o no este tipo de anuncio en un periódico estudiantil.

¿TE GUSTARÍA TRABAJAR
DURANTE EL VERANO?

¿TE GUSTARÍA ORGANIZAR
ACTIVIDADES Y JUEGOS
PARA CHICOS Y CHICAS DE 10
A 12 AÑOS DE EDAD?

CONSEJEROS

CAMPAMENTO DE VERANO

Si te interesa este tipo de
trabajo envía una carta explicando
por qué te gustaría este puesto,
describiendo tu experiencia previa.

CAMPAMENTO AIRE LIBRE
APARTADO POSTAL 5463
00080 BARCELONA

Este anuncio aparece en el periódico de tu comunidad. Como andas buscando trabajo decides expresar tu interés en el puesto. Escribe una carta respondiendo al anuncio. Incluye información que explique por qué te gustaría el puesto, lo que tú puedes ofrecer, los cursos que has tomado en la escuela, tu experiencia previa, etc.

UNIT XI

Directions: You will now be asked to speak in Spanish about these pictures. Note that there are six pictures on the following page. You will hear some instructions in Spanish. After these instructions, you will have two minutes to think about the pictures and two minutes to tell the story suggested by the pictures. Although you may spend more time describing what happens in some pictures than in others, be sure to talk about all of the pictures as you tell the story. In describing the pictures and the story they tell, you should use as much of the response time as possible. You will be scored not only for the appropriateness and grammatical correctness of your response, but also for the range of vocabulary, pronunciation, and overall fluency. If you hear yourself make an error as you are speaking, you should correct the error and continue speaking. Do not start your tape recorder until you are told to do so.

Instrucciones: Los dibujos que Ud. ve representan un cuento. Con la ayuda de ellos, trate Ud. de reconstruir esta historia.

SAMPLE RUBRICS FOR THE PICTURE SEQUENCE SECTION
OF THE ADVANCED PLACEMENT SPANISH LANGUAGE EXAMINATION—1995

The aim of the AP exam is to elicit a SPEECH SAMPLE sufficient to permit an OVERALL, or GLOBAL evaluation. Students have been instructed to answer as fully as possible within the allocated time, i.e., two minutes for the picture sequence. We should not penalize students who demonstrate their capability but who run out of time before finishing, nor those who provide a sufficient speech sample in less than two minutes.

The overall evaluation should identify the SUSTAINED level of performance with regard to:

Syntactic Control
Vocabulary Usage and Fluency
Pronunciation

9   *VERY GOOD TO EXCELLENT*

Very good to excellent command of the language. Very few errors of syntax. Wide range of vocabulary, including idiomatic usage. High level of fluency.

7–8   *CLEARLY DEMONSTRATES COMPETENCE*

Good command of the language. Few errors of syntax. Above-average range of vocabulary. Good idiomatic usage and little awkwardness of expression. Good fluency and intonation.

5–6   *SUGGESTS COMPETENCE*

Comprehensible expression. Some serious errors of syntax and some successful self-correction. Some fluency but hesitant. Moderate range of vocabulary and idiomatic usage.

3–4   *SUGGESTS INCOMPETENCE*

Poor command of the language marked by frequent serious errors of syntax. Limited fluency. Poor pronunciation. Narrow range of vocabulary and idiomatic usage. Frequent anglicisms and structures which force interpretation of meaning by the listener. Occasional redeeming features.

1–2   *CLEARLY DEMONSTRATES INCOMPETENCE*

Unacceptable from almost every point of view. Glaring weaknesses in syntax and pronunciation. Few vocabulary resources. Little or no sense of idiomatic usage.

0   *IRRELEVANT SPEECH SAMPLE*

Narrative irrelevant to pictures.

–   *HYPHEN*

No answer (although microphone is open and recording). "No sé", "No entendí la pregunta", or mere sighs or nonsense utterances.

These rubrics have been reprinted by permission of the Educational Testing Service.

The pictures on these two pages represent a story. Using these pictures, try to interpret the story and tell about it.

1.

2.

3.

4.

5.

6.

The pictures on these two pages represent a story. Using these pictures, try to interpret the story and tell about it.

1.

2.

3.

4.

5.

6.

The pictures on these two pages represent a story. Using these pictures, try to interpret the story and tell about it.

1.

2.

3.

4.

5.

PARQUE DE ATRACCIONES
¡VIAJE A OTROS PLANETAS!

6.

The pictures on these two pages represent a story. Using these pictures, try to interpret the story and tell about it.

1.

2.

3.

4.

5.

6.

The pictures on these two pages represent a story. Using these pictures, try to interpret the story and tell about it.

1.

2.

3.

4.

5.

6.

The pictures on these two pages represent a story. Using these pictures, try to interpret the story and tell about it.

1.

2.

3.

4.

5.

6.

Section 7

The pictures on these two pages represent a story. Using these pictures, try to interpret the story and tell about it.

1.

2.

3.

4.

5.

6.

The pictures on these two pages represent a story. Using these pictures, try to interpret the story and tell about it.

1.

2.

3.

4.

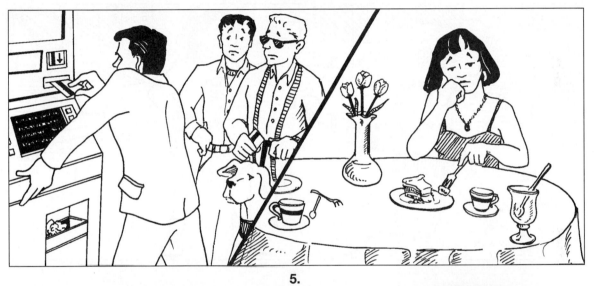

5.

6.

The pictures on these two pages represent a story. Using these pictures, try to interpret the story and tell about it.

1.

2.

3.

4.

5.

6.

The pictures on these two pages represent a story. Using these pictures, try to interpret the story and tell about it.

1.

2.

3.

4.

5.

6.

UNIT XII

Each section of this unit contains five questions or statements on a common theme, requiring a direct spoken response from the student. The sections allow students to practice and improve the accuracy, fluency, and speed with which they answer questions in this part of the AP examination. [The questions are on the tape and also appear in the Teacher's Manual.]

Directions: Now you will be asked to respond to a series of questions. Listen carefully to each question, since your score will be based on your comprehension of the questions, as well as the appropriateness, grammatical accuracy, and pronunciation of your response. You should answer each question as extensively and fully as possible. If you hear yourself make an error, you should correct the error. If you are still responding when you hear the speaker say, "Now we will go on to the next question," stop speaking and listen. Do not be concerned if your response is incomplete.

Each question will be spoken twice. The questions are not printed in your booklet. In each case, you will have twenty seconds to respond. For each question, wait until you hear the tone signal before you speak.

The effectiveness and fullness of the speech sample will be taken into account in grading each response.

4   *VERY GOOD TO EXCELLENT*

Meaningful, appropriate and thorough response.
Ease of expression, considerable fluency and vocabulary.
Virtually free of significant errors in syntax.
Pronunciation does not interfere with communication.

3   *GOOD—DEMONSTRATES COMPETENCE*

Meaningful, appropriate response.
Some awkwardness of expression.
Few errors in syntax.
Pronunciation does not interfere with communication.

2   *ACCEPTABLE—SUGGESTS COMPETENCE*

Appropriate response.
Strained expression, halting, may self-correct.
Some serious errors in syntax.
Pronunciation does not interfere with communication.

1   *WEAK TO POOR—SUGGESTS INCOMPETENCE*

Response forces interpretation of appropriateness and/or meaning.
Unfinished answer due to lack of resources.
Little control of syntax; fragmented Spanish.
Pronunciation interferes with communication.

0   *UNACCEPTABLE—DEMONSTRATES INCOMPETENCE*

Irrelevant or incomprehensible response.
Clearly does not understand the question.

–   *HYPHEN*

"No sé" or "No entendí la pregunta".
No attempt made (although microphone is open and recording).
Mere sighs or nonsense utterances.

These rubrics have been reprinted by permission of the Educational Testing Service.

APPENDIX A: Thematic Vocabulary

The vocabulary lists that appear in this unit have been grouped thematically in order to facilitate students' acquisition of new words and review familiar ones. Teachers may incorporate additional words and themes according to the needs and interests of their students, and may present the vocabulary in any way they consider appropriate for their classes.

ANIMALES DOMÉSTICOS Y SALVAJES

ardilla	squirrel
ballena	whale
bandada	flock of birds
buey (m)	ox
burro	donkey
caballo	horse
cabra	goat
cachorro	cub
camello	camel
canguro	kangaroo
carnero	ram, mutton
cebra	zebra
cerdo, puerco	pig
colmena	beehive
conejo	rabbit
cordero	lamb
culebra	snake
delfín (m)	dolphin
elefante (m)	elephant
foca	seal
gato	cat
gusano	worm
jirafa	giraffe
león (m)	lion
liebre (f)	hare
lobo	wolf
manada	herd, flock, pack
mapache (m), mapachín	raccoon
mono	monkey
mulo	mule
murciélago	bat
ordeñar	to milk
oso	bear
oveja	sheep, ewe
panal (m)	honeycomb
perro	dog
potro	colt
rana	frog
rata	rat
ratón (m)	mouse
rebaño	flock (of sheep)
sapo	toad
serpiente (f)	serpent, snake
ternero	calf
tigre (m)	tiger
toro	bull
tortuga	turtle
vaca	cow
venado	stag, deer
yegua	mare
zorro	fox

ÁRBOLES

abedul (m)	birch
álamo	poplar
árbol (m)	tree
arbusto	bush, shrub
arce (m)	maple tree
caoba	mahogany
castaño	chestnut tree
cedro	cedar
cerezo	cherry tree
corteza	bark, peel
higuera	fig tree
hoja	leaf

huerto	orchard	gallo	rooster
manzano	apple tree	ganso	goose
naranjo	orange tree	gaviota	seagull
nogal (m)	walnut tree	golondrina	swallow
olivo	olive tree	gorrión (m)	sparrow
olmo	elm	loro	parrot
palmera	palm tree	nido	nest
pino	pine	paloma	dove, pigeon
raíz (f)	root	pato	duck
rama	branch	pavo	turkey
roble (m), encina	oak	pavo real	peacock
sauce (m)	willow	perico	parakeet
tronco	trunk	pichón	young pigeon
		pingüino	penguin
		pollo	chicken

ARMAS

ametralladora	machine gun	ruiseñor (m)	nightingale
arco	bow	urraca	magpie
arma	arm, weapon		
bala	bullet		
bomba	bomb		

BEBIDAS

cañón (m)	cannon	agua	water
dinamita	dynamite	bebida	drink, beverage
escopeta	shotgun	café (m)	coffee
espada	sword	café solo	black coffee
flecha	arrow	cerveza	beer
fusil (m)	rifle	chocolate (m)	chocolate
lanza	lance, spear	crema	cream
pistola	pistol	gaseosa	soda (carbonated beverage)
pólvora	gunpowder		
puñal (m)	dagger	jugo, zumo	juice
revólver (m)	revolver	leche (f)	milk
		leche malteada	malted milk
		limonada	lemonade

AVES

águila (m)	eagle	naranjada	orangeade
avestruz (m)	ostrich	refresco	refreshment, soft drink
búho, lechuza	owl	sidra	cider
buitre (m)	vulture	té (m)	tea
canario	canary	vino	wine
cigüeña	stork	vino blanco	white wine
cisne (m)	swan	vino tinto	red wine

(EN LA) CASA

cuervo	crow, raven	alfombra	carpet, rug
faisán (m)	pheasant	almohada	pillow
gallina	hen		

ascensor (m)	elevator	horno	oven
aspiradora	vacuum cleaner	jabón (m)	soap
azotea	flat roof (of a house)	lámpara	lamp
balcón (m)	balcony	lavamanos (m)	bathroom sink
bandeja	tray	lavaplatos (m)	dishwasher
baño	bathroom	llave (f)	key
barrer	to sweep	luz (f)	light
batidora	mixer	manta	blanket
bombilla	light bulb	mantel (m)	tablecloth
cafetera	coffee pot	martillo	hammer
calefacción (f)	heating	nevera	icebox, refrigerator
cazuela, cacerola	pan	olla	pot
cenicero	ashtray	pared (f)	wall
césped	lawn	pasillo	hall
cesto, canasta	basket	percha	hanger
chimenea	fireplace, chimney	persianas	blinds
clavo	nail	pisapapeles (m)	paperweight
cocina	kitchen	piscina	swimmingpool
colcha	bedspread	piso	floor (as in "level" or "story")
colchón (m)	mattress		
comedor (m)	dining room	plancha	iron
corredor (m)	corridor	planta	plant, also floor (as in "level" or "story")
cortina	curtain		
cristal (m)	pane of glass	refrigerador (m)	refrigerator
cubiertos	silverware	sábana	sheet (of a bed)
cubo	bucket, pail	sala	living room
cuna	cradle	sartén (f)	frying pan
dormitorio, alcoba	bedroom	sótano	basement, cellar
ducha	shower	suelo, piso	floor
enchufe (m)	socket, outlet	techo	ceiling, roof
entrada	hall, entrance	tejado	roof
escalera	staircase, ladder	teléfono	telephone
escoba	broom	timbre (m)	doorbell
espejo	mirror	toalla	towel
estufa, cocina	stove	tocadiscos (m)	record player
fachada	facade, front	toldo	awning
florero	vase	tornillo	screw
fregadero	kitchen sink	tuerca	nut
funda	pillowcase	umbral (m)	threshold
garaje (m)	garage	vajilla	table service, dinner service
grifo	faucet		
habitación (f), cuarto	room	ventana	window
hierba	grass	vestíbulo	vestibule, lobby, hall

CARACTERÍSTICAS PERSONALES

ágil	agile, nimble
alegre	happy
alto	tall
anciano	elderly
bajo	short
bizco	cross-eyed
calvo	bald
canoso	gray-haired
ciego	blind
cojo	lame
corpulento, grueso	stout, portly
cortés	polite, courteous
cuerdo	sane
culto	well-educated, cultured, refined
delgado, flaco	slim, thin
descortés	impolite
diligente	diligent, laborious
distraído	absent-minded
elegante	elegant
enfermo	ill, sick
esbelto	slender
feo	ugly
fuerte	strong
gordo	fat
grande	big
grosero	rude
guapo	handsome
hermoso	beautiful
inteligente	intelligent
joven	young
lento	slow
listo	clever
loco	mad, crazy
manco	one-armed, one-handed
mentiroso, embustero	liar
moreno	dark
mudo	dumb, mute
negro	black
nervioso	nervous
pálido	pale
pequeño	small
perezoso	lazy
pesado	heavy
rápido	quick
robusto	robust
rubio	fair, blond
sano	healthy
sensato	sensible
sensible	sensitive
sordo	deaf
terco, testarudo	stubborn
tonto	foolish, silly
triste	sad
tuerto	one-eyed
viejo	old
zurdo	left-handed

CEREALES

arroz (m)	rice
avena	oats
cebada	barley
centeno	rye
grano	grain, cereal
maíz (m)	corn
trigo	wheat

CUERPO HUMANO

arruga	wrinkle
barba	beard
barbilla	chin
bigote (m)	moustache
boca	mouth
brazo	arm
cabeza	head
cadera	hip
cara, faz (f), rostro	face
ceja	eyebrow
cerebro	brain
cintura	waist
codo	elbow
columna vertebral	backbone
corazón (m)	heart
costilla	rib
cuello	neck
cuerpo	body
cutis (m)	complexion

dedo	finger, toe	tobillo	ankle
diente (m)	tooth	uña	nail
encía	gum	verruga	wart
espalda	back		
estómago	stomach		

dedo	finger, toe
diente (m)	tooth
encía	gum
espalda	back
estómago	stomach
frente (f)	forehead
garganta	throat
hígado	liver
hombro	shoulder
hueso	bone
labio	lip
lágrima	tear
lengua	tongue
lunar (m)	birthmark, beauty mark, mole
mano (f)	hand
mejilla	cheek
muela	molar tooth
muñeca	wrist
nariz (f)	nose
nuca	nape, back of the neck
nudillo	knuckle
oído	inner ear
ojo	eye
ombligo	navel, belly button
oreja	outer ear
párpado	eyelid
patillas	sideburns
pecho	chest
pelo, cabello	hair
pestaña	eyelash
pie (m)	foot
piel (f)	skin
pierna	leg
pulgar	thumb
pulmón (m)	lung
puño	fist
riñón (m)	kidney
rodilla	knee
sangre (f)	blood
seno	breast
sudor (m)	sweat
talón (m)	heel

(EN LA) ESCUELA

alumno, estudiante	student
aprobar	to pass
asignatura, materia	subject
aula, salón de clase	classroom
biblioteca	library
bolígrafo	ballpoint pen
borrador (m)	blackboard eraser
conferencia	lecture
cuaderno, libreta	notebook
curso	course
dibujar	to draw
director	principal
ejercicio	exercise
enseñar	to teach
escuela, colegio	school
examen (m), prueba	test
goma de borrar	eraser
lápiz (m)	pencil
lectura	reading
libro	book
nota, calificación (f)	grade, mark
papel (m)	paper
pizarra	blackboard
pluma	pen
pupitre (m)	school desk
regla	ruler
reprobar	to fail an examination
suspender	to fail
tarea	homework
tinta	ink
tiza	chalk

FAMILIA

abuelo/abuela	grandfather/grandmother
ahijado/ahijada	godson/goddaughter
bebé	baby
bisabuelo/bisabuela	great-grandfather/ great-grandmother

bisnieto/bisnieta	great-grandson/ great-granddaughter	flor (f)	flower
casado/casada	married	geranio	geranium
cuñado/cuñada	brother-in-law/ sister-in-law	girasol (m)	sunflower
		jacinto	hyacinth
esposa, mujer	wife	jazmín (m)	jasmine
esposo, marido	husband	lila	lilac
hermano, hermana	brother, sister	lirio	iris, lily
hermanastro/ hermanastra	stepbrother/stepsister	madreselva	honeysuckle
		margarita	daisy
hijastro/ hijastra	stepson/stepdaughter	narciso	narcissus, daffodil
		orquídea	orchid
hijo/hija	son/daughter	pensamiento	pansy
huérfano/huérfana	orphan	pétalo	petal
madrastra	stepmother	ramo	bouquet
madre	mother	rosa	rose
madrina	godmother	tallo	stem, stalk
nieto/nieta	grandson/granddaughter	tulipán (m)	tulip
novio/novia	boyfriend/girlfriend	violeta	violet
nuera	daughter-in-law		
padrastro	stepfather		
padre	father		

FRUTOS

padres	parents	aguacate (m)	avocado
padrino	godfather	albaricoque (m)	apricot
pariente	relative	almendra	almond
primo/prima	cousin	avellana	hazelnut
sobrino/sobrina	nephew/niece	cacahuete (m), maní (m)	peanut
soltero/soltera	bachelor/spinster	cáscara	rind, peel, skin
solterón/solterona	old (confirmed) bachelor/ old maid	castaña	chestnut
		cereza	cherry
suegro/suegra	father-in-law/ mother-in-law	ciruela	plum
		ciruela pasa	prune
tío/tía	uncle/aunt	coco	coconut
viudo/viuda	widower/widow	dátil (m)	date
yerno	son-in-law	frambuesa	raspberry
		fresa	strawberry

FLORES

amapola	poppy	higo	fig
azucena	white lily	limón (m)	lemon
capullo	bud	mandarina	tangerine
clavel (m)	carnation	manzana	apple
crisantemo, crisantema	chrysanthemum	melocotón (m), durazno	peach
dalia	dahlia	melón (m)	melon
enredadera	climbing plant, vine	mora	mulberry
espina	thorn	naranja	orange
		nuez (f)	nut, walnut

pera	pear	chinche (m)	bedbug
piña	pineapple	cucaracha	roach
plátano, banana	banana	escarabajo	beetle
toronja, pomelo	grapefruit	grillo	cricket
sandía	watermelon	gusano	worm
semilla	seed	hormiga	ant
uva	grape	mariposa	butterfly
uva pasa	raisin	mosca	fly
zarzamora	blackberry	mosquito	mosquito
		oruga	caterpillar
		polilla	moth

HORTALIZAS Y LEGUMBRES

ajo	garlic	pulga	flea
alcachofa	artichoke	saltamontes (m)	grasshopper
apio	celery		
batata	sweet potato, yam		

MATERIALES

berenjena	eggplant	algodón (m)	cotton
berro	watercress	arena	sand
calabaza	pumpkin, squash	cuero	leather
cebolla	onion	hule (m), caucho	rubber
champiñón (m), hongo, seta	mushroom	ladrillo	brick
col (f), repollo	cabbage	lana	wool
coliflor (m)	cauliflower	lino	linen, flax
espárrago	asparagus	madera	wood
espinaca	spinach	pana	corduroy
garbanzo	chick-pea	piedra	stone
guisante (m)	green pea	plástico	plastic
habichuela, frijol (m)	bean	seda	silk
lechuga	lettuce	tela	material
legumbre (f)	vegetable	terciopelo	velvet
lenteja	lentil	vidrio	glass
papa, patata	potato	yeso	plaster
pepino	cucumber		

METALES Y MINERALES

perejil (m)	parsley	acero	steel
pimiento	pepper	aluminio	aluminium
rábano	radish	bronce (m)	bronze
remolacha	beet	carbón (m)	coal
tomate (m)	tomato	cinc (m)	zinc
zanahoria	carrot	cobre (m)	copper
		cromo	chromium

INSECTOS, ARÁCNIDOS Y ANÉLIDOS

		cuarzo	quartz
abeja	bee	estaño	tin
araña	spider	hierro	iron
avispa	wasp	mármol (m)	marble

oro	gold
plata	silver
platino	platinum
plomo	lead

MUEBLES

armario	wardrobe, cupboard
butaca, sillón	armchair
cajón (m)	drawer, case, chest
cama	bed
cómoda	chest of drawers, bureau
cuadro	picture
escritorio	desk
espejo	mirror
estante (m)	shelf
gaveta	drawer
lámpara	lamp
librero	bookcase
mesa	table
mueble (m)	piece of furniture
reloj (m)	clock
silla	chair
sofá (m)	sofa
tocador (m)	dressing table
vitrina	display case

PECES Y MOLUSCOS

almeja	clam
anchoa	anchovy
anguila	eel
atún (m)	tuna
bacalao	codfish
calamar (m)	squid
camarón	shrimp
cangrejo	crab
caracol (m)	snail
concha	shell
espina	fishbone
gamba	prawn
langosta	lobster
marisco	shellfish
mejillón (m)	mussel
ostra	oyster

pescado	fish (ready to be eaten, out of water)
pez (m)	fish (alive)
pulpo	octopus
salmón (m)	salmon
sardina	sardine
tiburón (m)	shark
trucha	trout

PROFESIONES Y OFICIOS

abogado	lawyer
acomodador	usher
actor (m), actriz (f)	actor, actress
albañil	bricklayer
ama de casa	housewife
arquitecto	architect
artesano	artisan, craftsman
autor	author
bailarín	dancer
banquero	banker
barbero	barber
bombero	fireman
botones	bellboy
cajero	teller, cashier
camarero	waiter
cantante	singer
carnicero	butcher
carpintero	carpenter
cartero	postman, mailman
cirujano	surgeon
cocinero	cook
comerciante	merchant, shopkeeper
conductor	conductor, driver
contador	accountant
criado, sirviente	servant
cura, padre, sacerdote	priest
dentista	dentist
dependiente	clerk
empleado	employee
enfermero	nurse
escritor	writer
escultor	sculptor
farmacéutico	pharmacist
florista	florist

fontanero, plomero	plumber	paro	lockout
fotógrafo	photographer	sueldo	salary
gerente	manager	trabajo	work, job
guía	guide		
ingeniero	engineer		
intérprete	interpreter	*(EN EL) RESTAURANTE*	
jardinero	gardener	aceite (m)	oil
joyero	jeweler	aceituna	olive
juez	judge	albóndiga	meatball
locutor	announcer	alimento	food
maestro	teacher	almuerzo	lunch
marinero	sailor	azucarero	sugar bowl
mayordomo	butler	bocadillo, emparedado	sandwich
mecánico	mechanic	camarero, mozo	waiter
mecanógrafo	typist	carne (f)	meat
médico	doctor	cena	supper, dinner
modista	dressmaker	chuleta	chop
músico	musician	cocinero	cook, chef
oculista	occulist	comida	meal, food
panadero	baker	copa	wineglass
pastor	shepherd	cubierto	table service
peluquero	hairdresser	cuchara	spoon, tablespoon
periodista	journalist	cucharita	teaspoon
pescador	fisherman	cuchillo	knife
pianista	pianist	cuenta	bill, check
piloto	pilot	desayuno	breakfast
pintor	painter	dulces (m)	sweets
poeta	poet	ensalada	salad
profesor	professor, teacher	entremeses (m)	hors d'oeuvres, appetizers
reportero	reporter	fiambres (m)	cold cuts
sastre	tailor	flan (m)	caramel custard
secretario	secretary	galleta	cracker, biscuit
soldado	soldier	helado	ice cream
taquígrafo	stenographer	hielo	ice
taxista	taxi driver	huevo, clara, yema	egg, egg white, egg yolk
tenedor de libros	bookkeeper	jamón (m)	ham
traductor	translator	legumbres (f)	vegetables
tramoyista	stagehand	mantel (m)	tablecloth
vendedor	salesman	mantequilla	butter
zapatero	shoemaker	merienda	light meal, snack
---		mermelada	jam
desempleo	unemployment	miel (f)	honey
empleo	employment, job	mostaza	mustard
huelga	strike	palillo	toothpick
oficio	occupation	pan (m)	bread

pastel (m)	cake	camiseta	undershirt, T-shirt
pimienta	pepper	camisón (m)	nightgown
plato	dish, plate	capa	cape
postre (m)	dessert	cartera	purse, wallet
propina	tip	cepillo	brush
queso	cheese	de dientes	toothbrush
sal (f)	salt	para el pelo	hairbrush
salchicha, salchichón,		chaleco	vest
chorizo	sausage	chaqueta	jacket
salero	saltshaker	cinturón (m)	belt
salsa	sauce, gravy	collar (m)	necklace
servilleta	napkin	corbata	necktie
sopa	soup	cuello	collar
taza	cup	dedal (m)	thimble
tenedor (m)	fork	delantal (m)	apron
tocino	bacon	faja	girdle
tortilla	omelette (in Spain; in Latin America, flat corncake or flour pancake)	falda	skirt
		gorra, gorro	cap
		guante (m)	glove
tostada	toast	hebilla	buckle, clasp
vaso	glass	hilo	thread
		imperdible	safety pin

ROPA Y ARTÍCULOS PERSONALES

		llavero	key ring
abrigo	coat, overcoat	maleta	suitcase
aguja	needle	manga	sleeve
alfiler (m)	pin	media	stocking
anillo	ring	ojal (m)	buttonhole
anteojos, lentes (m), espejuelos, gafas	eyeglasses	pantalón (m)	pants
		pañuelo	handkerchief
arete (m), pendiente (m)	earring	paraguas (m)	umbrella
		peine (m)	comb
babero	bib	pijama	pajamas
bastón (m)	walking stick, cane	portamonedas (m)	change purse
bata	dressing gown, robe	pulsera	bracelet
billetera	wallet, billfold	ropa	clothes
blusa	blouse	sandalias	sandals
bolsa, bolso	purse, handbag	sombrero	hat
bolsillo	pocket	sombrilla, parasol (m)	parasol, sunshade
bota	boot	tijera	scissors
botón (m)	button	tirantes (m)	suspenders
calcetín (m)	sock	traje (m)	suit
calzado	footwear	velo	veil
calzoncillos	underpants, boxer shorts	vestido	dress
camisa	shirt	zapato	shoe

EL TIEMPO

aguacero, chaparrón	heavy shower, downpour
arco iris (m)	rainbow
brillar	to shine, sparkle
brisa	breeze
bruma	haze, fog, mist
calor (m)	heat
ciclón (m)	cyclone
cielo	sky
clima (m)	climate
despejado	cloudless, clear
escarcha	frost
estrella	star
frío	cold
gota	drop
gotear	to drop, drip, dribble, leak
granizar	to hail
granizo	hail
helar	to freeze
hielo	ice
huracán (m)	hurricane
llover	to rain
llovizna	drizzle
lloviznar	to drizzle
lluvia	rain
lluvioso	rainy
luna	moon
neblina	mist
nevar	to snow
niebla	fog, mist
nieve (f)	snow
nube (f)	cloud
nublado	cloudy
ola	wave
rayo	thunderbolt
relámpago	lightning
relampaguear	to flash with lightning
remolino	whirlwind
sol	sun
soleado	sunny
tormenta	storm
tronar	to thunder
trueno	thunder
viento	wind

TIENDAS

almacén (m)	department store
barbería	barber shop
cafetería	cafeteria, coffee shop
carnicería	butcher shop
confitería, dulcería	candy store, confectionary store
escaparate (m)	shop
farmacia, botica	pharmacy
ferretería	hardware store
florería, floristería	flower shop
frutería	fruit store
joyería	jewelry store
juguetería	toy shop
lavandería	laundry
lechería	dairy store
librería	bookshop, bookstore
mercado	market
mostrador (m)	counter
mueblería	furniture store
panadería	bakery
papelería	stationery store
pastelería	cake shop, bakery
peluquería	barber shop, beauty parlor
pescadería	fish market
puesto o quiosco de periódicos	newstand
relojería	watchmaker's shop
sastrería	tailor's shop
supermercado	supermarket
tienda	shop, store
tintorería	dry cleaner's
vitrina	window, display case
zapatería	shoe store

TRANSPORTES Y VIAJES

aduana	customs
aeromozo	flight attendant
aeropuerto	airport
agencia de viajes	travel agency
andén (m)	platform of railroad station
asiento	seat
aterrizar	to land

autobús (m), ómnibus (m)	bus	pista	runway
autopista, carretera	highway	puente	bridge
avión (m), aeroplano	airplane	puerto	port, harbor
azafata	stewardess	sala de espera	waiting room
barco	ship, boat	salida	departure
baúl (m)	trunk	semáforo	traffic light
bicicleta	bicycle	senda	path
billete (m)	ticket	señal de tráfico (f)	traffic signal
camarote (m)	cabin of a ship	tarjeta de embarque	boarding pass
camino	road, path	tranvía (m)	street car, tram
camión (m)	truck	tren (m)	train
coche (m), automóvil (m), carro	car	trineo	sleigh
		tripulación (f)	crew
despegar	to take off	viaje (m)	trip, journey
equipaje (m)	luggage	volar	to fly
estación (f)	station	vuelo	flight
ferrocarril (m)	railway, railroad		
guía (f)	guide book		
helicóptero	helicopter		
horario	schedule, timetable		
itinerario	itinerary		
llegada	arrival		
maleta	suitcase		
mapa (m)	map		
metro	subway		
motocicleta	motorcycle		
muelle (m)	dock		
parada	bus stop		
pasajero	passenger		
pasaporte (m)	passport		
pensión (f)	inn		
piloto	pilot		

APPENDIX B: Useful Expressions

EXPRESSIONS WITH *DAR*

dar a	to face, to look out upon, overlook
dar a conocer	to make known
dar con	to stumble upon, find, run into
dar cuerda a	to wind
dar gritos	to shout, scream
dar la hora	to strike (the hour)
dar las gracias	to thank
dar recuerdos	to give regards (to)
dar un abrazo	to hug
dar un paseo	to take a walk
dar una vuelta	to take a walk, a stroll
darle igual a	to be all the same to
darle lo mismo a	to be all the same, make no difference to
darse cuenta de (que)	to realize
darse la mano	to shake hands
darse prisa	to hurry

EXPRESSIONS WITH *ECHAR*

echar (una carta, etc.) al correo	to mail (a letter, etc.)
echar de menos	to miss
echar la culpa	to blame
echarse a perder	to spoil, ruin
echarse a reír	to burst out laughing
echárselas de	to boast of being

IMPERSONAL EXPRESSIONS WITH *HABER*

hay luna	there is moon
hay neblina	it is foogy
hay polvo	it is dusty

EXPRESSIONS WITH *HACER*

hacer caso	to mind, pay attention, listen to
hacer(le) caso	to pay attention, listen to
hacer(se) daño	to harm, hurt (oneself)
hacer(le) daño a	to damage, to harm
hacer el papel de	to play the role of
hacer falta	to need, to be lacking
hacer hincapié	to emphasize
hacer pedazos	to brake into pieces
hacer saber	to inform, to let someone know
hacer un viaje	to take a trip, to go in a trip
hacer una pregunta	to ask a question
hacer una visita	to pay a visit
hacerse + *noun*	to become (through one's efforts)
hacerse cargo de	to take charge of
hacerse tarde	to get late

IMPERSONAL EXPRESSIONS WITH *HACER*

hace buen (mal) tiempo	it is good (bad) weather
hace calor	it is hot
hace fresco	it is cool
hace frío	it is cold
hace viento	it is windy

EXPRESSIONS WITH *SACAR*

sacar de quicio	to irritate, to get on someone's nerves
sacar una foto(grafía)	to take a picture
sacar una nota	to get a grade (on a paper or assignment)

EXPRESSIONS WITH *TENER*

tener buena (mala) cara	to look good (bad)
tener calma	to be calm
tener calor (frío)	(someone) to be hot (cold)
tener cara de	to look like
tener celos (de)	to be jealous (of)

tener cuidado	to be careful	estar harto de	to be fed up with
tener deseos de	to have a desire to	haber de	to have to
tener dolor de (cabeza, dientes, etc.)	to have a (headache, toothache, etc.)	llevar a cabo	to carry out, to accomplish, to finish
tener envidia	to be envious	llevarse bien (mal) con	to be on good (bad) terms with, to get (not get) along with
tener éxito	to be successful		
tener ganas de	to feel like, to have an urge to	no cabe duda	there is no question/room for doubt about
tener hambre	to be hungry	no hay remedio	it can't be helped
tener la culpa de	to be to blame for	no importa	it doesn't matter
tener la palabra	to have the floor	oír decir que	to hear that
tener lugar	to take place	oír hablar de	to hear (tell) of
tener miedo de	to be afraid of	pagar al contado/en efectivo	to pay cash
tener prisa	to be in a hurry	parece mentira	it's hard to believe
tener que ver con	to have to do with	pedir prestado	to borrow
tener razón	to be right	perder de vista	to lose sight (of)
tener sed	to be thirsty	ponerse de acuerdo	to agree
tener sueño	to be sleepy	tocarle a uno	to be one's turn
tener suerte	to be lucky	tomarle el pelo a	to pull someone's leg
tener vergüenza (de)	to be ashamed (of)	valer la pena	to be worthwhile, to be worth the trouble
tener . . . años	to be . . . years old		

EXPRESSIONS WITH *VOLVER*

volver a + *infinitive*	to + *verb* + again
volver en sí	to regain consciousness

EXPRESSIONS WITH *CAER*

caer en cuenta	to realize
caerle bien/mal a	to be well (unfavorably) received
caerse muerto	to drop dead

EXPRESSIONS WITH *CUMPLIR*

cumplir con su deber	to fulfill one's duty
cumplir con su palabra	to keep one's word
cumplir . . . años	to be . . . years old

OTHER USEFUL EXPRESSIONS WITH *VERBS*

aprender de memoria	to learn by heart
contar con	to rely on
dejar caer	to drop
dejarse de bromas	to stop kidding
dormir a pierna suelta	to sleep like a log
encongerse de hombros	to shrug one's shoulder

EXPRESSIONS WITH *A*

a causa de	because of
a ciegas	blindly
a eso de	about, around (+ time of day)
a fin de que + *subjunctive*	in order that, so that
a fines de	toward the end
a fondo	thoroughly
a la carrera	rapidly, on the run
a la vez	at the same time
a lo largo de	along
a lo lejos	far away, in the distance
a lo mejor	probably, when least expected
a más tardar	at the latest
a medida que	as, at the same time as, while
a menos que + *subjunctive*	unless
a menudo	often
a mí (tu, su, etc.) parecer	in my (your, his/her, etc.) opinion

a partir de	from . . . on, starting on . . .
a pesar de	despite
a pie	on foot
a principios de	at the beginning of, early in
a propósito	by the way
a solas	alone, by oneself
a tiempo	on time
a través de	through
a última hora	at the last minute
a veces	sometimes
a ver	let's see

EXPRESSIONS WITH *DE*

de acuerdo	in agreement
de antemano	beforehand
de buen (mal) humor	in a good (bad) mood
de buena (mala) gana	willingly (unwillingly)
de esta manera	in this manner, in this way
de golpe	all at once, suddenly
de hoy en adelante	henceforth, from now on
de manera que	so that, in such way that
de memoria	by heart
de moda	in style, fashionable
de ningún modo	by no means
de ninguna manera	by no means, absolutely not
de nuevo	again, anew
de otra manera	in another way
de otro modo	otherwise, or else
de par en par	wide open
de pie	standing on one's feet
de prisa	hurriedly, in a hurry
de pronto	suddenly, all of a sudden
de reojo	askance, out of the corner of one's eye
de repente	suddenly, all of a sudden
de rodillas	on one's knees
de sobra	over and above
de todos modos	at any rate, anyway
de última moda	in the latest style
de veras	really, truly, honestly
de vez en cuando	from time to time

EXPRESSIONS WITH *EN*

en balde	in vain
en broma	in jest
en busca de	in search of
en cambio	on the other hand
en casa	at home
en cuanto a	as for, in regard to
en efecto	as a matter of fact, indeed, in fact, really
en el acto	immediately
en fin	in short
en lugar de	in place of, instead of
en medio de	in the middle of
en punto	sharp, on the dot
en resumidas cuentas	in short
en seguida	immediately, at once
en serio	seriously
en vez de	instead of
en voz alta (baja)	in a loud (low) voice

EXPRESSIONS WITH *POR*

por ahora	for now, for the moment, at the moment
por casualidad	by chance, by any chance
por consiguiente	consequently, therefore
por desgracia	unfortunately
por ejemplo	for example
por escrito	in writing
por eso	therefore, that's why, because of that
por favor	please
por fin	finally
por lo general	generally, usually
por lo menos	at least
por lo tanto	consequently
por lo visto	apparently
por más que	no matter how much
por otro lado	on the other hand
por poco	almost
por supuesto	of course, naturally!
por todas partes	everywhere

sin duda	undoubtedly, without a doubt
sin embargo	however, nevertheless

OTHER USEFUL EXPRESSIONS

ahora mismo	at once, immediately, right away
al cabo (de)	at the end (of)
al contado	cash
al parecer	apparently, seemingly
al por mayor	wholesale
al por menor	retail
al revés	upside down, inside out, backwards
alrededor de	around
con mucho gusto	with pleasure
cuanto antes	as soon as possible
de antemano	beforehand
desde luego	of course
es decir	that is to say
estar a punto de	to be about to
estar de vuelta	to be back
estar enamorado(a) de	to be in love with
estar por las nubes	to be sky high
hasta la fecha	up until now
llover a cántaros	to rain cats and dogs
mejor dicho	rather, in other words
mientras tanto	meanwhile
ni siquiera	not even
otra vez	again, once more
pasarlo bien	to have a good time
perder el tiempo	to waste (one's) time
poco a poco	gradually
sano y salvo	safe and sound
tanto mejor	so much better

APPENDIX C: Prepositions

SIMPLE PREPOSITIONS

a	at, to, in
ante	before, in the presence of
bajo	under
con	with
contra	against
de	of, from, in, with
desde	from, since
durante	during
en	in, into, at, on
entre	among, between
excepto	except
hacia	towards
hasta	until, as far as, up to
mediante	by means of
menos	except
para	for, in order to, considering
por	for, by, through, for the sake of, in exchange for, per
salvo	except
según	according to
sin	without
sobre	on, upon, about, over, concerning
tras	after, behind

COMPOUND PREPOSITIONS AND PREPOSITIONAL COMBINATIONS

a cargo de	in charge of
a causa de	on account of, because of
a diferencia de	unlike
a excepción de	with the exception of
a favor de	in favor of
a fin de	in order to
a fines de	toward the end of
a fuerza de	by dint of, by force of
a mediados de	in the middle of
a partir de	from . . . on, starting
a pesar de	in spite of
a principios de	at the beginning of
a propósito de	concerning
a través de	across, through
acerca de	about, concerning
además de	besides, in addition to
al lado de	next to, alongside of
alrededor de	around
antes de	before (time, order)
cerca de	near
con motivo de	with the purpose of
con tal de	provided that
conforme a	according to
contrario a	contrary to
debajo de	under
debido a	due to
delante de	before (space)
dentro de	in, within, inside of
después de	after (time, order)
detrás de	behind, after
en cuanto a	as far as
en cuanto a	as for
en lugar de	instead of
en medio de	in the middle of
en vez de	instead of
en virtud de	by or in virtue of
encima de	on top of, above
enfrente de	in front of
frente a	in front of, opposite
fuera de	outside of
junto a	next to, close to
lejos de	far from
por causa de	on account of, because of
por razón de	consequently, by reason of
respecto a	with respect to
tocante a	in reference to, with regards to

VERBS THAT DO *NOT* REQUIRE A PREPOSITION WHEN FOLLOWED BY A NOUN (EXCEPT WHEN THE DIRECT OBJECT IS A PERSON)

aprobar	to approve of
buscar	to look for
esperar	to wait for, to hope for
mirar	to look at
pedir	to ask for
presidir	to preside over
solicitar	to apply for

COMMON VERBS THAT DO *NOT* REQUIRE A PROPOSITION BEFORE AN INFINITIVE

aconsejar	to advise to
acordar	to agree to
confesar	to confess to
conseguir	to suceed in
convenir	to be suitable to
deber	to ought to (should)
decidir	to decide to
dejar	to allow to (let)
desear	to wish to
esperar	to hope to, to expect to
hacer	to make to, to have to
impedir	to prevent from
intentar	to attempt to
lograr	to succeed in
mandar	to order to
merecer	to deserve to
necesitar	to need to
olvidar	to forget to
parecer	to seem to
pedir	to ask to
pensar	to plan to, intend to, think of
permitir	to allow to (permit)
poder	to be able to (can)
preferir	to prefer to
procurar	to try to
prohibir	to forbid to
prometer	to promise to
proponer	to propose to
querer	to want to
recordar	to remember to
rehusar	to refuse to

resolver	to resolve to
saber	to know how to
soler	to be accustomed to (used to)
temer	to be afraid to

VERBS THAT TAKE *A* + *INFINITIVE*

acercarse a	to approach, to go near
acostumbrarse a	to become accustomed to, to become used to
alcanzar a	to succeed in, to manage to
animar(se) a	to feel encouraged, energetic to
aprender a	to learn to, to learn how to
apresurarse a	to hurry to
arriesgarse a	to expose oneself to danger, to dare to
asomarse a	to peep, to look out at
aspirar a	to aspire to
atreverse a	to dare to
ayudar a	to help to
comenzar a	to begin to
comprometerse a	to commit oneself to
contribuir a	to contribute to
convidar a	to invite to
decidirse a	to decide to
dedicarse a	to devote oneself to
desafiar a	to dare to, to challenge to
detenerse a	to pause to, to stop to
determinarse a	to resolve to
dirigirse a	to go to, to go toward
disponerse a	to get ready to
echarse a	to begin to, to start to
empezar a	to begin to, to start to
enseñar a	to teach to
exponerse a	to run the risk of
inclinarse a	to be inclined to
inspirar a	to inspire to
invitar a	to invite to
ir a	to go to
limitarse a	to limit oneself to
llegar a	to become, get to be
meterse a	to begin to, to get involved in
negarse a	to refuse to
obligar a	to oblige to, to obligate to

ofrecerse a	to volunteer to, to offer to
oponerse a	to be opposed to
pararse a	to stop to
ponerse a	to begin to, to start to
principiar a	to begin to, to start to
quedarse a	to remain to
regresar a	to return to
renunciar a	to give up, renounce
resignarse a	to resign oneself to
resistirse a	to oppose, to resist
resolverse a	to make up one's mind to
romper a	to burst out
salir a	to go out to
sentarse a	to sit down to
someter a	to submit to, to subdue to
subir a	to climb
venir a	to come to
venir a	to end up by
volver a	to (do something) again, to return to

VERBS THAT TAKE **A** + NOUN OR PRONOUN

acercarse a	to approach, to go near
acostumbrarse a	to become accustomed to, to get used to
aficionarse a	to become fond of
asemejarse a	to resemble, to look like
asistir a	to attend
asomarse a	to appear at
cuidar a	to take care of someone
dar a	to face, to look out upon, to open on
dedicarse a	to devote oneself to
desafiar a	to dare to, to challenge to
destinar a	to assign to
entrar a	to enter
faltar a	to be absent from
ir a	to go to
jugar a	to play a sport or a game
limitarse a	to limit onself to
oler a	to smell of, to smell like
oponerse a	to be opposed to
parecerse a	to resemble, to look like
pasar a	to proceed to, to pass on to

renunciar a	to give up, renounce
resignarse a	to resign onself to
saber a	to taste of or like
subir a	to get on, to get into, climb into

VERBS THAT TAKE **CON** + INFINITIVE

acabar con	to put an end to, to finish
amenazar con	to threaten to
conformarse con	to put up with, to be satisfied with
contar con	to count on, to rely on
contentarse con	to be satisfied with
cumplir con	to fulfill (an obligation, duty)
entenderse con	to have an understanding with
entretenerse con	to amuse oneself by
meterse con	to pick a quarrel with
quedarse con	to keep, to hold on to
soñar con	to dream of, to dream about

VERBS THAT TAKE **CON** + NOUN

acabar con	to put an end to, to finish, exhaust
amenazar con	to threaten to
bastar con	to be enough
casarse con	to marry
comprometerse con	to get engaged to
conformarse con	to be satisfied with
contar con	to count on, rely on
contentarse con	to be satisfied with
cumplir con	to fulfill (an obligation, duty)
dar con	to run across, come upon, meet
encariñarse con	to become fond of
encontrarse con	to run into, to meet
gozar con	to enjoy
romper con	to break off with
soñar con	to dream with
tropezar con	to come upon, to run into, to stumble against

VERBS THAT TAKE **DE** + INFINITIVE

acabar de	to have just
acordarse de	to remember to
alegrarse de	to be glad to
alejarse de	to go/move away from
arrepentirse de	to repent
asombrarse de	to be astonished, surprised at
avergonzarse de	to be ashamed of
cansarse de	to become tired of
cesar de	to cease, to stop
dejar de	to stop, to fail to
encargarse de	to take charge of
enterarse de	to find out about, to become aware of
haber de	must, to have to
ocuparse de	to be busy with, to attend to, to pay attention to
olvidarse de	to forget to
parar de	to stop
quejarse de	to complain of or about
sorprenderse de	to be surprised to
terminar de	to finish
tratar de	to try to
tratarse de	to be a question or matter of, to deal with

VERBS THAT TAKE **DE** + NOUN OR PRONOUN

abusar de	to abuse, to take advantage of, to overindulge in
acordarse de	to remember
alejarse de	to go away from
apartarse de	to keep away from, to withdraw from
apoderarse de	to take possession of, to take hold of
aprovecharse de	to take advantage of
arrepentirse de	to be sorry for, to repent of
asombrarse de	to be astonished at
asustarse de	to be afraid of
avergonzarse de	to be ashamed of
desconfiar de	to distrust
fiarse de	to trust
gozar de	to enjoy
hacer de	to play the role, serve as

bajar de	to get out of, to descend from, to get off
burlarse de	to make fun of
cambiar de	to change (trains, buses, clothes, etc.) one's mind
cansarse de	to become tired of
compadecerse de	to feel sorry for, to sympathize with
constar de	to consist of
depender de	to depend on
despedirse de	to say good-bye to, to take leave of
disfrutar de	to enjoy
dudar de	to doubt
enamorarse de	to fall in love with
encargarse de	to take charge of
enterarse de	to find out about, to become aware of
huir de	to flee from
irse de	to leave
marcharse de	to leave
ocuparse de	to be busy with, to attend to, to pay attention to
olvidarse de	to forget
pensar de	to think of or about, have an opinion
preocuparse de	to worry about, to be concerned about
quejarse de	to complain of or about
reírse de	to laugh at
salir de	to leave from, to go out of
separarse de	to leave
servir de	to serve as
servirse de	to make use of, to use
tratarse de	to be a question of, to deal with
valerse de	to make use of, to avail onself of

VERBS THAT GENERALLY TAKE **EN** + INFINITIVE

complacerse en	to take pleasure in, to be pleased to
confiar en	to trust, be confident
consentir en	to consent to
convenir en	to agree to, to agree on

empeñarse en	to persist in, to insist on
esforzarse en	to strive for, to try to
insistir en	to insist on
persistir en	to persist in
quedar en	to agree to, to agree on
tardar en	to be late in, to delay in

VERBS THAT GENERALLY TAKE *EN* + NOUN OR PRONOUN

apoyarse en	to lean against, to lean on
confiar en	to rely on, to trust in
consistir en	to consist of
convertirse en	to become, to convert to, to turn into
entrar en	to enter (in), to go into
fijarse en	to notice, to take notice
influir en	to have an influence on
meterse en	to get involved in, to meddle in
pararse en	to stop at
pensar en	to think of, to think about

VERBS THAT TAKE **PARA** + INFINITIVE

destinar para	to destine to, to assign to
luchar para	to struggle in order to
prepararse para	to prepare oneself for
quedarse para	to remain to
trabajar para	to work for

VERBS THAT GENERALLY TAKE **POR** + INFINITIVE, NOUN, PRONOUN, OR ADJECTIVE

acabar por	to end (up) by
dar por	to consider, to regard as
darse por	to pretend, to consider oneself
empezar por	to begin by
estar por	to be in favor of
interesarse por	to take an interest in
luchar por	to struggle to
pasar por	to be considered as
preguntar por	to ask for, to inquire about
preocuparse por	to worry about
tener por	to consider something, to have an opinion on something
terminar por	to end (up) by
tomar a . . . por	to take someone for

APPENDIX D: Dividing Words into Syllables and Accentuation Rules

DIVIDING WORDS INTO SYLLABLES

In order to learn how to accentuate properly in Spanish, you must become familiar with how to divide words into syllables. Follow the following principles to learn how to divide words by syllables.

1. Consonants, including *ch*, *ll,* and *rr,* go with the vowel, that follows:

    ca-mi-no   *mu-cha-cho*   *te-rre-no*

    a-ve-ni-da   *ca-lle*   *ciu-dad*

2. When two consonants are together, the first consonant goes with the preceding syllable and the second with the following syllable:

    per-so-na   *par-que*   *tam-po-co*

3. When *b, c, f, g,* or *p* are followed by *l* or *r*, and the combination *dr* and *tr,* they are kept together and go with the following vowel:

    pre-sen-te   *blan-co*   *tra-ba-jo*

    cre-ma   *flo-res*   *gra-tis*

4. When there are three or more constants between two vowels, only the last consonant goes with the following vowel, unless the last consonant is *l* or *r*:

    trans-por-te *cons-ti-tu-ción* *ins-pec-tor*

    If the last consonant is *l* or *r*:

    abs-trac-to   *ins-truc-ción*   *san-gre*

5. The vowels are divided into two groups:

    Strong vowels: *a, e, o*   Weak vowels: *i, u*

    When two strong vowels (*a, e, o*) appear together, they are divided in separate syllables:

    co-rre-o   *o-es-te*   *ma-es-tra*

6. A strong and a weak vowel (**i, u**) or two weak vowels are normally part of the same syllable. These combinations are called diphthongs:

    ai-re   *hue-le*   *ciu-dad*   *vie-jo*

7. A strong and a weak vowel are separated into separate syllables if a written accent occurs on the weak vowel:

    rí-o   *per-mi-tí-an*   *con-ti-nú-an*

    If the accent mark appears in the strong vowel, they are not separated into two syllables:

    tam-bién   *re-vo-lu-ción*   *lim-pió*

- If a word ends in a vowel or in **n** or **s**, it is stressed on the next to the last syllable:

camino   persona   terminan   lecciones

- If the word ends in any consonant (except **n** or **s**), it is stressed on the last syllable:

parasol   reloj   preparar   pared

- If words do not fall into the two groups mentioned, the stress is shown with a written accent on the stressed vowel:

francés   teléfono   bolígrafo   aritmética

Note that if the stress is on the weak vowel, a written accent must appear:

continúa   carnicería

- In order to differentiate the meaning between two words that are spelled alike, the written accent is used. A few examples are:

  de = preposition   **dé** = form of the verb *dar*

  el = article   **él** = subject pronoun

  mas = but   **más** = more

  mi = possessive   **mí-** = prepositional pronoun
                                     adjective

  se = pronoun   **sé** = form of the verb *saber*
                                     or *ser*

  si = if   **sí** = yes

  solo = alone   **sólo** = only

  te = pronoun   **té** = tea

- All interrogative words have a written accent, except when they are used as conjunctions or relative pronouns:

  ¿Qué te dijo Samuel?

  What did Samuel said to you?

  Me dijo que había hablado con Rosario.

  He told me that he had spoken to Rosario.

- All demonstrative pronouns have written accents:

  Préstame este disco compacto y ése.

  Lend me this compact disc and that one.

  (Note that demonstrative adjectives are not accentuated.)

- When forming adverbs with the ending *-mente*, the adjective form from which the adverb is formed retains the written accent:

  El correo no es muy rápido y pierden los paquetes fácilmente.

  The post office is not very fast and they easily lose packages.

SOURCES

UNIT II—LISTENING COMPREHENSION

These narratives have been adapted from the following sources:

Narrative no. 5   Alimento de los dioses by Lorna J. Sass.
Américas, Vol. 37, No. 3,
Mayo–Junio 1985, pp. 8–12.

Narrative no. 6   Las mujeres de la Gran Colombia by Evelyn M. Cherpak.
Américas, Vol. 39, No. 2, Marzo–Abril 1987, pp. 32–37.

Narrative no. 7   La papa, tesoro de los Andes by Anita von Kahler Gumpert.
Américas, Vol. 38, No. 3, Mayo–Junio 1986, pp. 35–39.

Tomado de Américas, revista publicada por la Secretaría General de la
O.E.A. en español e inglés.

AMÉRICAS es publicada por la Secretaría General de la Organización de
los Estados Americanos, Edificio Administrativo, 19th Street and
Constitution Avenue, NW, Washington, DC 20006.

The passages that appear in the following units have been reprinted from the following sources:

UNIT V—VOCABULARY/STRUCTURE

Section 1   Los venenos by Julio Cortázar
from Final del juego, p. 32.
© 1971 Editorial
Sudamericana, S. A., Buenos
Aires, Argentina.

Section 2   Fraternidad by Abilio Estévez.
From Cuentos cubanos
contemporáneos, p. 92.
© 1989 Universidad
Veracruzana, Jalapa, Veracruz.

Section 3   Fraternidad by Abilio Estévez.
From Cuentos cubanos
contemporáneos, p. 90.
© 1989 Universidad
Veracruzana, Jalapa, Veracruz.

Section 4   Final del juego by Julio
Cortázar. © 1971 Editorial
Sudamericana, S.A., Buenos
Aires, Argentina.

Section 5   El orden de las familias by
Jorge Edwards. From Antología
crítica del cuento
hispanoamericano del siglo XX
(1920–1980), p. 157.
© 1992 Alianza Editorial, S.A.,
Madrid, España.

Section 6   Querido Jim by Sergio Galindo.
From Antología de cuentos
mexicanos 2, p. 89.
© 1977 Editorial Nueva
Imagen, S.A., México, D.F.

Section 7   Las orejas del niño Raúl by
Camilo José Cela.
From El espejo y otros cuentos.
© 1981 Editorial Espasa-Calpe,
S.A., Madrid, España.

Section 8   Querido Jim by Sergio Galindo.
From Antología de cuentos
mexicanos 2, p. 91.
© 1977 Editorial Nueva
Imagen, S.A., México, D.F.

Section 9   La rosa no debe morir by María
de Villarino.
From Cuentos fantásticos
argentinos, p. 272.
© 1976 Emecé Editores, S.A.,
Buenos Aires, Argentina.

UNIT VII—READING COMPREHENSION

UNIT VIII—STRUCTURE

Section 7 — Los árboles mueren de pie by Alejandro Casona, p. 97. © 1976 Editorial Losada, S.A., Buenos Aires, Argentina.

Section 11 — Sin camino by José Luis Castillo-Puche, p. 67. © 1983 Ediciones Destino, S.A., Barcelona, España.

Section 13 — La familia de León Roch by Benito Pérez Galdós, p. 34. © 1972 Alianza Editorial, S.A., Madrid, España.

Section 18 — La familia de León Roch by Benito Pérez Galdós, p. 201. © 1972 Alianza Editorial, S.A., Madrid, España.

Section 20 — Crónica de una muerte anunciada by Gabriel García Márquez, pp. 31–32. © 1981 Editorial La Oveja Negra, Bogotá, Colombia.

Section 25 — El sueño de los héroes by Adolfo Bioy Casares, p. 112. © 1976 Alianza Editorial, Madrid, España.

Section 27 — Nada by Carmen Laforet, p. 49. © 1971 Ediciones Destino, Barcelona, España.

Section 28 — Sin camino by José Luis Castillo-Puche, p. 140. © 1983 Ediciones Destinolibro, S.A. Barcelona, España.

Section 29 — La familia de León Roch by Benito Pérez Galdós, p. 204. © 1972 Alianza Editorial, S.A., Madrid, España.

Section 30 — Triste como ella y otros cuentos by Juan Carlos Onetti, pp. 62–63. © 1982 Editorial Lumen, S.A., Barcelona, España.